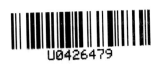

宪政论丛

行政法的人文精神

叶必丰 著

北京大学出版社
PEKING UNIVERSITY PRESS

图书在版编目(CIP)数据

行政法的人文精神/叶必丰著.—北京:北京大学出版社,2004.12
(宪政论丛·9)
ISBN 7-301-08371-8

Ⅰ.行…　Ⅱ.叶…　Ⅲ.行政法-研究-世界　Ⅳ.D912.104

中国版本图书馆 CIP 数据核字(2004)第 125505 号

书　　名:行政法的人文精神
著作责任者:叶必丰　著
责 任 编 辑:杨立范　王建君
标 准 书 号:ISBN 7-301-08371-8/D·1037
出 版 发 行:北京大学出版社
地　　址:北京市海淀区中关村北京大学校内　100871
网　　址:http://cbs.pku.edu.cn
电　　话:邮购部 62752015　发行部 62750672　编辑部 62752027
电 子 信 箱:pl@pup.pku.edu.cn
排 版 者:北京高新特打字服务社　51736661
印 刷 者:三河市新世纪印务有限公司
经 销 者:新华书店
650 毫米×980 毫米　16 开本　16.75 印张　285 千字
2005 年 1 月第 1 版　2006 年 10 月第 2 次印刷
定　　价:26.00 元

本书的特点

本书是作者自1993年以来思考行政法问题的主要记录,仅大的变动即体系的调整、内容的安排和观念的表达就有三次,幸亏有了电脑的中文处理系统。本书具有以下特点:

一、本书所讨论的"行政法的人文精神",是一个介于法哲学和行政法学之间的问题,是一种建立在行政法的理论基础之上的价值判断。它既是法哲学在行政法学上的具体化,又是行政法学的抽象化,可称为行政法理学。它在我国目前的行政法学上,表现为"行政法的理论基础"。对这一问题的研究,无论是在理论上沟通法哲学与行政法学之间的联系,指导行政法学原理的研究和行政法规范的分析,还是在实践中促进我国的行政民主和人权保障,完善我国的行政法制,都具有重要的意义。它尽管并没有为某一案件的处理提供一种明确、具体的答案,但却为我们认识和解决行政法现象提供了一种基本理念和思维方式,为行政法的基本原理提供了理论支持,为行政法现象或素材的重新组合奠定了逻辑前提。本书第八章就是作者运用行政法人文精神解释行政法现象的初步尝试。

二、在本书中,作者比较系统地介绍和评析了19世纪以来流行于各国的行政法人文精神,即权力论、服务论和平衡论,认为提倡命令与服从、权力与控制的权力论已经不适应当今社会的需要。作者以部门法的划分为切入点,着重论证了公共利益本位论,并以此为理论基础,论证和分析了当代行政法的人文精神,即政府与公众之间的在状态上的利益一致、在行为上的服务与合作、在观念上的信任与沟通。作者始终追求并表述着这样一种理念,即行政的民主与国家的法治、主体间的和平与社会的稳定。作者对上述问题的论证和分析及其他学者的共同研究,表明我国行政法学开始追踪世界行政法学研究的前沿。

三、在本书中,作者形成并采用了利益分析的方法。这种方法不同于评估利益大小、轻重的功利方法,而是运用辩证唯物主义。

CONTENTS 目 录

第一章 绪论 1

第一节 行政法学 1

第二节 行政法的哲学和精神 13

第二章 行政法的社会基础

——利益分析法的解剖 21

第一节 利益 21

第二节 利益关系 34

第三节 行政法的基础 43

第三章 行政法的演绎

——行政法的哲理思辨 59

第一节 行政法的内涵和外延 59

第二节 行政法的性质和特点 72

第三节 行政法的产生和发展 83

第四章 行政法的目标

——价值目标的取向 96

第一节 利益关系的运动 96

第二节 保护利益一致 106

第三节 平衡利益冲突 116

第五章 服务与合作

——新的人文精神 128

第一节 服务与合作精神 128

CONTENTS 目　录

第二节　服务　136
第三节　合作　149

第六章　信任与沟通
——行政法治的必由之路　162
第一节　信任　162
第二节　沟通　176

第七章　权力·服务·平衡
——行政法人文精神的轨迹　190
第一节　权力论　190
第二节　服务论　204
第三节　平衡论　220

第八章　行政法的精神与实践
——行政法的新阐释　231
第一节　行政处罚听证的原则　231
第二节　增进服务与合作　加强行政执法　238
第三节　公共利益本位论与行政担保　245
第四节　公共利益本位论与行政程序　250
第五节　公共利益本位论与行政诉讼　256

再版附记　262

第一章　绪　　论

第一节　行政法学[①]

一、行政法学的产生

法学与神学、医学并称为世界上最古老的三大学科。然而,行政法学却是法学中最年轻的部门法学科,从法国空想共产主义者摩莱里提出“行政法”这一概念起算只有两个半世纪的时间,从行政法学真正成为一门学科起算只有一个世纪的时间,在新中国的真正发展只有近二十年的时间。行政法学虽然年轻,但却表现出了强大的生命力。德国行政法学之父奥托·迈耶曾说:“宪法消亡,行政法存续。”[②] 我国台湾省的许多学者也认为,如果说19世纪是“宪法时代”的话,那么20世纪及以后便是“行政法时代”。[③]

(一) 行政法学产生的一般规律

行政法学是研究行政法现象的部门法学,是一种受一定人文精神支配的理论体系。早在18世纪末,法国空想共产主义的著名代表人物摩莱里就提出了“行政管理法”这一概念并进行了最初的研究。[④] 但在当时,行政法尚未产生,行政法现象还没有丰富到足以作抽象的理论概括的程度,对行政法的论断和设想并未发展成为行政法学。

行政法学是随着行政法的产生而产生的。法国行政法学的产生、形成和发展,就与“行政法院的建立和发展紧密相连,它源自对行政法院活动的学理阐述和对行政法院判决的注释、解说。”[⑤] 法国最初的行政法学著作,例如1814年出版的马卡雷尔(Macarel)的《行政判例要论》,就属于对国家参事院判例的汇编和整理。随着国家参事院的行政法院化,法国在各大学的法

---

① 本节第一部分的内容曾以《二十世纪中国行政法学的回顾与定位》为题发表于《法学评论》1998年第4期,其他部分曾以《利益分析与行政法学》为题发表于马绍春主编:《法治研究》,杭州大学出版社1996年版,第133页以下。

② 〔日〕室井力主编:《日本现代行政法》,吴微译,中国政法大学出版社1995年版,第1页。

③ 翁岳生:《行政法与现代法治国家》,台湾省祥新印刷公司1976年版,第184页。

④ 〔法〕摩莱里:《自然法典》,黄建华等译,商务印书馆1982年版,第119页以下。

⑤ 何勤华:《西方法学史》,中国政法大学出版社1996年版,第172—173页。

学院里开设了行政法讲座，并于1829年出版了世界上最早的行政法学教科书《法国行政法提要》。19世纪70年代，国家参事院演变成为行政法院后，法国行政法学也完成了它的创建任务，形成了以奥科的《行政法讲义》、拉弗里耶尔的《行政审判论》和迪克罗克的《行政法论》为代表的、以公共权力论为理论基础的完整的古典行政法学体系。[①]

行政法学的产生是学科分离的结果。在17、18世纪的德国，有关行政法的论述"和行政学是混和在一起的"。[②] 在19世纪上半叶，行政法学虽然已经从行政学中分离出来，但却是与宪法学混合在一起的，共同构成了德国的"国法学"。直到19世纪末，德国法学家才认识到"行政法应作为一个新兴的学问，行政法的规定'让宪法可以在个案中得到贯彻，且变成有生命'"[③]，行政法学才从"国法学"中逐渐分离出来，建立起独立的理论范畴和完整的理论体系。这项创建工作主要是由德国行政法学之父奥托·迈耶完成的。他在其《法国行政法》和《德国行政法》等著作中，运用"纯法律学"的方法，通过对行政法现象中共同性素材的提炼，抽象和概括出了行政行为、依法行政、公法权利、法源、公物、行政救济、警察权力、财政权力和行政征收等一系列重要的行政法学基本范畴和原理，从而为整个大陆法系的古典行政法学构造了经典性理论体系。[④]

行政法学在一国的产生是借鉴它国文化并结合本国国情的结果。奥托·迈耶对德国行政法学的创建，就是在刚刚因普法战争的胜利而划归到德国版图的法国城市史特拉斯堡完成的。他的研究，就是从法国行政法和行政法学出发，以德国行政法为归宿的。近代日本在宪政上与德国具有共同的集权主义特征，日本的行政法学几乎就是德国行政法学的移植。英国行政法学的产生，则经历了从拒绝来自欧洲大陆的行政法学，到委任立法日益增多和行政裁判所纷纷设立时借鉴法国行政法学的过程。英国著名法学家戴西在1885年指出，行政法是法国的东西，是保护官吏特权的法，与英国的法治不相容。但同时代的霍兰却接受了公法和私法的划分及行政法观念，到

---

① 参见王名扬：《法国行政法》，中国政法大学出版社1989年版，第29页。

② 何勤华：《西方法学史》，中国政法大学出版社1996年版，第271页。

③ 〔德〕莫尔，转引自〔德〕巴杜拉：《在自由法治国与社会法治国中的行政法》，陈新民译，载陈新民：《公法学札记》，台湾省三民书局1993年版，第116页。

④ 参见〔德〕拉德布鲁赫：《法学导论》，米健等译，中国大百科全书出版社1997年版，第132页；〔印〕赛夫：《德国行政法》，周伟译，台湾省五南图书出版有限公司1991年版，第33页；陈新民：《公法学札记》，台湾省三民书局1993年版，第17页；何勤华：《西方法学史》，中国政法大学出版社1996年版，第272—274页。

1915年戴西笔者也不得不承认行政法在英国的产生，只是仍然固执地认为行政法在英国不可能得到发展。20世纪初以詹宁斯等为代表的新一代英国法学家，对法国行政法和行政法学确立了正确的认识，进行了借鉴，并将大陆法系的行政法理论融入了普通法系的文化之中[①]，形成了以控权论为基本理念的行政法学体系。美国的行政法学基本上来源于英国，但在创建时也借鉴了大陆法系的行政法理论，美国行政法学的奠基人、曾留学德国的古德诺的行政法理论就留下了大陆法系行政法学的痕迹。[②]

行政法学的产生是一个过程。行政法学的产生并不是以第一篇行政法论文或第一部行政法著作的出版为标志的，而是以理论范畴的基本定型，学科体系的基本建立，相应研究和传播方法的运用，社会的基本公认为标志的。从这一意义上说，行政法学并不是在一夜之间产生的，而往往要经历一个相当长的时间，需要许多人的较大规模的共同努力。据法国著名行政法学家奥利弗的研究，法国行政法学的产生和发展经历了"潜在的创造期"(1800—1818)、"明显的形成发展期"(1818—1860)、"组织化的时代"(1860—20世纪20年代)和"成熟期"(二次世界大战后)四个阶段。[③]"组织化的时代"，也就是行政法的理论化和体系化及得到社会普遍公认的时代。可以说，法国行政法学到1860年以后才算真正完成它的创建工作，而这经历了半个多世纪的时间。德国行政法学的创建，从1842年莫尔在图宾根大学开设德国历史上第一个行政法讲座到奥托·迈耶于1886年《法国行政法》、1895年《德国行政法》的出版，也经历了40多年的时间。在英国，从霍兰到詹宁斯，则经过了半个世纪的时间。因此，行政法学的产生是一个漫长的自然形成过程。

(二)行政法学在新中国的产生

随着国民党政府的垮台，旧中国的行政法也被彻底废除了。与其他部门法学不同，旧中国的行政法学这份文化遗产并没有得到新中国的继承，旧行政法学死亡了。但是，新中国仍然需要相应的行政法和行政法学。新的行政法学是在新的宪政基础上重新产生起来的，中国行政法学经历了第二次创建。这个创建过程始于新中国成立，完成于二十世纪九十年代。回顾

---

① 参见王名扬：《英国行政法》，中国政法大学出版社1987年版，第1—3页；〔英〕詹宁斯：《法与宪法》，龚祥瑞等译，三联书店1997年版，第149页以下。

② 参见〔美〕约翰·弥特勒：《美国政府与公共行政》，陈侃伟等译，台湾省黎明文化事业股份有限公司1974年版，第494页。

③ 参见何勤华：《西方法学史》，中国政法大学出版社1996年版，第173页以下。

新中国行政法学的产生，有许多值得我们总结的特点。

新行政法学是随着对宪政的重视和旧体制改革的展开而产生的。新中国成立后，虽然颁布了宪法典，但宪政并没有真正实现，国家也应受法律约束的法治观念并没有确立，国家的任务是通过斗争和运动的人治方法来实现的，因而并不存在行政法产生的宪政基础。直到十一届三中全会后，国家于 1982 年颁行了新的宪法典，确立了宪法典的最高法律效力地位，表现出了实现宪政的决心和信心。同时，国家对权力高度集中的不受法律约束的政治体制进行了一系列改革，并终于在 1999 年确立了依法治国的法治观念。于是，作为上层建筑组成部分的行政法终于缓慢地生长起来了，公法权利的司法保护机制逐渐形成了，起初是在《民事诉讼法》中作了应付性的规定，接着有了单行法的零碎条款，最后终于制定了《行政诉讼法》。在这一过程中，行政法学是作为借鉴国外经验，推动改革，促进立法的理论而产生起来的，或者说是围绕着体制改革而展开的。[①] 因此，行政法学者从一开始就是以改革者而不是以保守主义者和法典注释者的面貌出现的，行政法学从一开始就是以立法论而不是以解释论的形式出现的。我国行政法学中的注释理论或规范分析发展和流行于《行政诉讼法》颁行以后。

新行政法学是与行政法制建设互相促进而产生的。在法国、英国和美国，都是在通过革命、具有较发达的宪政基础上产生行政法和行政法学的；而在德国、日本和旧中国，却是在改良和宪政基础不成熟时，通过对它国文化的借鉴就产生了行政法和行政法学。前一类行政法学主要产生于行政法之后，后一类行政法学与行政法的产生则是交互促进的。新中国行政法学的产生，似乎也可以归为后一类。在上世纪 80 年代，我国的宪政建设刚刚起步，行政法现象尚未充分显露，而行政法学论著却纷纷出版问世了，行政法学者已经看到了行政法现象的到来及客观存在。正是行政法学研究的不断深入，行政法学者的共同和不懈努力，《行政诉讼法》才得以出台，行政法才成为一个独立的基本部门法。行政法地位上的独立和行政法现象的丰富，为行政法学的研究、概括和抽象提供了事实基础，为行政法学体系的建立和行政法理论基础的探索奠定了逻辑前提，使行政法学最终完成了自我

---

① 参见张尚鷟主编：《走出低谷的中国行政法学》，中国政法大学出版社 1991 年版，第 9 页以下；张尚鷟：《论改革与行政法》，载《中国政法大学学报》1984 年第 4 期；袁曙宏：《论行政法在经济体制改革中的作用》，载《法学研究》1986 年第 2 期；张树义主编：《行政法学新论》，时事出版社 1991 年版，第 37 页以下。

创建。行政法学的产生又促进了行政法的完善和发展。

新行政法学的产生曾受前苏联行政法学的影响。新中国成立后,政治体制和意识形态的榜样是前苏联。前苏联的一举一动都影响到了我国。我国建国初期行政法学的萌芽,就是对前苏联行政法学的移植。然而,前苏联行政法学是以命令与服从关系的翻版"管理论"为理论基础的,在内容上具有浓厚的管理学或行政学色彩,几乎没有行政法学自己的理论范畴,也很少有行政法学基本原理的阐述;在行政法学体系中,所津津乐道的是法制保障和法制监督,行政救济理论几乎是一片空白;在法与管理的关系上,法是从属于管理或行政的,法是管理或行政的工具和武器,管理或行政是法的逻辑起点。前苏联行政法学上的上述观念,在上世纪90年代前的我国一直具有支配性地位。我国公开出版的第一本行政法学著作《行政法概要》,就是前苏联行政法学的翻版;当时的多数论著都是按照"行政管理的法制化"这一思路进行的。相反,由于旧中国学者相继离开大陆和辞世,我国固有法文化对新行政法学却没留下多少痕迹,更未能阻挡前苏联行政法学的影响;由于时代的变迁和思想的禁锢,我们也未对固有法文化进行挖掘和整理,只对当今台湾省学者的理论作过借鉴。对前苏联行政法学影响的摆脱,得感谢王名扬教授对英国行政法学、法国行政法学和美国行政法学的系统介绍,得益于翻译界对外国行政法学的引进,当然也是行政法学者共同努力的结果。

新行政法学是在有关学科的夹缝中产生的。由于新行政法学受前苏联行政法学的影响,以及行政法学作为一个学科在上世纪80年代被重新发现时所处的政治体制改革这一特殊社会环境,行政法学的一些阵地已被行政学所占领。政治学和行政学的繁荣,行政法学被置于从属于行政学的组成部分的地位,行政组织和公务员问题都是政治学或行政学的研究对象。当时的多名行政法学者,往往就是行政学者麾下的一员;当时的多数论著也是在"国家行政管理的法制化"这一论题下展开的。在法学领域,除了传统的刑法学、民法学和宪法学外,随着早于政治体制改革的经济体制改革的深入和经济建设的发展,"经济法学"已到了热闹非凡或空前繁荣的程度,在1986年前就涌现了"数百位经济法学家",并形成了纵横经济法论、纵向经济法论、计划经济法论、综合经济法论和学科经济法论等各种不同学说。[①]随着《民法通则》的颁行,民法学的研究对象和范围得到了确定。于是,经济法学对行政法学阵地的占领表现得更为急切和积极,认为行政法学的研究

---

① 《中国经济法诸论》编写组:《中国经济法诸论》,法律出版社1987年版,"前言"。

对象只能是行政组织和公务员问题及公安行政法问题,调整经济行政关系的法律规范或法律规范对经济行政关系进行调整的法律现象属于经济法学的研究对象。[①] 前后的夹击,使行政法学只剩下公安行政这一狭小的空间了,从而也去挤占宪法学的某些领域(如行政立法等领域),并与内部行政法制相结合,于二十世纪 80 年代后期陷入了"政府法制"的误区。实际上,"市场经济必须是法制经济"并不等于经济法,对这里所讲的法制"应当从社会主义法制建设的整体来理解"。[②] 行政法学就是在这样的环境里,通过与行政学的剥离及收复失地生长起来的。这与西方国家行政法学先与行政学分离,再与宪法学分离的产生规律显然不同。

新行政法学的产生道路是曲折而漫长的。在建国初期,我们未能在固有的旧行政法学文化素材的基础上输入新行政法学文化的本质和精神,发展成为新行政法学。我们在借鉴前苏联行政法学的同时,抛弃了本国旧行政法学的本质和精神,并且抛弃了它的基本素材,进行了新行政法学的彻底重建。相反,我们在借鉴前苏联行政法学时,并没有立足于本国国情,而是移植或照搬,最后对它影响的洗涤花费了数十年的时间和过高的代价。长期以来,指导思想上的"左"倾主义,宪政基础的严重贫乏,蹂躏了行政法学的嫩芽,使行政法学经历了漫长的冬天后才长出了新枝和绿叶。"行政管理的法制化"、"体制改革的法制保障"和"政府法制",也曾使行政法学误入"以法行政"而不是"依法行政"的"官房学"歧途,并在 1987 年前后形成了一个小高潮。[③] 然而,基本人权的尊重,《行政诉讼法》的颁行,终于使新行政法学在建国 40 年后走上了顺利发展的轨道。这一段曲折而漫长的历程,不能不令我们从更高的哲学意义上来反思上层建筑与意识形态的关系。长期以来,由于我们对马克思主义关于经济基础、上层建筑和意识形态关系原理的误译和斯大林的误解,意识形态与上层建筑的关系过于紧密,意识形态往往被视为上层建筑的奴役。实际上,意识形态虽然受经济基础的决定,但对于上层建筑而言却具有相对独立性。[④] 对此,旧中国行政法学的产生可以证明,日本行政法学的产生和发展也可以证明。日本在第二次世界大战后,虽

① 谢次昌:《论新形势下经济法与行政法的关系》,载《法学评论》1987 年第 3 期。

② 罗豪才主编:《行政法学》(新编本),北京大学出版社 1996 年版,第Ⅱ页。

③ 1987 年 12 月,国务院法制局在广西南宁召开了全国政府法制工作理论研讨会,会议论文经集结后出版,即黄曙海等编:《政府法制工作的理论与实践》(新华出版社 1989 年版),较集中地反映了政府法制研究的状况。

④ 参见朱光潜:《上层建筑与意识形态关系的质疑》,载《华中师范学院学报》1979 年第 1 期。

然从大陆法系行政法转到英美法系行政法，但行政法学并未终止而重建，而是在原有基础上的修正，从而保持了行政法学的持续发展。这不能不说是一个值得我们汲取的教训。

新行政法学尽管刚刚产生，但无论在理论上还是在实践中，都取得了许多重要的成就。当然，它所面临的问题也很多。

二、行政法学的基础

行政法学是研究行政法现象的科学。这一科学得以产生、存在和发展的基础是什么呢？西方各国和我国台湾省的学者普遍认为，行政法学的基础是民主和法治等人类发展的一般精神。法国学者彭纳认为，"盖全部法律学，皆系建筑于法律原理之上，由法律原理而生法律规范，故必认识法律之原理后，对于法律规范，始能为合理之解释……倘置法律原理及其产生之背景不问，则仅为若干片断之规条而已。"① 台湾省学者林纪东和城仲模等也认为，行政法是民主和法治的产物，行政法学的基础是民主和法治精神或理念。他们认为，民主和法治精神最初是在宪法中得到体现的，因而也可以说宪法是行政法的基础。② 因此，西方国家和我国台湾省的行政法学著作，往往以行政权或分权体制为行政法学的逻辑起点。③

其实，行政法学属于意识形态的范畴。历史唯物主义认为，意识形态与上层建筑所赖以存在的客观基础是相同的，都是社会关系，归根结底是物质社会关系。马克思指出："法的关系正像国家的形式一样，既不能从它们本身来理解，也不能从所谓人类精神的一般发展来理解，相反它们根源于物质的生活关系"；法学或权力、权利及其控制、废除等法律原理并不是社会的基础，法学的基础和根源是"经济制度"。④ 马克思恩格斯著作中的"物质生活关系"、"经济制度"与"经济基础"、"生产关系"、"经济关系"、"市民关系"、

---

① 转引自林纪东：《行政法学研究方法论》，载张剑寒等：《现代行政法基本论》，台湾省翰林出版社 1985 年版，第 5 页。

② 林纪东：《行政法学研究方法论》，载张剑寒等：《现代行政法基本论》，台湾省翰林出版社 1985 年版，第 7—8 页；城仲模：《行政法之基础理论》，台湾省三民书局 1988 年版，第 20、44 页；〔日〕室井力主编：《日本现代行政法》，吴微译，中国政法大学出版社 1995 年版，第 1 页。

③ 参见〔英〕戴维·福尔克斯：《行政法》，英文第 5 版，第 3—5 页；〔美〕盖尔洪等：《行政法和行政程序》，1990 年英文版，第 8 页以下；〔日〕室井力主编：《日本现代行政法》，吴微译，中国政法大学出版社 1995 年版，第 7—9 页；城仲模：《行政法之基础理论》，台湾省三民书局 1988 年版，第 23、39 页；林纪东：《行政法》，台湾省三民书局 1988 年版，第 1—5 页。

④ 马克思：《〈政治经济学批判〉序言》，载《马克思恩格斯选集》，第二卷，人民出版社 1972 年版，第 82 页；马克思：《致保·拉法格》，载前引《马克思恩格斯选集》，第四卷，第 384 页。

“物质关系”等都是同一意义上的概念[①],是指人们在物质生活资料的生产和人类自身的生产中所结成的社会联系,是相对于思想社会关系或思想关系而言的哲学上的物质社会关系。[②] 社会关系实质上就是利益关系,物质社会关系也就是物质利益关系。因此,法学的基础是利益关系,归根结底是物质利益关系,而不是作为上层建筑的法律或作为人类发展的一般精神的民主和法治等思想或精神,也不是权力、权利及其控制等法律原理。

历史唯物主义还认为,科学技术是第一生产力,属于基础的范畴。然而,这只是针对科学技术物化为新的生产工具和工艺、新的劳动对象,以及劳动者生产技能、体力和智力时,成为生产力诸要素中的含量而言的。科学技术在被物化前仍然属于意识形态的范畴。法学也基本如此,即在物化为管理技术和方法或劳动者的素质时,已不是原来意义的法学,已属于基础的范畴;但它在被物化前,仍属于意识形态的范畴。况且,这里的“科学技术”主要是指自然科学和技术。因此,科学技术是第一生产力这一命题,与法学的基础只能是社会关系或利益关系的原理并不矛盾,并且是对历史唯物主义的丰富。

行政法学作为法学的一个分支,其基础也是利益关系。但行政法学之所以能成为一门独立的部门法学并得以不断发展,是由特定的利益关系决定的。该利益关系就是一定层次的公共利益与个人利益关系。行政法学与行政法的基础,正像法学与法律的基础一样,也是同一的。因此,行政法学应以一定层次的公共利益与个人利益关系为逻辑起点和终点。

在阶级社会里,公共利益与个人利益关系,实质上是一种统治阶级的整体利益与被统治阶级成员的个人利益间的对立统一关系,是阶级利益关系的三种表现形式之一。受这种利益关系的决定,行政法学就不能不表现出鲜明的阶级性和特定的价值判断。在这方面,资产阶级的行政法学往往是以隐蔽的方式来实现的,如以控权论为核心的英美法系行政法学;但有时也会以公开的方式登台表演,如狄骥以公务论为核心的行政法学,就是公开反对、攻击马克思主义阶级利益冲突关系说,鼓吹“阶级合作”的理论。然而,

---

① 参见马克思、恩格斯:《德意志意识形态》,载前引《马克思恩格斯选集》,第一卷,第30、52页;马克思:《〈政治经济学批判〉序言》,载前引《马克思恩格斯选集》,第二卷,第82页;马克思:《〈政治经济学批判〉序言》,载前引《马克思恩格斯选集》,第二卷,第87页;恩格斯:《社会主义从空想到科学的发展》,载前引《马克思恩格斯选集》,第四卷,第423页。

② 列宁:《什么是“人民之友”以及它们如何攻击社会民主主义者?》,载《列宁选集》,第一卷,人民出版社1972年版,第18—19页。

社会主义行政法学都应公开坚持自己的党性原则。正像保加利亚学者斯泰诺夫等所说的:“资产阶级行政法学通常以形式的、教条主义的和规范式的方法研究法律现象本身。它们的研究脱离现实生活,脱离经济基础。”“与之相反,社会主义的行政法学总是研究与产生行政法的物质条件相联系的社会关系。它力求通过这种方法来实现一定法律制度的规律性和它们的阶级内容。因此,行政法学像任何其他法律学科一样,不能是不问政治的。”①

三、行政法学的基本任务

日本学者南博方认为,神学的基本任务是解除人们的精神痛苦,医学的基本任务是医治人们身体上的疾苦,法学的基本任务“则是解决人类的社会问题”,即各类纠纷,行政法学的基本任务在于“防止和解决个人与国家之间的纠纷”。② 个人与国家间的纠纷,即个人利益与公共利益间的冲突,也就是行政纠纷。我们认为,防止和处理行政纠纷在法律中是行政法的基本任务,但并不是行政法学的直接基本任务。法国学者亨利·莱维·布律尔认为,法学的基本内容是立法论和解释论,法学的基本任务是为法律的制定(包括认可,下同)和适用提供科学的理论。与此相适应,林纪东等学者认为,行政法学的基本内容是立法论和解释论,行政法学的基本任务是为行政法规范的制定和适用提供科学的理论。我们同意这一看法,并认为行政法学还有确立行政法观念的任务。

“从最广泛的意义来说,法是由事物的性质产生出来的必然关系”。③ 也就是说,法是客观规律的反映。公共利益与个人利益关系的对立统一运动,该利益关系与行政法间的作用与反作用,都是有客观规律的。行政法规范就应该是这种客观规律的反映。只有符合客观规律的行政法规范,才能有效地保护和促进它赖以存在的利益关系。同时,行政法规范自身也具有相对独立的发展规律。只有认识和掌握这一客观规律,才能准确地表述行政法基础的内部矛盾运动以及与行政法之间的矛盾运动的客观规律。因此,尽管法被认为是统治阶级意志的体现,但统治阶级并不能随心所欲地表达其意志,而必须尊重客观规律。发现上述客观规律,并为利用所发现的客观规律提供科学理论,是行政法学的三大基本任务之一,即为行政法规范的制

① 〔保〕斯泰诺夫等:《社会主义行政法》,姜明安译,载《国外法学》1982 年第 5 期。
② 〔日〕南博方:《日本行政法》,杨建顺等译,中国人民大学出版社 1988 年版,第 1 页。
③ 〔法〕孟德斯鸠:《论法的精神》(上册),张雁深译,商务印书馆 1982 年版,第 1 页。

定提供科学的理论。

行政法规范的制定,是为了它的适用。行政法规范的制定是从具体到抽象的过程,行政法规范的适用则是从抽象到具体的过程。然而,行政法规范所要适用的具体事实已经不是制定时所基于的具体事实,这就产生了静止的行政法规范是否能适应发展中的具体事实的需要的问题。法律规范和具体事实都是复杂多样的,这就产生了对它们的性质需要加以认定的问题,即该事实是不是一定层次的公共利益与个人利益关系,该法律规范是不是行政法规范。在性质已经认定的前提下,还存在行政法规范的适用是否符合立法目的的问题,甚至还存在行政法规范是否真正符合客观规律、与有关行政法规范是否一致的问题。另外,行政法规范的适用,本身就是一种技术,具有相应的规律性。对诸如此类问题的解决,即为行政法规范的适用提供科学的理论,都是行政法学的任务。

行政法规范的存在,不仅是为了提供在发生纠纷时的处理规则,而且也是为了向人们提供自觉遵守的行为规则,以防止纠纷的发生。这就要求反对旧的行政法观念,确立新的行政法观念;增进人们对行政法知识的了解,增强人们遵守行政法规范的自觉性;尽可能提高人们的行政法治素质,并使行政法学不断物化为生产力的要素,从而使利益关系有序化。这些也是行政法学的基本任务,甚至可以说是比前两项任务更为重要的任务。

行政法学的基本任务,从某种角度上说,可以分为"破"与"立"两个方面。任何一种社会制度下的法学,都负有否定它以前的法学的任务。资产阶级法学的任务之一就是猛烈抨击奴隶制和封建制法学,为资产阶级法学的建立和发展开辟道路。同样,社会主义法学的任务也是全面、彻底地否定一切旧法学。从总体上说,社会主义法学在这方面的任务已基本完成。这应归功于马克思和恩格斯等经典作家。他们推翻了旧法学的所谓理性基础,剥去了法律的神圣外衣,破除了法律的神秘力量,为法学真正成为一门科学奠定了坚实的基础。对此,连资产阶级法学家也不得不承认。[①] 但是,否定的目的是为了创新。资产阶级法学在否定旧法学的同时,创立了自然法学和分权学说等理论。马克思和恩格斯等经典作家在批判旧法学的同时,科学地揭示了利益关系、法律和法学三者间的辩证关系,以及法律和法学的本质,为社会主义法学的建立和发展奠定了理论基础。但是,马克思和恩格斯等经典作家却把创建完整、科学的社会主义法学体系的任务留给了

① 参见〔法〕亨利·莱维·布律尔:《法律社会学》,许钧译,上海人民出版社 1987 年版,第 17 页。

我们。就我国的行政法学来说,批判的任务还有待完成,但创建的任务更需努力,因为起步毕竟太晚了。

行政法学的基本任务归结为一点就是为国家的基本任务或总任务服务。否则,国家将不会容忍它的存在。但是,行政法学应为国家的基本任务服务,并不是说行政法学应为国家已作的决策或领导人的个别言行的合理存在提供论证或注释。相反,它们在作出前就应得到行政法学理论的指引。并且,国家的基本任务也并不能直接作为行政法学的基本任务。相反,它只能构成行政法学研究对象的新内容。行政法学为国家基本任务服务,仅仅是指行政法学为国家基本任务的实现提供科学的行政法学理论和观念,也即通过行政法学基本任务的实现来服务于国家的基本任务。这是因为,行政法学作为一种社会意识形态,虽然不可避免地要受上层建筑的制约,但却是相对独立的,是由社会关系或利益关系决定的。

四、行政法学的基本方法

我国台湾省学者林纪东、张剑寒曾对行政法学的研究方法作过专门研究。林纪东甚至认为,方法重于内容。他说:"譬如看一本书,固然要注意到内容的叙述,作者的观点,然而更重要的,是作者搜集、组织和分析材料的方法,从作者的叙述和论断上,得到暗示,得到启发,而领悟治学的方法。盖如上所述,如只注意内容,不注意方法,纵令苦心戮力,充其量亦不过尽得某一本书的内容,或者一讲演的内容而已,收获毕竟有限,反之,如同时注意方法,且以方法为主,内容为宾,则执简驭繁,收益无穷。"他还通过点石成金的故事,进一步说明了行政法学研究方法的重要性。[①] 但他们所介绍的行政法学研究方法只是行政法学研究的一般方法,而我们这里所说的行政法学研究方法则是基本方法。我们认为,行政法学能否坚持这些基本方法,将直接影响到研究过程及其理论的科学性和实用性。

毋庸置疑,行政法学研究中首要的基本方法是历史唯物主义,这也是社会科学首要的基本方法。行政法学上关于行政法和行政法学得以产生、存在和发展,行政法的内涵和外延、本质和特点、内容和形式,行政行为的先定力、公定力、确定力、拘束力和执行力,以及对不适法行政行为所采用的不同于其他部门法的补救制度,等等,最终都需要从社会存在和社会意识的关系

① 林纪东:《行政法学研究方法论》,载张剑寒等:《现代行政法基本论》,台湾省翰林出版社1985年版,第4页。

上得到说明。就行政法学的具体研究方法而言,我们认为最能反映行政法学特色的研究方法是利益法学方法。同时,这一方法又是行政法学研究的基本方法,规范分析方法、实证分析方法和经济分析方法等其他方法都应从属于这一方法。

用利益来分析法,源于古罗马法学家;与利益相关的功利主义法学,源于边沁;而利益法学作为一种有影响的法学流派,则源于本世纪初的德国和法国等欧洲大陆国家。[①] 但是,我们所说的利益法学方法与上述利益分析法有着本质的区别。首先,我们所说的利益法学方法,是一种从属于历史唯物主义的分析方法,是历史唯物主义方法的具体运用,而西方学者的利益分析法往往是作为第一位的方法来运用的。其次,我们是把利益置于社会关系中,作为社会关系的内容来考察的。也就是说,我们是从利益关系来认识法律现象,运用利益关系来分析法律现象的。从这一意义上说,调整公共利益与个人利益关系的行政法既是保护公共利益的法,又是保护个人利益的法。功利主义者却把利益作为人的目的,西方利益法学则是把利益作为法的目的来分析法律现象的。从这一意义上说,就导致了行政法到底是保护公共利益的法,还是保护个人利益的法的矛盾。第三,我们认为,利益关系(尤其是其中的物质利益关系)是法和法学的基础,决定着法和法学;法对利益关系具有反作用即调整作用,使事实上的利益和负担关系成为法律上的权利和义务关系。实际上,启蒙思想家格劳秀斯、孟德斯鸠和卢梭等都已经看到了这点。[②] 但是,功利主义法学和西方利益法学都是把利益作为一种评估机制或评估标准来分析法律规范的。[③]

本书就是作者运用利益法学方法写成的。

---

① 参见〔美〕博登海默:《法理学——法哲学及其方法》,邓正来等译,华夏出版社 1987 年版,第 136 页。

② 参见〔荷〕格劳秀斯:《战争与和平法》,张学仁译,载法学教材编辑部:《西方法律思想史》,北京大学出版社 1983 年版,第 139 页;〔法〕孟德斯鸠:《论法的精神》(上册),张雁深译,商务印书馆 1982 年版,第 5 页;〔法〕卢梭:《社会契约论》,何兆武译,商务印书馆 1982 年版,第 72 页。

③ 参见〔英〕边沁:《政府片论》,沈叔平等译,商务印书馆 1996 年版,第 1150 页以下;〔英〕边沁:《道德与立法原理》,赵盛铭等译,载法学教材编辑部:《西方法律思想史》,北京大学出版社 1993 年版,第 484 页以下;〔英〕萨伯恩等:"英译者序",载克拉勃:《近代国家观念》,王检译,商务印书馆 1957 年版,第 48 页以下;前引〔荷〕克拉勃书,第 96、102 页。

第二节 行政法的哲学和精神

一、行政法的理论基础

行政法的理论基础,就是关于揭示行政法所赖以存在的客观基础,以及行政法与其赖以存在的基础间辩证关系的基本理论。行政法学或行政法理论,从结构上说,可以分为立法论和解释论。行政法的理论基础既是一种立法论和解释论,但又是一种统帅和指导立法论和解释论的基本理论。

行政法学或行政法理论,从层次上说,可以分为行政法哲学、行政法原理学、行政法规范学(或行政法制度学)和行政法应用学(或行政法实务学)四个层次。行政法的理论基础就属于行政法哲学的范畴。

(一) 行政法理论基础的使命

行政法的理论基础有自己的特殊使命。研究行政法的理论基础,是为了揭示行政法所赖以存在的客观基础。行政法的基础,是指行政法所赖以存在、产生和发展的客观基础。在经济基础、上层建筑和意识形态中,行政法属于上层建筑。正像上层建筑的基础是社会关系(归根结底为其中的经济关系或物质关系)一样,行政法的基础也是相应的社会关系(归根结底为相应的经济关系或物质关系)。我们将通过论证表明,行政法的这一基础就是一定层次的公共利益与个人利益关系。行政法的基础,是一种不以人们的主观意志为转移的客观事实或社会现象,属于事实范畴。它是我们认识和分析行政法现象的逻辑起点,是我们概括和抽象行政法精神或观念的惟一前提。如果离开了这一前提,就不可能进行科学的分析,就不可能得出正确的结论。因此,讨论行政法的理论基础和基本观念,首先就应正确地揭示行政法的客观基础。在公法和私法存在分野的国家,行政法的基础实际上也就是行政法的作用或调整对象和范围。只有科学地揭示这一客观基础,我们才能确定行政法的调整对象和适用范围,才能科学地认定法律现象的性质(即到底是行政法现象还是其他法律现象),才能正确地适用法律。应当指出的是,行政法的基础和行政法的理论基础是两个不同的范畴。目前,我国部分学者对这两个范畴未作正确的区分和使用。

研究行政法的理论基础,是为了科学地制定法律,准确地适用法律。任何法学理论的目的只有一个,那就是为了科学地制定法律、准确地适用法律。率先提出行政法的理论基础问题的法国学者正是以此为出发点和归宿的。因为，法国有公法和私法、行政法院和普通法院之分野，公法上的权利义务、归责原则及其纠纷的解决机制不同于私法。这样，立法者就不能制定行政法规范去调整个人利益关系，也不能制定私法规范去调整公共利益与个人利益关系。司法机关就不能将行政法规范适用于民事案件，也不能将私法规范适用于行政案件；行政法院不能管辖民事案件，普通法院不能管辖行政案件。否则，就是法律制定和法律适用上的错误。但是，事实上，哪些社会关系是公共利益与个人利益关系、哪些社会关系是个人利益关系、哪些法律规范是行政法规范、哪些法律规范是私法规范、哪些案件是行政案件、哪些案件是民事案件，并没有外在的客观标签。这就向法国法学家提出了一个任务，即科学地揭示行政法的产生和发展、内涵和外延、本质和特点，以及行政法区别于私法的特有内在规律，从而为在立法、执法和司法实践中正确地确定行政法的调整范围和原则提供理论依据。英、美法系国家不存在公法和私法的分野，行政案件与其他案件一样统一由普通法院管辖并适用普通法规范，不需要解决行政法的适用范围和行政案件的管辖问题。它们的"行政法"只是宪法的组成部分和具体化，宪法和行政法所要解决的是行政权的范围及其运行方式问题。因此，所称"行政法"的理论基础仅仅表现为一种指导立法和司法的基本观念即控权论。该理论其实就是宪法中的人民主权原则、分权原则在行政法中的具体体现。我国的法律体系接近于大陆法系，行政法规范不同于民法规范，行政案件不同于民事案件，在人民法院中也设有相应的行政审判庭。目前，有的学者认为，经济法、环保法等也是一个独立的部门法，并在人民法院中设有经济审判庭。在这种情况下，我们就必须寻找认定什么样的规范是行政法规范，什么样的案件是行政案件的客观标准。否则，就有可能制定行政法规范来调整个人利益关系或制定私法规范来调整公共利益与个人利益关系，将行政法规范错误地适用于民事案件，或将行政案件错误地认定为民事案件和经济案件。事实上，这种错误在目前已经比较严重。我国的《民法通则》规定了行政侵权责任，《民事诉讼法》曾规定行政案件的审理程序。因此，我国行政法学者不仅要回答行政立法、行政执法和行政司法的基本指导思想问题，更应回答什么是行政法现象和行政法现象有哪些的问题。

研究行政法的理论基础，是为了合理地解释行政法现象。对行政法现象的解释或论证，应当有一个最终的逻辑起点。例如，行政主体意思表示的先定力归根结底是由什么决定的？并且，这个逻辑起点或理论基础必须是统一的，不能对这一行政法现象的解释用一种理论，对另一行政法现象的解释又用其他理论,正像目前有的学者那样,在同一篇文章中时而用控权论、时而用平衡论或管理论来说明问题。事实上,这样的理论基础,不仅是行政法学的个别问题,在其他部门法学中也是需要解决的问题。例如,宪法、刑法和民法的理论基础是什么?刑法学者所作的《刑法哲学》、《刑法的人性基础》,宪法学者所提出的"社会权利"理论,在我看来,都是为了寻求各自的理论基础,是为了回答宪法、刑法等有没有调整对象、调整对象是什么、宪法等的内涵和外延如何、这些法律规范为什么会是这样而不是那样的等问题。因为,目前的宪法学等部门法学还没有这样的理论基础,对有关法律现象的解释是以法律规范本身为基础的。并且,我们现在之所以要寻找这个理论基础,是因为现有的法理学还没有为我们提供这样的理论基础。在这一点上,我们目前的法理学与部门法学是脱节的。

因此,研究行政法的理论基础,是法理学者和行政法学者的共同任务。

(二)行政法理论基础的条件

我们认为,行政法的理论基础应当具备以下条件:

行政法的理论基础必须能说明行政法的本质特点。我们认为,只有能科学揭示行政法所赖以存在的客观基础及行政法与其基础间的辩证关系,从而科学地说明行政法的产生和发展、本质和特点、内容和形式、基础和功能的理论,才能作为行政法的理论基础。具体地说,在存在着公法和私法分野的国家里,只有既能说明行政法的适用范围和行政法院管辖范围(或行政审判庭的管辖范围、行政诉讼法的适用范围),同时又能说明行政主体与相对人关系性质的理论才能作为行政法的理论基础。在19世纪,公共权力论之所以能成为法国等大陆法系国家行政法的理论基础和行政法学的主流学说,就是因为它既说明了行政法的适用范围和行政法院的管辖范围,又说明了行政主体与相对人之间的关系是一种命令与服从关系。19世纪末以来,公务论之所以能取代公共权力论,是因为它比公共权力论更能说明垄断资本主义时代的行政法现象,即在说明了行政法的适用范围和行政法院的管辖范围的同时,还进一步说明了公务关系是一种行政主体的服务和相对人的合作关系。在不存在公法和私法分野的国家里,则只要能说明行政主体与相对人关系性质的理论,就可以成为行政法的理论基础。因此,控权论就成了英、美法系国家行政法的理论基础。

行政法的理论基础必须以历史唯物主义为指导。尽管西方国家有各种各样的行政法理论基础,但多数都是唯心主义的,是缺乏科学性的。历史唯物主义认为,行政法作为一种上层建筑,行政法学作为一种意识形态,是应当以历史唯物主义为理论基础的。同时,行政法作为一个部门法,行政法学作为一个部门法学,是应当以法理学为理论基础的。但是,行政法之所以能成为一个不同于其他部门法的独立部门法,行政法学之所以能成为一门独立的法学学科,还有它特殊的理论基础。那么,什么才是行政法的理论基础呢?这就需要我们去研究。不过,行政法的理论基础,作为一种行政法理论,就必须以历史唯物主义和法理学为指导。也就是说,我们寻找这个理论基础的过程本身,是必须坚持历史唯物主义的观点、方法和立场的。历史唯物主义认为,对法不能从法律现象本身或人类发展的一般精神而应当从人们的物质生活关系或物质关系去认识、理解。因此,对于揭示行政法内在发展规律的行政法学及其理论基础,我们不能从行政法现象(内容、形式、特征和功能等)本身或民主、法制等人类发展的一般精神去寻找。行政法学及其理论基础必须以社会本身为基础。对于这一点,即使是资产阶级法学家也不得不这样。例如,社会连带主义法学的创始人狄骥一再强调,任何科学的理论或观念都"必须以社会本身为基础"。① 法的基础是社会关系,归根到底是物质关系。社会关系实质上是一种利益关系,物质关系实质上是一种物质利益关系。这种利益关系不仅决定法的产生和发展、本质和特点,而且决定法的划分,即不同的利益关系决定了宪法、行政法、民法和刑法的区别。其中,行政法所赖以存在的客观基础就是公共利益与个人利益关系。我们认为,只有从这一基础出发,才能科学地揭示行政法的产生和存在、发展和变化、本质和特点、内容和形式、内涵和外延。只有这样的理论,才能科学地解释行政法与其他部门法之间、行政案件与其他案件之间的区别,才能找到解决公共利益与个人利益冲突的正确规则,才能作为行政法学的逻辑起点或行政法的理论基础。

二、行政法的精神

(一) 行政法精神的价值

"的确,我可以断言:法律家只有了解法律产生的社会条件以及法律施加于受治者的后果,才可能理解法律。但是,法律家对政治社会研究的特殊贡献,在于对某一时期内调整政治机构关系的原则所进行的考察。"② 我们

---

① 〔法〕狄骥:《宪法论》,钱克新译,商务印书馆 1962 年版,"第二版序言"第 8 页。

② 〔英〕詹宁斯:《法与宪法》,龚详瑞等译,生活·读书·新知三联书店 1997 年版,"第一版序言"第 11 页。

对行政法与其基础间辩证关系的揭示，就是为了进一步论证行政法的精神，从而完善行政法的理论基础。

行政法的精神或基本观念，是社会在运用行政法调整利益关系时所体现的一种价值判断或道德取向，是行政法的灵魂。法国学者韦尔指出："行政法的产生是一个奇迹，它的继续存在更是一个奇迹。不仅没有任何力量能够从物质上强迫政府服从法律规则和法院的判决，而且如果国家愿意，它就可以，至少在理论上说可以，抛弃它曾经同意的自我限制。行政法的存在必须具备各种条件，这些条件取决于国家的形式、法和法官的威信以及时代精神。"① 因此，行政法的精神是行政法得以持续存在和良好运行的重要条件。

行政法的精神作为一种法学观念，属于意识形态的范畴，归根结底也是由所处时代的利益关系决定的。但是，这种精神对行政法的制定和实施，行政法体系的完善和行政法秩序的形成；对行政法学的研究和成熟，行政法现象的解释和行政法观念的革新都具有重要的指导意义。并且，行政法的精神一旦被物化为社会生产力，则能够成为一种决定性的力量。欧洲的文艺复兴和启蒙运动，及我国的思想解放运动的价值已经为世人所共识。本书所提倡的行政法精神，虽然不能与此相提并论，但目的也在于与我国行政法学者一道对古典行政法学进行认真反思，并提倡一种适应当代社会发展潮流的行政法精神。

(二)行政法的精神与理论基础

认识论告诉我们，主体对客体的认识可以分为价值性认识和科学性认识。科学性认识即真理性认识，是指主体以真实反映客体属性及其运动规律为目标的一种认识活动。价值性认识，则是指主体以自己的利益作为标准，从主体的主观需要对科学性认识所揭示的客体属性及其运动规律所作的价值判断活动。在自然科学领域，人们的认识大多属于科学性认识，因而就有"科学无国界"之说。但在社会科学领域，人们的认识基本上同时兼有科学性认识和价值性认识。这时，科学性认识和价值性认识之间的关系是层次关系。科学性认识层次是主体的认识和客体间的关系，价值性认识层次是主体的认识和主体需要的关系，两者以主体的认识为连结点和转折点。科学性认识是价值性认识的基础，价值性认识则对科学性认识往往具有指

① 〔法〕韦尔：《法国行政法》，徐鹤林编译，载《行政法研究资料》(下册)，中国政法大学 1985 年版，第 266 页。

导作用。没有科学性认识,就满足不了主体的需要和利益;没有价值性认识,科学性认识也就失去了意义。

行政法的理论基础与行政法的基本观念或精神之间的关系,可以说就是一种科学性认识与价值性认识之间的关系。行政法的理论基础是我们提出行政法基本观念的科学依据和理论前提。行政法的基本观念,是我们根据行政法的理论基础对行政法所作的一种价值选择和价值判断。在本书中,我们通过论证得出了这样的结论:行政法的理论基础是公共利益本位论,行政法的精神是利益一致、服务与合作、信任和沟通。从科学性认识上说,公共利益与个人利益并非总是一致的,服务与合作也只是主体间行为关系中的一个方面,信任也往往与怀疑和猜忌共存。我们所提倡和强调的利益一致、服务与合作、信任与沟通,仅仅是一种价值判断,是我们所处的当今社会应持的一种价值选择。也就是说,行政法对利益关系的调整,应提倡这种价值选择或精神。当然,科学性认识与价值性认识具有紧密的联系,行政法的理论基础和精神也可以融为一体,大陆法系行政法学上的公共权力论和公务论就是如此。如果我们不介意本书的字面含义或概括的话,则本书所阐述的理论基础和基本观念可以合称为公共利益本位论。

(三)行政法精神的时代性

不同主体的价值认识,往往有不同的选择和判断,这是由主体在认识时的不同参考系决定的。所谓参考系,是指主体(角色)的取向性,即主体(角色)在所处的位置上对外看问题的方法和观点。[①] 这种参考系,实质上就是指主体在所处特定利益关系中的需要和利益。

不同时代的人们对社会现象的认识有不同的参考系。18、19 世纪的学者提倡革命,是基于夺取政权的需要;权力制衡和不合作、不信任,是对专制统治的一种恐惧。之所以这种价值观念在政权建立后继续流行,是因为意识形态得以确立后的"惯性"作用。20 世纪以来,资产阶级所处的利益关系已不同于以往的利益关系,在利益关系中所处的位置也已不同于以往的位置,作为统治者的资产阶级需要巩固自己的政权。第二次世界大战以来,深受法西斯专政之苦和战争之害的人们渴望和平及持续发展、繁荣的社会。从这一利益和需要出发,利益一致、互助合作、相互信任和增进沟通就成了社会的普遍性价值选择。

社会的时代精神必然体现在法学及行政法学中。英国宪法学者詹宁斯

① 参见〔美〕伯·霍尔茨纳:《知识社会学》,傅正元等译,湖北人民出版社 1984 年版,第 29 页。

指出：自从1884年戴雪对英国宪法进行分析以后，“情况发生了根本的变化，在我看来，他所阐述的原则很少能适用于现代宪法。因为，被他后来的著作称为‘集体主义时期’的到来，改变了宪法组织、政府实践以及政治行为的原则。”[①] 20世纪的西方行政法学，以社会法学为理论武器，提出了服务与合作、信任与沟通的行政法精神，将以权力与服从、制约与对抗关系为精神的古典行政法推向了“福利行政法”时代。

(四) 借鉴与否定

科学性认识要求主体正确地把握客体及其规律性，努力排除利益和需要等主观因素的干扰，不得附加任何主观因素。科学性认识的结果有正确和错误之分。正确的认识结果就是所谓的真理，错误的认识结果就是所谓的谬误。但是，不论是真理还是谬误，科学性认识都是不具有阶级性的。价值性认识是以主体的利益和需要为出发点的，依赖于主体的主观因素。在阶级社会里，价值性认识的最根本标准或参考系是阶级的利益和需要，因而价值性认识具有阶级性。

行政法具有政治性和技术性双重属性。法国学者韦尔指出：“行政法不同于，也不能同于其他的法。无论如何，我们不能比照民法上通常使用的标准来衡量行政法的规则、概念和制度。行政法还研究国家与公民的关系、权威与自由的关系、社会与个人的关系这样一些政治学的基本问题。”[②]

科学的进步，社会的文明，就是科学性认识和技术属性不断得以积累和丰富的结果。马克思和恩格斯对辩证唯物主义和历史唯物主义的创立，列宁对美国“泰罗制”在前苏联的引进，毛泽东关于洋为中用、古为今用的论述和邓小平关于人类文明继承的肯定，为我们对科学性认识和技术属性的借鉴作出了典范、提供了指导。因此，我们“要弄清什么是资本主义。资本主义要比封建主义优越。有些东西并不能说是资本主义的。比如说，技术问题是科学，生产管理是科学，在任何社会，对任何国家都是有用的。我们学习先进的技术、先进的科学、先进的管理来为社会主义服务，而这些东西本身并没有阶级性。”[③] 也就是说，我们应当区分科学性认识和价值性认识，并

---

① 〔英〕詹宁斯：《法与宪法》，龚详瑞等译，生活·读书·新知三联书店1997年版，“第一版序言”第12页。

② 〔法〕韦尔：《法国行政法》，徐鹤林编译，载《行政法研究资料》(下册)，中国政法大学1985年版，第266页。

③ 邓小平：《答意大利记者奥林埃娜·法拉奇问》，载《邓小平文选》，人民出版社1983年版，第310页。

利用科学性认识成果为社会主义服务。

本书为了阐明行政法的精神,引用了西方学者的不少论述和西方行政法的一些规范。这种引用都是在科学性认识和技术属性上进行的。比如,狄骥所提倡的以"阶级合作"为实质的服务与合作,从价值性认识上说是为垄断资产阶级服务的,但从科学性认识上说却揭示了阶级合作有利于统治阶级巩固其政权、维持社会稳定这一真理。我们在发挥此类论述的科学性认识和有关规范的技术属性的同时,对其价值性认识未作一一的批判。但这并不意味着作者丧失政治立场。这是因为:首先,本书的任务并不在于揭示社会主义不同于资本主义的人文精神,而在于在我国提倡一种不同于20世纪以前的、当代社会的人文精神。其次,我们现在的任务主要不在于斗争和批判,而在于建设和发展,也就是把人类社会现有的科学性认识成果服务于我国的政治体制。再次,作者对某些西方行政法学理论,在有关论著中已经作过批判。[1]

---

① 参见叶必丰:《公务论研究》,载马怀德等主编:《中国行政法学新理念》,中国方正出版社1997年版,第22页以下。

第二章　行政法的社会基础

——利益分析法的解剖

第一节　利　　益

一、利益的界定

(一) 利益界定说

在英文中,表示"利益"的字有 Benefit、Advantage、Profit、Fruit、Privilege、Gain 和 Interest,意为"好处"、"恩惠"、"津贴"、"救济金"和"赔偿费"等。在汉语中,利益多指"好处";但在佛典中,它却与"功德"同义。《法华文句记》中说,"功德利益,一而无异,若分别者,自益名功德,盖他名利益"。因而,利益又称功利。"利益"被广泛地使用于各种场合,但解释各不相同,主要有主观论和客观论两派。

主观论者认为,利益是主体对客观事物的内心感受和主观需要。该论又可分为内心感受说、主观需要说和需要满足说三种。内心感受说认为,利益是主体对客观事物的一种幸福感受。英国学者边沁(Jeremy Bentham)和密尔(John Stuart mill)等持该说。边沁称利益为功利,认为"功利意味着对任何当事人来说,任何事物的性质是产生福利、方便、快乐、优良或幸福(目前所有这些都是指的同一件事)或防止发生灾祸、悲痛、邪恶或不幸(这也是指的同一件事)"。[①] 此后,利益也称为福利,快乐就成了利益的代名词之一,边沁和密尔的利益学说也被称为功利主义,边沁成了功利主义的创始人。主观需要说认为,利益是主体的一种主观需要、愿望或要求。美国学者庞德(Roscoe Pound)、法国学者狄骥(Leon Duguit)和前苏联理论家尼·布哈林等持该说。庞德认为,"我们必须以个人对享有某些东西或做某些事情的要求、愿望或需要作为出发点,也可能以不强迫他去做他所不想做的事情的要求、愿望或需要作出发点。在法律科学中,从耶林以来,我们把这些要求、愿望或需要称为利益";利益"是人类个别地或在集团社会中谋求得到满足的

---

① 〔英〕边沁:《道德与立法原理》,赵盛铭等译,载法学教材编辑部:《西方法律思想史资料选编》,北京大学出版社 1983 年版,第 484 页。

一种欲望或要求”。[①] 狄骥虽未明确界定利益，但在论述社会连带关系时所说的人们的共同需要和不同需要，实际上是指利益。布哈林也未对一般意义上的利益加以界定，而是在界定阶级利益时表现出主观需要说的。他说：“阶级利益的最原始而又最一般的表现，是各阶级在分配产品总额时力求扩大自己份额的愿望”。[②] 需要满足说认为，利益是一种主观需要的满足。德国学者黑格尔(Georg Wilhelm Friedrich Hegel)持该说。他认为：“主观性的这种还是抽象的和形式的自由，只是在其自然的主观定在中，即在需要、倾向、热情、私见、幻想等等中，具有较为确定的内容。这种内容的满足就构成无论它是一般的和特殊的规定上的福利或幸福”。[③]

客观论者认为，利益是主体所追求的客观事物。《布莱克法律辞典》解释说：“利益是以交换为目的，在承诺某种作为或不作为后而得到的东西，在此承诺以前是不能得到的”；“是因疾病、无生活能力或失业等而从保险或诸如社会保障等政府计划中取得的财政援助”。[④] 该辞典所称的利益虽然是指法律利益即业经法律调整的利益，但却表明：利益是主体所要求和取得的客观事物。英国学者萨柏恩(George H. Sabine)和许派德(Watler J. Shepard)也持客观论。他们认为，“利益概念的基本观念是共同享受某种财产或利益的观念。在这种意义之下，我们讲到一种事业或一种财产内的利益。……利益不但指实物或者能够用金钱估价的事物的共有权，并且也指不含有所有权问题的无从捉摸的事物”。[⑤] 根据德国学者瓦尔特·克内恩(Walter Klein)的分析，在德国公法学界，普遍认为利益是“一个主体对一个客体的享有”。[⑥]

(二)作者对利益的界定

本书作者赞同客观论，认为利益是人们所追求的，能满足其某种需要的事物。对利益的这一界定，可以从下列几方面来认识。

利益是一种客观事物。事物包括物质事物和精神事物。物质事物可分为有形的物(如土地、房屋等)和无形的物(如金钱、有价证券等)。精神事物

---

① 〔美〕庞德：《通过法律的社会控制·法律的任务》，沈宗灵等译，商务印书馆 1984 年版，第 35、81 页。

② 〔苏〕布哈林：《历史唯物主义理论》，李光谟等译，人民出版社 1983 年版，第 338 页。

③ 〔德〕黑格尔：《法哲学原理》，范扬等译，商务印书馆 1982 年版，第 125 页。

④ 参见《布莱克法律辞典》，美国西方出版公司 1979 年英文版，“ Benefit ”条。

⑤ 〔英〕萨柏恩和许派德：“英译者序”，载〔荷〕克拉勃(H. Krabbe)：《近代国家观念》，王检译，商务印书馆 1957 年版，第 44 页。

⑥ 参见陈新民：《宪法基本权利之基本理论》(上册)，台湾省三民书局 1992 年版，第 134 页。

即精神产品(如荣誉、地位等)。物质事物构成主体的物质利益,精神事物则构成主体的精神利益。事物既包括静态形式的事物(如财产和职位等),也包括动态形式的事物即行为。行为既能满足主体的物质需要(如就业、储蓄等),也能满足主体的精神需要(如游戏行为、表演行为和体育比赛行为等)。无论是物质事物还是精神事物,都可以构成主体的利益。德国著名行政法学者沃尔夫(H.J. Wolff)认为,利益是一个主体对一个标的(客观)上所存在的“积极关系”;这个标的是对主体有意义、有价值的精神或物质。[①] 我们认为,这些事物作为一种社会存在,是客观的。对社会存在理论上尚无定论。有的认为仅指生产力,有的认为指生产方式,有的则认为包括生产方式和上层建筑,还有的认为指除政治生活和精神生活外的物质生活过程,也有的认为除生产方式和上层建筑外还包括精神生活。[②] 笔者认为,社会存在包括经济结构和上层建筑。根据朱光潜的考证,马克思在《〈政治经济学批判〉序言》中所说的“社会意识形式”即意识形态并不包括在上层建筑之内,而是与上层建筑相并列且同时竖立在经济结构之上的一个独立结构;长期以来之所以流行上层建筑包括意识形态的观点,是先因误译、后因斯大林的误解而造成的。[③] 笔者同意上述结论,并认为相对于社会意识形式的社会存在即为社会的经济结构和上层建筑。存在于经济结构的事物,属于物质范畴,是不以人们的意志为转移的客观存在,其客观性是无需证明的。存在于上层建筑领域的事物,作为一种社会存在,也是客观的,能决定社会意识。存在于精神领域的事物,作为一种社会意识形式,其形式是主观的,但其内容却是客观的,因为它是以物质为基础的,是对物质的客观反映,不论这种反映是正确还是错误。

利益是能满足人们需要的事物。只有能满足人们需要的事物,才能构成主体的利益,否则就只能构成人们的负担。例如,对多数人来说,视垃圾

---

① 参见陈新民:《宪法基本权利之基本理论》(上册),台湾省三民书局 1992 年版,第 134 页。

② 王锐生:《关于社会存在范畴的研究》、何君康:《关于社会存在的几点认识》、姚伯茂:《论历史唯物主义的“物”》、冯增铨:《社会存在指的应该是生产关系》、张兴琨:《“人们的社会存在决定人们的意识”本义探论》等,均载中国历史唯物主义研究会编:《历史唯物主义论丛》(第四辑),清华大学出版社 1984 年版。

③ 朱光潜:《上层建筑和意识形态关系的质疑》,载《华中师范学院学报》1979 年第 1 期。斯大林在《马克思主义和语言学问题》一文中说:“基础是社会发展的一定阶段上的社会经济制度,上层建筑是社会的政治、法律、宗教、艺术观点,以及和这些观点相适应的政治、法律机构”。

为废物，不能满足其需要，不构成其利益。① 但是，每个人的需要是多种多样的，不同的人又有不同的需要。对特定事物来说，例如一块树根，有人需要它但有人却不需要它，有人需要用它来维持生存（如生火煮饭）而有人却需要用它来创造（如根雕艺术）。因而，美国心理学家马斯洛（Abraham Maslow）提出了著名的"需要层次理论"。他把人的各种需要，按照重要性和发生的先后次序，归为五类并将其排列成阶梯状层次：(1) 生理需要，即对吃穿住行和生儿育女的需要。(2) 安全需要，即人身和财产的安全保障需要。(3) 社会需要，即社会交往与归属的需要。(4) 尊重需要，即自尊和受人尊重的需要。(5) 成就需要，即实现人身价值、作出社会贡献的需要。马斯洛认为，人总是从低级需要开始的，一般说来只有在低级需要得到满足后才会发生高级需要。但是，各种需要也不是截然分开的，也会有交叉。根据历史唯物主义理论，人的需要在本质上属于精神或意识的范畴，归根结底是人所处的物质生活条件决定的。这种"需要"在德国公法学界多称为"价值"。无论如何，只有当客观事物具有满足主体的需要或价值的某种属性时，它才能构成主体的特定利益。

利益是人们所追求的事物。人们基于自身需要，总是不断追求能满足其需要的事物。需要的永不满足，人们的不断追求，促进了社会发展。通过追求，人们一旦控制或占有能满足其需要的特定事物，便构成他的既得利益；一时尚未控制或占有而有条件去控制或占有能满足其需要的特定事物，则构成他的可得利益。然而，人们对事物的追求还有赖于对该事物效用和能否满足其需要的认识，而这种认识又是以自身所具备的知识为前提的。如果没有一定的知识，人们就难以产生相应的需要，也就没有追求事物的动机；即使具有一定的需要，也无法认识到特定事物能满足该需要的效用。因此，人们只有在具备一定知识和掌握相应理论时，才会自觉地去追求特定事物，以满足其需要。正是在这一意义上，我们才说社会主义革命和社会主义建设需要马列主义的武装。从需要和认识的角度来看，利益具有一种主观意义。正像萨柏恩和许派德所说的那样："所论及的事物，在有关系的人心上引起一种特殊的心理状态；它同他的行动或判断有关；他对它有一种共有权，因为对他来说它是一种至少有重要价值的事物。他注意它，它吸引他，

---

① 随着人们的认识水平的提高，垃圾中的使用价值正在被发现。据报载，哈尔滨已有人出资18.5万元承包了一垃圾处理场（参见《哈尔滨有人出资承包垃圾场》，载《报刊文摘》1997年10月9日）。

或者可能拒绝他；无论如何，它不是无足轻重的，但是在他的行动内，或者在他的思想内，会引起某种反应。因此可以看到，利益的意义是双重的"，既有客观意义又有主观意义。[①] 但是，利益的客观意义却是主要的，因为事物的效用并从而给主体所带来的好处是不以主体的需要和认识为转移的，需要和认识只能影响主体对事物的追求行为。

利益是人的利益。这就是说，利益的主体是人。一般说来，只有人才有意识，才能产生需要，认识到事物的效用，才会按自己的意志去追求利益。尽管动物的弱肉强食、适者生存的本能，使得动物不得不去控制或占有某种事物。但是，正像马克思曾经指出的那样，"蜘蛛的活动与织工的活动相似，蜜蜂建筑蜂房的本领使人间的许多建筑师感到惭愧。但是，最蹩脚的建筑师从一开始就比最灵巧的蜜蜂高明的地方，是他在开始建筑以前已经在自己的头脑中有了这座建筑物。劳动过程结束时得到的结果，在这个过程开始时就已经作为劳动者的表象观念地存在着。他不仅使自然物发生形态变化，同时还在自然物中实现自己的目的，这个目的是他所知道的，是像规律一样决定着他的活动的方式和方法的，他必须使他的意志服从这个目的。但这种服从不是孤立的行为。除了从事劳动的那些器官紧张之外，在整个劳动时间内还需要有作为注意力表现出来的有目的的意志"。[②] 因此，动物不是我们所说的利益主体，利益主体只能是人或人们所结成的组织（如国家及其国家机关等）。组织作为利益主体，是因为它是一些人的代表，而不是因为它也能享受利益。一定组织所谋求和代表的利益，最终仍要分配给所属的人享受。

二、利益的分类

（一）利益分类说

对利益的科学分类，是以利益本身的分化为客观基础的，是有关利益问题的逻辑推理和定位的需要，而不是研究者的个人爱好。功利主义的代表边沁曾以内容为标准将利益分为14类。[③] 我国台湾省学者张金鉴也曾从内容上将利益分为生存利益、安全利益、和平利益、快乐利益、享受利益和发展

---

① 〔英〕萨柏恩和许派德："英译者序"，载〔荷〕克拉勃著：《近代国家观念》，王检译，商务印书馆1957年版，第44页。

② 《马克思恩格斯全集》，第23卷，第202页。

③ 〔英〕边沁：《道德与立法原理》，赵盛铭等译，载法学教材编辑部：《西方法律思想史资料选编》，北京大学出版社1983年版，第489页。

利益六类。[①] 但是,大多数学者却是以主体为标准或首先以主体为标准对利益进行分类的,也就是把利益主体分为单个的社会成员即个人和社会成员的整体即国家或社会组织,进而把利益分为个人利益和公共利益。古希腊的柏拉图(Platon)、亚里士多德(Aristoteles),中世纪的阿奎那(Thomas Aquinas),近代的孟德斯鸠(Charles Louis de Montesquieu)对利益都作了这样的分类。法国启蒙思想家卢梭(J. J. Rousseau)却认为,利益主体既有个人和国家或社会,又有部分个人的联合或集团(如派系),因而利益也就有个人利益、公共利益或共同利益和集团利益(如派系利益)。边沁笔者也曾将利益主体分为个人和社团两类,把利益分为个人利益和社团利益。庞德的利益分类说被有的西方学者推崇为他对法律哲学的"最重要的贡献",并将其与门捷列夫的化学元素表相提并论。[②] 他首先也是以主体为标准,将利益分为个人利益、公共利益和社会利益。[③]

(二) 分类标准

笔者认为,要从逻辑上划分穷尽,还是应以主体为标准,即以主体是单个的社会成员还是社会组织为标准,将利益分为整体利益和个人利益两类。

首先,单个社会成员和社会组织是两种不同的存在形式。社会的基本要素是个人,没有个人就没有组织和社会。同时,只有个人才是利益的真正主体,才能真正创造、享受和消费利益。任何组织本身并不能消费利益。但是,个人在社会里并不是孤立存在的,必然过着一种有组织的生活。布哈林说,"'个人'始终是作为社会的人,作为集团、阶级、社会的一员即一个组成部分而进行活动的。"[④] 社会或组织只是个人的集合体,个人就是某种社会组织的组成分子或构成成员。因此,个人是相对于某种社会组织而言的客观存在,可以用来泛指一定社会范围内的任何一个社会成员,在任何社会组织内都可以成为个人利益的主体。即使是担任国家职务的人,尽管他们具有国家公职人员的身份,但并未丧失个人的身份,仍具有自己的独立利益,相对于国家组织而言仍是个人利益的主体。但严格地说,个人不能作为一个集合概念来使用,不能用来指各单个社会成员的总体或集合体。

应当指出的是,企业和事业单位只是个人的联合或社会化存在形式,而

---

① 参见张金鉴:《行政学新论》,台湾省三民书局1984年版,第36—39页。

② 参见沈宗灵:《现代西方法律哲学》,法律出版社1983年版,第40页。

③ 〔美〕庞德:《通过法律的社会控制·法律的任务》,沈宗灵等译,商务印书馆1984年版,第37页。

④ 〔苏〕布哈林:《历史唯物主义理论》,李光谟等译,人民出版社1983年版,第109页。

不是我们所说的社会组织。在私有制社会里，企业和事业单位都是个人的，其资产是个人的，其员工也是个人的雇工，尽管这里的个人可能是若干个而不止一个。私有制社会里存在的少量国有企业、事业单位，却有着与私营企业、事业单位不同的性质，在理论上被视为国家组织的延伸，在法律上往往称为公法人，其行为在 19 世纪称为国库行为、在 20 世纪被越来越多的学者称为行政私法行为。在公有制社会里，国有企业、事业单位的比例比较大。但有趋势表明，公有制不同于国有制，而更多地表现为集体所有制。集体所有制同样只是个人的联合。因此，集体和私有企业、事业单位也是单个的社会成员，国有企业、事业组织则介于社会组织和单个社会成员中间的地位。

社会组织是个人的集合体。作为一个集合体，它并不是个人的简单相加，并不因成员的更替而更替，而具有体系上的严密性和时间上的持续性。社会组织有国家组织、阶级组织、政党组织、民族组织、宗教组织和社团组织等。我们认为，社团组织并不是单个的社会成员，而是单个社会成员的社会组织或代表，谋求的是该社会组织全体成员的集合利益或整体利益。也就是说，当它相对于单个社会成员时，是以社会组织而存在的，双方的关系是个人利益与本行业整体利益之间的关系。社团组织相互之间的关系则往往是整体利益与整体利益之间的关系。即使相对于国家组织来说，它也是以社会组织的地位而存在的。例如，企业联合会和法学会相对于国家时，是以产业界(或企业)共同利益的代表和法学界共同利益的代表的身份出现的。社会组织为了维持其机关的存在和运转，也会有类似于单个社会成员的利益“消费”，如购买办公用品等。在这种情况下，19 世纪的理论是将社会组织作为单个社会成员来处理和对待的，但 20 世纪的理论却更愿意仍按社会组织来对待，认为把社会组织割裂为两种不同性质的人格是不科学的。[①]

其次，单个社会成员和社会组织具有不同的存在目的。个人是为自己而存在的单个社会成员。社会组织是为了社会成员的利益而存在的，目的是为了保护和增进各社会成员的利益。即使在某种条件下，单个社会成员不得不满足他人的利益，但最终还是为了更好的保护自己的利益或谋取更多的利益。国有企业、事业单位和为了自身存在而进行活动时的社会组织，尽管也追求自己的利益，但这种利益毕竟是该社会组织所代表的公共利益的基础或组成部分，同典型的单个社会成员所追求的个人利益是有很大不同的。从这一意义上说，不把他们作为单个社会成员，而把他们作为社会组

---

① 参见许宗力:《法与国家权力》，台湾省月旦出版有限公司 1993 年版，第 1 页以下。

织是具有一定合理性的。

总之,单个社会成员和社会组织是具有不同目的的两种社会存在形式。

三、个人利益和整体利益

(一)个人利益

根据利益主体为标准,可以将利益分为个人利益和整体利益。庞德曾对个人利益作过界定和详细讨论。他认为,个人利益"是直接包含在个人生活中并以这种生活的名义而提出的各种要求、需要或愿望",具体包括人格、家庭和物质方面的利益。[①] 我们认为,个人利益即私人利益,是由单个社会成员所控制的利益。从来源上说,个人利益由自留利益和分享利益两部分构成。

自留利益,是指由单个社会成员自行保留、未被纳入再分配领域的利益。它又包括特殊利益和共同利益两部分。

什么是特殊利益?多数学者并未论及。这是因为在他们看来,与共同利益相对应的概念是个人利益而不是特殊利益。但是,黑格尔却认为,与普遍性相对应的应当是特殊性,与共同利益相对应的应当是特殊利益。他认为,"我把某物置于我自己外部力量的支配之下,这样就构成占有;同样,我由于自然需要、冲动和任性而把某物变为我的东西,这一特殊方面就是占有的特殊利益",是一种主观需要的满足。[②] 笔者赞同黑格尔关于特殊性相对于普遍性而存在的观点,认为特殊利益是与共同利益相对应的概念,它是指一定范围内的利益主体所具有的,不同于其他利益主体或多数利益主体利益的一种利益。我们如果用多项式 abc + abd + abe + abf + abg + abh 来表示一定范围内各单个社会成员的个人利益,则 c、d、e、f、g 和 h 都是给定范围内各单个社会成员的特殊利益。特殊利益由于不具有普遍性,就不能被提取和分离出来进行再分配,只能由各单个社会成员保留,成为个人利益中比较稳定的构成部分。

什么是共同利益?根据黑格尔的看法,就是一种普遍利益。德国学者伏德洛斯(Alfred Verdross)认为:"共同利益既不是单独个人所欲求的益处的总和,也不是人类整体的利益,而是一个社会通过个人的合作而创造的事

① 〔美〕庞德:《通过法律的社会控制·法律的任务》,沈宗灵等译,商务印书馆 1984 年版,第 37 页以下。

② 〔德〕黑格尔:《法哲学原理》,范扬等译,商务印书馆 1982 年版,第 54、204 页。

物价值的总和,这种合作为使人类通过努力和劳动能够塑造其生活而必须存在,从而使之与人类个性的尊严相一致”。[①] 我们认为,共同利益是一定范围内全体成员或绝大多数社会成员的相同利益,也可以称为相同利益。据此界定,如果可以把单个社会成员的个人利益列成上述多项式的话,那么共同利益就是该多项式中的公因式,即多项式中的 ab。c 尽管是第一和第二项的公因式,却不是整个算式的公因式,即不是该给定范围内全体社会成员的共同利益。当然,在人类社会中,要取得全体社会成员的相同利益是很难的,而往往只能求得多数社会成员的相同利益。并且,所给定的社会范围越大,所辖成员越多,则各成员间的相同利益越少;相反,则相同利益越多。各单个社会成员所拥有的共同利益或相同利益,具有普遍性或共同性,是被提取和分离出来集合成为公共利益的前提。但是,共同利益或相同利益即 ab 这两个公因式不一定被全部提取和分离出来,提取和分离多少是由需要和目的决定的。因此,共同利益或相同利益中未被提取和分离的部分,仍由各单个社会成员所拥有和保留,仍然是个人利益的构成部分。

分享利益,是指各单个社会成员所分享的那份公共利益。社会组织从单个社会成员的个人利益中提取和分离出部分共同利益,集合为公共利益,并不是为了自己的消费,而是为了保障和促进个人利益的发展,并分配给各单个社会成员来享受。因此,各单个社会成员所享受的公共利益即分享利益,也是个人利益的构成部分。

(二) 整体利益

我们认为,整体利益是由一定社会组织所控制的该社会组织全体成员或绝大多数成员的集合利益。

整体利益是一种共同利益。只有单个社会成员相同或共同的利益才有可能成为一种整体利益。如同提取公因式和乘法对加法的分配律一样,只有共同利益才有可能被分离出来进行再分配,才能为他人所代表。然而,我们应当指出的是,整体利益并不等于共同利益。整体利益可能是一种共同利益,但也可能并不是一种真正的共同利益,而只具有共同利益的形式和外衣。例如,民族组织所代表的公共利益是全体氏族成员的共同利益,但私有制社会里国家组织所代表的公共利益却只是少数人即统治阶级的共同利益而不是全体社会成员的共同利益,仅仅具有全体社会成员共同利益的形式。

① 转引自〔美〕博登海默:《法理学——法哲学及其方法》,邓正来等译,华夏出版社 1987 年版,第 301 页。

同时，整体利益是一种由一定社会组织作为抽象人格主体的共同利益，共同利益不一定具有这种抽象的人格主体。例如，同一个阶级的社会成员必然具有共同利益。但是，当这个阶级还是一个自在的阶级时，即还没有被组织起来、没有自己的政党时，就不能把这种共同利益称为该阶级的整体利益；当一个阶级的政党还没有成为执政党、还没有掌握国家机器之前，该阶级的共同利益就不能被称为该国家的整体利益。因此，整体利益是一种已经被自觉组织起来的利益，是共同利益的高级形式；共同利益仅仅表明各社会成员所具有的相同利益，是发展成为整体利益的前提。再次，整体利益具有相对独立性。它从社会成员的个人利益中分离出来后如何分配、分配给哪些成员享受，已不受原来的、单个的成员控制。共同利益在上升为整体利益之前，不存在分离和再分配问题，仍然是各社会成员自己控制的利益。

整体利益是一种集合利益。它是从各单个社会成员的共同利益中提取、分离出来后的一种有机集合。如果这一过程可以用一个多项式来表示的话，整体利益就是上述多项式中被提取出来的 a 或 b。因此，整体利益不是各社会成员的共同利益的简单相加，不能将整体利益解释成为个人利益的总和。

整体利益是全体成员的共同利益。社会组织至少在产生时是得到全体成员或绝大多数社会成员的支持和拥护的，所代表的利益也是全体社会成员的共同利益。① 只有全体或大多数社会成员的共同利益才能成为整体利益，从而才能为全体或大多数社会成员所享受。当整体利益是全体或大多数社会成员的共同利益时，整体利益就是一种实质上的共同利益。然而，当整体利益被少数社会成员控制或占有时，整体利益就成了一种形式上的共同利益。整体利益之所以可能是形式上的共同利益，是因为整体利益形成(从社会成员的个人利益中分离出整体利益)规则和分配规则的不合理，归根结底是因为私有制的形成和发展。

整体利益的主体是一定的社会组织。当整体利益从单个社会成员的个人利益中分离出来后，已经成为一种不为单个社会成员所控制的独立利益。这种独立利益只能由一定的社会组织来代表，否则将失去整体利益的本来性质。整体利益之所以需要由一定的组织来代表，是因为：共同利益需要社会成员的共同努力才能得以实现。例如，水利、环境等整体利益，通过社会成员的个人力量是难以实现的，而只能通过全体社会成员的共同协作来实

---

① 参见马克思、恩格斯：《德意志意识形态》，载前引《马克思恩格斯选集》，第一卷，第 53 页。

现。对这种共同利益的追求和实现,不仅需要各社会成员贡献出同等的力量,而且还需要有相应的指挥和组织,因而就需要利益的代表者。共同利益的集中使用可以使效益得到更充分的发挥。现代系统论已经揭示,两个因素经合理配置后所发挥的效能大于它们各自所发挥效能的总和。共同利益与效能之间的关系就是如此。然而,共同利益的集中使用,就需要相应的代表者及管理者。同时,共同利益的代表者不能是单个的人。不具有共同利益的个人不会对该共同利益发生兴趣,甚至因构成自己的负担而予以反对。具有共同利益的人们也不会让其来代表自己的利益。具有共同利益的个人,因对该共同利益具有利害关系,不可能公正地指挥、组织共同利益的追求和实现,不可能公正地管理和使用该共同利益。并且,依靠个人的力量也难以有效地指挥和组织人们对共同利益的追求和实现,难以管理和使用共同利益。因此,能够代表共同利益的只能是一定的组织,即由具有共同利益的人们所组成的社会组织。这种社会组织源于个人而超越于个人,并在形式上具有公正性。然而,共同利益并不一定都有相应的代表者。只有当有共同利益的人们认识到协作的需要时,才能组织起来,并推举出代表者。于是,社会组织也被拟制为一种抽象的人格主体。

（三）公共利益

在原始社会,共同利益比较单一,代表共同利益的组织也主要是氏族组织。但在阶级社会里,共同利益是各种各样的,代表共同利益的社会组织也是很多的,如国家组织、政党组织、社团组织、社区组织、民族组织、宗教组织、行业组织和血缘组织以及国际组织等。它们所代表的共同利益就成了该组织内部成员的整体利益。国家组织所代表的整体利益,在形式上或实质上是其所辖区域内全体社会成员或绝大多数社会成员的共同利益。因此,这种整体利益往往又被称为公共利益。在阶级社会里,公共利益的实质是统治阶级的整体利益或共同利益。“事情是这样的,每一个企图代替旧统治阶级的地位的新阶级,为了达到自己的目的就不得不把自己的利益说成是社会全体成员的共同利益,抽象地讲,就是赋予自己的思想以普遍性的形式,把它们描绘成惟一合理的、有普遍意义的思想。进行革命的阶级,仅就它对抗另一个阶级这一点来说,从一开始就不是作为一个阶级,而是作为全社会的代表出现的;它俨然以社会全体群众的姿态反对惟一的统治阶级。它之所以能这样做,是因为它的利益在开始时的确同其他一切非统治阶级的共同利益还有更多的联系,在当时存在的那些关系的压力下还来不及发展为特殊阶级的特殊利益。”[1] 根据19世纪流行的理论，政府等社会组织只是社会的“守夜人”，公共利益是非常有限的。它只是指各单个社会成员自愿转让而集合成的利益，此外都属于个人利益。但根据20世纪流行的价值取向，政府等社会组织却是社会的服务组织，公共利益的范围日益广泛，认为凡是未被单个社会成员所占有的利益或尚未被分配的利益都属于公共利益。

四、与利益有关的范畴

为了正确认识利益，我们有必要界定利益与权力、权利和负担的关系。

(一) 权力和权利

权力和权利在目前已受到充分关注，并引起了热烈讨论，也取得了重要成果，但权力和权利的涵义及其关系仍未达成共识。

德国学者马克斯·韦伯(Max Weber)认为，权力是“处于某种社会关系内的一员能够不顾抵制而实现其个人意志的可能性，而不管这一可能性所依赖的基础是什么”。[2] 英国学者科特威尔认为，权力“是一种对别人的行为产生预期性影响的能力”。[3] 班菲尔德(Edward C. Banfield)把这种“影响”解释为“使别人按自己意图行动、思考或感觉的能力”。[4] 笔者认为，权力是主体在社会关系中所实际具有的、对他人的控制或影响力。正是在这一意义上，马克思指出：“无论如何，财产也是一种权力。例如，经济学家就把资本称为‘支配他人劳动的权力’”。[5]

英国学者葛德文(William Godwin)认为，“权利是个人对他的应得利益的要求，这种利益是从别人尽了他们的各项义务的过程中产生的”。[6] 张文显认为，法学上的“权利是规定或隐含在法律规范中、实现于法律关系中的主体以相对自由的作为或不作为的方式获得利益的一种手段”。[7] 笔者基本

---

① 马克思、恩格斯：《德意志意识形态》，载前引《马克思恩格斯选集》，第一卷，第53页。

② 转引自〔美〕博登海默(Edgar Bodenheimer)：《法理学——法哲学及其方法》，邓正来等译，华夏出版社1987年版，第341页。

③ 〔英〕科特威尔：《法律社会学导论》，潘大松等译，华夏出版社1989年版，第131—132页。

④ 转引自〔美〕弗里德曼：《法律制度》，李琼英等译，中国政法大学出版社1994年版，第196页。

⑤ 马克思：《道德化的批判和批判化的道德》，载前引《马克思恩格斯选集》，第一卷，第170页。

⑥ 〔英〕葛德文：《政治正义论》，第1卷，何慕李译，商务印书馆1982年版，“本书原则概说”第12页。

⑦ 张文显：《法学基本范畴研究》，中国政法大学出版社1993年版，第82页。

同意上述界定，认为一般意义上的权利是经社会规范确认的权力，或者说是法律、宗教和道德等社会规范赋予相应主体以相对自由的作为或不作为方式获得利益的一种手段。

我们认为，权力和权利的终极基础是相同的，即都是人们的物质生活条件。但是，权力又是权利的直接基础，权利却是权力的社会化、规范化或者社会承认。因此，事实上或者实际上存在的“权力”，被有的学者称为“社会权力”[①]；经社会规范确认的权力即权利，则往往被称为法律上的权利、宗教上的权利或道德上的权利等。权力是、且永远将是不平等的，也不可能是平等的；在现代社会，权利却被宣布为是、也应该是平等的，虽然它在专制时代曾被公开宣布为不平等。与权力相对应的范畴在19世纪是“服从”，在20世纪则是“合作”[②]；与权利相对应的范畴是“义务”，“义务是一种行动方式。它要求最妥善地使用个人的地位而谋求集体的利益”。[③] 权力和权利尽管是有区别的，但国家的权利往往仍被称为权力。这一方面是因为国家的权利比公民的权利更具明显强大的实际影响力，并且法律等社会规范虽然力求予以制约却总是难以真正实现；另一方面是因为人们在使用上的约定俗成。

（二）利益与权力和权利

利益与权力和权利具有共同的主体即人，正是因为主体上的共同性，才使利益与权力和权利联系在一起。其中，利益是主体所追求的目的，权力和权利则是主体追求目的的手段。我们关于权利的涵义正是在这一意义上进行界定的，从这一意义上界定权力也不乏其例。英国学者霍布士（Thomas Hobbes，又译霍布斯）就认为，“人的权势[④] 普遍讲来就是一个人取得某种未来具体利益的现有手段”。[⑤] 希腊学者波朗查斯也认为，“权力标志着一个阶级实现其特殊的客观利益的能力”。[⑥] 科特威尔则指出：“对物质利益的控制

---

① 〔美〕博登海默：《法理学——法哲学及其方法》，邓正来等译，华夏出版社1987年版，第342页。我国宪法学者童之伟也提倡说：“社会权利”，但却与博登海默所说的社会权利不同。见童之伟：《“社会权利”的法哲学阐释》，载《法学评论》1995年第5期。

② 〔英〕葛德文：《政治正义论》，中文1版，第2、3卷，何慕李译，商务印书馆1982年版，第710—711页。

③ 〔英〕葛德文：《政治正义论》，第1卷，中文1版，何慕李译，商务印书馆1982年版，“本书原则概说”第12页。

④ “‘权势’，power，也可译作‘权力’”，见黄楠森等主编：《西方人权学说》（上册），四川人民出版社1994年版，第19页注。

⑤ 〔英〕霍布士：《利维坦》，黎思复等译，商务印书馆1985年版，第62页。

⑥ 〔希〕波朗查斯：《政治权力与社会阶级》，中文版，中国社会科学出版社1993年版，第108—109页。

——经济权力——是权力的主要形式之一。”①

(三) 利益与负担

负担是指不能满足主体需要,甚至对主体有害的客观事物,是与利益相对应的一个范畴。德国当代著名行政法学者沃尔夫将负担称为“不利益(Deinteresse)”。他认为,“不利益”是一个与利益概念相对应的概念,是被主体感觉及推测不值得争取的及无价值的客体。②

人们对客观事物属性的认识和利用是受生产力发展水平限制的。在特定的生产力发展水平上,人们只能认识到并利用某些客观事物的属性或客观事物的某些属性,而无法驾驭一切客观事物或客观事物的一切属性。这种无法驾驭的客观事物同样必然对人们发生着相应的作用,这就成了人们的负担。同时,人们在追求利益的过程中,必将有所付出。这也是人们的负担。例如,人们在追求经济效益的同时,必将付出相应的物力、精力、体力和时间,并面对环境污染等负担。因此,利益与负担是孪生物,人们不可能只享受利益而回避负担。人们所能做到的只能是权衡“利弊”,即权衡所追求的利益与将承受的负担相比是否值得。

第二节 利益关系

一、社会关系

社会关系就是人与人之间的联系。马克思和恩格斯指出:“社会关系的含义是指许多个人的合作,至于这种合作是在什么条件下,用什么方式和为了什么目的进行的,则是无关紧要的”。③

社会关系的主体是人。只有以人为主体的社会联系,才是一种社会关系。物不是社会关系的主体,物与物之间的相互作用或联系不是社会关系。“凡是有某种关系存在的地方,这种关系都是为我而存在的;动物不对什么东西发生‘关系’;而且根本没有‘关系’;对于动物说来,它对他物的关系不是作为关系存在的。”④ 同时,社会关系的双方主体都必须是人。如果只有孤立的个人,那就不可能有关系,因而就不可能有社会关系。只有存在多个

---

① 〔英〕科特威尔:《法律社会学导论》,潘大松等译,华夏出版社 1989 年版,第 132 页。
② 参见陈新民:《宪法基本权利之基本理论》(上册),台湾省三民书局 1992 年版,第 134 页注。
③ 马克思、恩格斯:《德意志意识形态》,载前引《马克思恩格斯选集》,第一卷,第 34 页。
④ 同上书,第 35 页。

人,至少有两个人时,才有可能发生联系,形成社会关系。只有一方是人,另一方不是人而形成的关系即人与物之间的联系,是人作用于物而形成的联系,只是一种人与自然界的联系即自然关系,而不是社会关系。

社会关系是因意志行为而发生的。意志行为是体现主体意志并受主体意志控制的行为。意志行为是人的行为。物没有意志,也没有意志行为。人与人之间的联系,必须以意志行为为中介。人只有通过其意志行为作用于他人时,才能把他们联系在一起而形成社会关系。如果没有意志行为起作用,即使有多个人存在,相互之间也并没有被联系在一起,就没有形成社会关系。人们通过意志行为被联系在一起,从而构成了人类社会。“社会——不管其形式如何——究竟是什么呢?是人们交互作用的产物。”① 布哈林也认为,“社会是相互作用着的人们的最广泛的、包含他们的一切持续性相互作用、建立在他们的劳动联系之上的体系。”②

社会关系的本质是一种劳动联系或生产关系。这是因为,人们之所以结合在一起形成社会关系,最终的目的都是为了自觉或不自觉地为彼此工作、获取物质利益。其他“一切各种各样的联系,总的说来,只有在包含有劳动联系的情况下,才可能巩固。”“因此,劳动联系是基本的社会联系”,是“社会关系的性质”。③ 也正是在这一意义上,马克思才说:“生产关系总合起来就构成为所谓社会关系,构成为所谓社会,并且是构成为一个处于一定历史发展阶段上的社会,具有独特的特征的社会”。④ 社会关系的性质是一种劳动联系或生产关系,并不等于说社会关系就是生产关系。生产关系只是社会关系中的一种。社会关系除了生产关系以外,还有精神关系,如职务关系、朋友关系和师生关系等。说社会关系在本质上是一种劳动联系或生产关系,只是要说明:物质关系是第一位的、最基本的社会关系,在物质关系的基础上,必将发生思想关系,从而构成所谓社会关系;物质关系和思想关系只是哲学上的抽象。

社会关系是一种对立统一关系。人与人在获取物质生活资料的过程中,既有斗争又有合作。马克思和恩格斯基于其所处的社会时代,更多地强调了斗争,但并不否认合作。他们认为,社会关系也是一种合作关系。十月

---

① 马克思:《致巴·瓦·安年柯夫》,载前引《马克思恩格斯选集》,第四卷,第 320 页。
② 〔苏〕布哈林:《历史唯物主义理论》,李光谟等译,人民出版社 1983 年版,第 96 页。
③ 同上书,第 95 页。
④ 马克思:《雇佣劳动和资本》,载前引《马克思恩格斯选集》,第一卷,第 363 页。

革命胜利后，俄国工人阶级取得了政权，尼·布哈林则更多地强调了合作关系，认为“人们之间的劳动联系，……即人们自觉或不自觉地为彼此工作。”[①]但是，不论是斗争还是合作，不论人们的价值取向如何，斗争和合作都是人与人之间的一种社会联系。

社会关系的形成和存在是必然的。这是因为，人们要生存，就必须进行生产，获取物质生活资料，从而就必须相互协作，共同征服自然。人们在劳动中的协作行为和在协作下的劳动行为，使人们之间形成了一种社会联系。正像马克思所指出的那样：“为了进行生产，人们便发生一定的联系和关系；只有在这些社会联系和社会关系的范围内，才会有他们对自然界的关系，才会有生产”[②]。并且，以此为核心，人们之间又形成了人类自身再生产中的社会联系和政治、精神领域的社会联系。总之，人们之间发生联系是必然的，是不以人们的意志为转移的。

二、利益关系

社会关系的实质是利益，社会关系实质上就是利益关系。我们将社会关系称为利益关系，正像将法律关系称为权利义务关系一样。

利益关系和社会关系的主体都是人。社会关系的主体是人，利益关系的主体也只能是人。只有人才会与他人就利益发生关系，凡是有某种利益关系存在的场合，是为“我”即人而存在的。对动物来说，是根本不存在“关系”、“利益”的，是不会就利益、特别是政治利益和精神利益发生相互联系的，对作为利益的客观事物的联系不是作为“关系”存在的。利益关系是基于需要、意识而形成的关系，在人类产生以前，在自然界是不存在需要和意识的，因而也是不存在利益关系的。只有在人类产生以后，在社会中才会存在利益关系。既然自然界不存在利益关系，那么人只有在作为社会的人，而不是作为自然的人的时候，才会有所谓的利益关系。与社会关系一样，利益关系是人与人之间的关系，而不是人与利益本身之间的关系。人与利益本身间的联系，是一种主体与客体间的联系，归根结底是一种自然关系。“人们同它(自然界——作者)的关系完全像动物同它的关系一样，人们就像牲畜一样服从它的权力。”[③] 如果人们只存在与客观事物间的联系而没有以这

---

① 〔苏〕布哈林：《历史唯物主义理论》，李光谟等译，人民出版社1983年版，第94页。
② 马克思：《雇佣劳动和资本》，载前引《马克思恩格斯选集》，第一卷，第362页。
③ 马克思、恩格斯：《德意志意识形态》，载前引《马克思恩格斯选集》，第一卷，第35页。

种联系为基础的相互间的关系，客观事物也就不可能构成为人们的利益。总之，利益关系与社会关系一样，是人与人之间的关系，在主体上是同一的。

利益是人们相互间发生社会联系的出发点和归宿。人是为利益而存在的，是为自己的利益而从事社会活动，进行社会交往，从而形成社会关系的。马克思和恩格斯指出："凡是有某种关系存在的地方，这种关系都是为我而存在的"；"每一个社会的经济关系首先是作为利益表现出来的"[①]。这实际上就是说，社会关系都是因人的利益而发生和存在的；"我"只是因为"我的利益"才与你和他或你们和他们发生社会关系。如果不是为了利益，人没有必要，也不可能与他人发生社会联系，就没有物质生活资料生产中的生产、交换、分配关系和人类自身生产中的消费关系、婚姻家庭关系，就不可能有政治关系和精神关系，因而也就不可能有社会及其历史。总之，只有利益才能使人与人之间发生社会联系。"它们(利益——本书作者)可以使他与有利益相同的人或有相互利益的人联合起来，或者反之，它们可以使他同别人对立。因为利益或者是冲突的"[②]。

利益只能存在于社会关系中。客观事物早于人类产生之前就已经存在了，但并没有、也不可能成为人的利益。只有在人类产生以后，并把客观事物纳入社会关系时，它才构成为人的利益。马克思指出："黑人就是黑人。只有在一定的关系下，他才成为奴隶。纺纱机是纺棉花的机器。只有在一定的关系下，它才成为资本。脱离了这种关系，它也就不是资本了，就像黄金本身并不是货币，砂糖并不是砂糖的价格一样"[③]。所以，社会关系只是利益的存在形式，利益(或负担)是构成社会关系的内容要素，因而利益本身就说明了某种社会关系的存在或者可以说是一种社会关系。马克思在涉及资本的利益和雇佣劳动的利益时指出："资本也是一种社会生产关系。这是资产阶级的生产关系，是资产阶级社会的生产关系。构成资本的生活资料、劳动工具和原料，难道不是在一定的社会条件下，不是在一定的社会关系下生产出来和积累起来的吗？难道这一切不是在一定的社会条件下，在一定的社会关系内被用来进行新生产的吗？并且，难道不正是这种一定的社会性

---

① 马克思、恩格斯：《德意志意识形态》，载前引《马克思恩格斯选集》，第一卷，第35页；恩格斯：《论住宅问题》，载前引《马克思恩格斯选集》，第二卷，第537页。

② 〔英〕萨柏恩和许派德："英译者序"，载〔荷〕克拉勃：《近代国家观念》，王检译，商务印书馆1957年版，第48页。

③ 马克思：《雇佣劳动和资本》，载前引《马克思恩格斯选集》，第一卷，第362页。

质把那些用来进行新生产的产品变为资本的吗?”[1]

社会关系是分析利益的钥匙。马克思和恩格斯之所以提出“社会关系”、“市民关系”、“物质关系”、“经济关系”、“生产关系”和“思想关系”等概念,就是为了寻求分析利益问题的钥匙,进而科学地解释国家和法律等社会现象。马克思曾说:“1842—1843年间,我作为《莱茵报》的主编,第一次遇到要对所谓物质利益发表意见的难事”,“为了解决使我苦恼的疑问,我写的第一部著作是对黑格尔法哲学的批判性分析。……我的研究得出这样一个结果:法的关系正像国家的形式一样,既不能从它们本身来理解,也不能从所谓人类精神的一般发展来理解,相反,它们根源于物质的生活关系”,而对这种物质生活关系的解剖应该到政治经济学中去寻求。后来对政治经济学的研究,“我所得到的,并且一经得到就用于我的研究工作的总的结果”,就是:生产力决定生产关系,经济结构决定上层建筑和社会意识形式。恩格斯也认为,只有从“经济关系”中才能认识物质利益和基于物质利益的阶级斗争;而唯心主义历史观就根本不知道任何物质利益和基于物质利益的阶级斗争,在它那里只是被当做“文化史”的从属因素顺便提到的。[2]

综上所述,利益关系与社会关系是同一意义上的概念,社会关系实质上就是一种利益关系。

三、物质利益关系

社会关系可分为物质关系和思想关系两类。物质关系是人们在物质生产中所形成的相互关系;思想关系则是人们在政治活动和精神活动中所形成的相互关系。列宁指出:马克思和恩格斯的“基本思想是把社会关系分成物质关系和思想关系。思想关系是不以人们的意志和意识为转移而形成的物质关系的上层建筑,而物质关系是人们维持生存的活动的形式(结果)”[3]。物质关系是第一位的,社会从“一开始就表明了人们之间是有物质联系的。这种联系是由需要和生产方式决定的,它的历史和人的历史一样长久;这种联系不断采取新的形式,因而就呈现出‘历史’,它完全不需要似乎还把人们

---

① 马克思:《雇佣劳动和资本》,载前引《马克思恩格斯选集》,第一卷,第363页。

② 参见马克思:《〈政治经济学批判〉序言》,载前引《马克思恩格斯选集》,第二卷,第81—82页;恩格斯:《社会主义从空想到科学的发展》,载前引《马克思恩格斯选集》,第三卷,第423页。

③ 列宁:《什么是“人民之友”以及他们如何攻击社会民主主义者?》,载《列宁选集》,第一卷,人民出版社1972年版,第18—19页。

联合起来的任何政治的或宗教的呓语存在”[①]。思想关系是第二位的，是由物质关系决定的。

物质关系，在马克思主义理论中又称为“经济结构”、“经济基础”、“现实基础”、“生产关系”、“生产方式”、“物质生活关系”、“物质关系”、“市民关系”、“物质生活条件”、“经济条件”、“经济关系”和“财产关系”。它们基本上是同一意义上的概念，是一个相对于思想关系而言的哲学范畴。马克思和恩格斯在《德意志意识形态》中使用了“物质关系”这一概念，认为物质关系是决定上层建筑和社会意识形式的基础。[②] 马克思在《〈政治经济学批判〉序言》中又指出：法的关系正像国家的形式一样，都根源于“物质的生活关系”。这种“物质的生活关系”的总和，黑格尔按照十八世纪的英国人和法国人的先例，称之为“市民社会”。“生产关系”的总和构成了“社会的经济结构”即上层建筑和社会意识形式的“现实基础”。“物质生活的生产方式”制约着整个社会生活、政治生活和精神生活的过程。“生产关系”或“财产关系(这只是生产关系的法律用语)”成为生产力的桎梏时，社会革命的时代就到来了。随着“经济基础”的变更，全部庞大的上层建筑也或慢或快地发生变革。[③] 马克思在指出生产关系即经济基础决定上层建筑和社会意识形式的同时，又说过：历史来源于“经济关系”[④]，恩格斯则直截了当地说：“以往的全部历史，除原始状态外，都是阶级斗争的历史，这些互相斗争的社会阶级在任何时候都是生产关系和交换关系的产物，一句话，都是自己时代的经济关系的产物；因而每一时代的社会经济结构形成现实基础，每一个历史时期由法律设施和政治设施以及宗教的、哲学的和其他的观点所构成的全部上层建筑，归根到底都是应由这个基础来说明的。”“但是，旧的、还没有被排除掉的唯心主义历史观不知道任何基于物质利益的阶级斗争，而且根本不知道任何物质利益；生产和一切经济关系，在它那里只是被当做‘文化史’的从属因素顺便提到过。”“现在，唯心主义从它的最后的避难所中，从历史观中被驱逐出来了，唯物主义历史观被提出来了，用人们的存在说明他们的意识而不是像以往那样用人们的意识说明他们的存在这样一条道路已经找到了。”[⑤] 列宁也认为，马克思和恩格斯的基本思想是把社会关系分为物质关系和思想关

---

① 马克思、恩格斯：《德意志意识形态》，载前引《马克思恩格斯选集》，第一卷，第 34 页。
② 同上书，第 30、52 页。
③ 马克思：《〈政治经济学批判〉序言》，载前引《马克思恩格斯选集》，第二卷，第 82—83 页。
④ 同上书，第 87 页。
⑤ 恩格斯：《社会主义从空想到科学的发展》，《马克思恩格斯选集》，第三卷，第 423 页。

系，物质关系决定着思想关系。[①] 同时，生产关系、经济关系、市民关系、社会物质生活关系和物质关系等都属于同一意义的概念的观点，也是与马克思主义的两种物质生产理论相一致的。

物质关系包括生产关系和生活关系。生产关系，是人们在物质生活资料生产中形成的物质关系。它一方面表现为自然关系即人与自然的联系，另一方面表现为社会联系即人与人之间的联系。物质生活资料的生产具体包括生产、分配和交换各环节，因而生产关系又可分为生产关系（狭义）、分配关系和交换关系等。其中，生产环节中人们的地位及生产资料的占有关系、分配环节中的比例关系即物质生活资料的占有关系，是生产关系的实质。生活关系，是指人们在人类自身再生产中所形成的物质关系。人类自身的生产可分为两种：一是"自身生命的生产"即自身生命的成长过程；二是"他人生命的生产"即生儿育女的过程。自身生命的生产是通过消费来实现的，从而与物质生活资料的生产相衔接；他人生命的生产则是通过生育来实现的。与物质生活资料的生产一样，人类自身的生产也表现为双重关系即自然关系和社会关系。在自身生命的生产中，人们要利用社会已生产的物质资料，与物质生活资料发生自然关系，同时又结成相互间的社会关系。在他人生命的生产中，表现在自然方面，就是人作为动物本能的性交和生育；表现在社会关系方面就是夫妻、父母、子女等之间的婚姻家庭关系。当人类进化到一定阶段后，物质生活资料的利用和生育都是以家庭为形式的。生活关系作为一种物质关系，在19世纪末曾受到《俄国财富》主编米海洛夫斯基的责难。列宁对此作了反击，指出：马克思和恩格斯的"基本思想是把社会关系分成物质关系和思想关系。……怎么，难道米海洛夫斯基先生以为子女生产关系是一种思想关系吗？"[②]

生产关系和生活关系都是人类社会历史的决定性因素。恩格斯指出："一定历史时代和一定地区的人们生活于其下的社会制度，受着两种生产的制约：一方面受劳动的发展阶段的制约，另一方面受家庭的发展阶段的制约。劳动愈不发展，劳动制度就愈在较大程度上受血族关系的支配。然而，在以血族关系为基础的这种社会结构中，劳动生产率日益发展起来；与此同时，私有制和交换、财产差别、使用他人劳动力的可能性，从而阶级对立的基

① 列宁：《什么是"人民之友"以及他们如何攻击社会民主主义者?》，载前引《列宁选集》，第一卷，第18—19页。

② 同上书，第18页。

础等等新的社会成分也日益发展起来；这些新的社会成分在几世代中竭力使旧的社会制度适应新的条件，直到两者的不相容性最后导致一个彻底的变革为止。以血族团体为基础的旧社会，由于新形成的社会各阶级的冲突而被炸毁，被组成为国家的新社会取而代之，而国家的基层单位已经不是血族团体，而是地区团体了。在这种社会中，家庭制度完全受所有制的支配，阶级对立和阶级斗争从此自由开展起来，这种阶级对立和阶级斗争构成了直到今日的全部成文历史的内容”①。

物质关系也就是物质利益关系。无疑，物质生活资料是一种物质利益，生产关系是一种物质利益关系。人类自身再生产的产品是自身生命的成长和他人生命，在哲学上这也属于物质的范畴，在利益关系中这也属于物质利益的范畴。因此，生活关系也是一种物质利益关系。

四、利益关系和法

历史唯物主义认为，社会关系和法之间的关系是基础和上层建筑之间的关系，即社会关系是法的基础，法是社会关系的上层建筑。然而，社会关系又可以分为物质关系和精神关系，物质关系决定精神关系。因此，法归根结底是由物质关系决定的，物质关系是法的最终基础或终极基础。如前所述，社会关系实质上就是利益关系，物质关系实质上就是物质利益关系。因此，我们也可以说，利益关系是法的基础，物质利益关系是法的终极基础，法是利益关系的上层建筑。

我们认为，利益一致关系是法的可能基础。也就是说，人们之间的利益一致关系是法有可能得以产生、存在和发展的前提和基础。卢梭就认为，人们间所具有的共同利益，决定着人们能够形成公意。他明确指出：“使意志得以公意化的与其说是投票的数目，倒不如说是把人们结合在一起的共同利益”，公意是“永远以公共利益为依归”的②。人们间既然存在公意，也就有可能订立或达成社会契约。社会契约的缔结意味着国家和法的产生。在卢梭的理论中，共同利益并没有直接决定国家和法的产生，而是通过公意和社会契约起作用的。然而，卢梭并没有把社会契约和公意而是仍然把利益一致关系作为国家和法产生的可能基础。他说：“如果说个别利益的对立使得社会的建立成为必要，那么就正是这些个别利益的一致才使得社会的建立

---

① 恩格斯：《家庭、私有制和国家的起源》，载前引《马克思恩格斯选集》，第四卷，第2页。
② 〔法〕卢梭：《社会契约论》，何兆武译，商务印书馆1982年版，第43、39页。

成为可能。正是这些不同利益的共同之点,才形成了社会的联系;如果所有这些利益彼此并不具有某些一致之点的话,那么就没有任何社会可以存在了。"他认为,利益一致关系不仅是法产生的可能基础,而且也是法存在和运行的基础。"因此,治理社会就应当完全根据这种共同利益"[①],要防止这一基础不受破坏,保持利益一致关系,就必须防止国家内部形成具有特殊利益的以牺牲大集体为代价的小集团或者派系[②]。垄断资产阶级的代言人狄骥也认为,利益一致关系是法有可能产生和存在的基础。他认为,一个社会中的"人们势必要服从某种行为规则……这些规则的总体形成客观法……客观法的基础是社会的连带关系。"[③] 他认为,社会连带关系本身就是一种人们必须遵循的必然规律或规则。它的存在使法的制定有了可以遵循的依据,使法有可能按人们的利益要求得以制定并为不同的人们所共同遵守。"实在的法律只能被了解为表示法律规则的一种方式。立法者并不创造法只是确认法律。"[④] 并且,利益一致关系也有可能使法以某种特定的性质而存在。他所说的社会连带关系,就是指利益一致关系。我们认为,如果抛开政治层面的因素和价值观,而仅仅从技术层面和认识论上看,卢梭和狄骥的上述理论即利益一致关系是法的可能基础的理论,是可取的真理性认识。否则,如果人们之间的利益没有任何一致性,就不可能产生和存在作为约束全社会人们的普遍性和一致性的行为准则。正像列宁所说的,革命是不需要任何法制的。

我们认为,利益冲突关系是法的必要基础或必然基础。利益冲突关系破坏了利益关系的一致性,导致了人们之间的利益纠纷或社会纷争,威胁着人们的生命、自由和财产的安全。如果这个社会要维持下去,不致在无谓的斗争中把自己和社会消灭,就需要相应的社会机制来解决,协调和平衡各种不同的利益,恢复利益关系的一致性。剥削阶级思想家认为,这种社会机制就是国家和法。我国古代思想家荀况认为,为了消除利益冲突,"化性起伪"、"明分使群",就有必要建立国家,制定法律,提倡道德,规范行为。中世纪欧洲神学家阿奎那认为,为解决利益冲突,维护人类的共同利益,就需要共同的治理原则和公共的控制机构即法律和国家。国家就是"那些服从同

---

① 〔法〕卢梭:《社会契约论》,何兆武译,商务印书馆 1982 年版,第 35 页。
② 同上书,第 40 页。
③ 〔法〕狄骥:《宪法论》,钱克新译,商务印书馆 1962 年版,第 381 页。
④ 同上书,第 126 页。

样法律并受单一政府的指导以求生活充盈的人"组成的社会，目的就在于谋求人们的共同利益。法就是"人们赖以导致某些行动和不做其他一些行动的准则或尺度"，"以促进整个社会的福利为其真正的目标"[①]。近代启蒙思想家卢梭则直截了当地指出："个别利益的对立使得社会的建立成为必要"[②]。资本主义垄断阶段的法学家庞德也认为，利益冲突的存在，就有加以控制的必要，使人们的需要尽可能得到满足，这种控制的工具主要是法律。我们认为，上述论断是有意义的，但却是远远不够的。因为，社会成员间一般意义上的利益冲突，只能导致社会公共管理机构和宗教、道德等一般社会规范的产生和存在，还不至于必然产生国家和法，否则就会得出原始社会和共产主义社会也存在国家和法的错误结论。只有当利益冲突发展成为阶级间的利益对立或以阶级利益对立为核心来展开，而原有的社会又不仅不能调和和消除这种利益对立并使这种利益对立日益尖锐时，国家和法的产生和存在才成为必要和必然。这正像恩格斯在论述国家问题时所指出的："国家是社会在一定发展阶段上的产物；国家是表示：这个社会陷入了不可解决的自我矛盾，分裂为不可调和的对立面而又无力摆脱这些对立面。而为了使这些对立面、这些经济利益互相冲突的阶级，不致在无谓的斗争中把自己和社会消灭，就需要有一种表面上凌驾于社会之上的力量，这种力量应当缓和冲突，把冲突保持在'秩序'的范围以内；这种从社会中产生但又自居于社会之上并且日益同社会脱离的力量，就是国家"。[③] 国家和法的产生是如此，其存在也是如此。因此，利益冲突关系，归根结底是阶级的利益对立关系，是国家和法产生和存在的必要基础或必然基础。

第三节　行政法的基础

一、部门法的划分

（一）部门法划分的界定

笔者认为，部门法的划分是对一国实定法按其所具有的本质上的异同而作的一种法的系统分类。

部门法的划分是一种法的分类。对法可以按各种标准进行分类，以分

---

① 〔意〕阿奎那：《阿奎那政治著作选》，马清槐译，商务印书馆 1982 年版，第 84、104、105 页。
② 〔法〕卢梭：《社会契约论》，何兆武译，商务印书馆 1982 年版，第 35 页。
③ 恩格斯：《家庭、私有制和国家的起源》，载前引《马克思恩格斯选集》，第四卷，第 166 页。

析法的各种不同特征。例如，我国台湾省学者林纪东以法的制定主体和适用范围为标准，把法分为国际法和国内法两类；以法律成立的来源为标准，把法分为固有法和继受法两类；以法律关系的主体为标准，把法分为公法和私法两类；以法律效力所及的范围为标准，把法分为普通法和特别法两类；以法律效力的强弱为标准，把法分为强行法和任意法两类；以法律规定的内容为标准，把法分为实体法和程序法两类；以法律所认定的根本原则为标准，又把法分为原则法和例外法两类①。法国《拉鲁斯大百科全书》则首先把法分为私法和公法两大类，然后把私法分为民法、商法和海商法、刑法、国际私法等四种；把公法分为宪法、行政法、财政法、国际公法、社会保险和社会福利法等五种②。事实上，在西方法学界，部门法的划分都是在法的分类的条目下进行的③；只有在前苏联和我国法学界，部门法的划分才在法律体系的论题下进行。但不论是否标称法的分类，把法分为若干部分的部门法的划分都属于一种法的分类。

部门法的划分是对一国实定法的划分。首先，它是对实定法的划分。部门法的划分是对实定法的划分，而不是对意定法或包括意定法的划分。实定法，亦称制定法、人为法或实在法，在法理上是指各国在各个历史时期制定或认可的、具有法律效力的人们的行为规则，包括成文法、判例法和习惯法。意定法，是指唯心主义者根据自己的主观意志为人们臆造的法，如神法和自然法等。中世纪的神学家强调意定法。例如，阿奎那认为，法可以分为四类，即永恒法、自然法、人法和神法。永恒法是上帝的理性，适用于整个宇宙。自然法是上帝的理性在人类中的体现即人的理性，适用于人类。人法是国家的统治者按自然法所作的规定。神法即教会法，是上帝为人类规定的法。④ 近代资产阶级启蒙思想家也强调意定法。例如，孟德斯鸠认为，法可以分为两类，即自然法和人为法。自然法是先于各种人为法而存在的公道关系或规律，包括和平、寻找食物的需要、人类相互间的自然爱慕和希望过社会生活。人为法是根据自然法而制定的法，包括国际法、政治法和民法。⑤ 历史唯物主义者不承认意定法，对法的分类仅仅以实定法为对象。其

---

① 参见林纪东：《法学通论》，台湾省远东图书公司 1953 年版，第 32—46 页。

② 参见上海社科院法学所编译：《法学总论》，知识出版社 1981 年版，第 30—31 页。

③ 吴大英、沈宗灵主编：《中国社会主义法律基本理论》，法律出版社 1987 年版，第 229 页。

④ 参见法学教材编辑部：《西方法律思想史资料选编》，北京大学出版社 1983 年版，第 102—103 页。

⑤ 参见〔法〕孟德斯鸠：《论法的精神》(上册)，张雁深译，商务印书馆 1982 年版，第 4—7 页。

次,它是对一国实定法的划分。部门法的划分仅仅以本国实定法为对象,而不以外国实定法和国际法为对象。本国以外的国家同样有实定法,国际法也是实定法。包括外国实定法和国际法在内的分类,不是部门法划分的任务,而是法的分类所要解决的问题。同时,一个国家总是处于特定社会历史阶段的国家,而不是泛指上下几千年、处于不同社会历史阶段的国家。因此,部门法的划分仅仅以处于特定历史阶段的国家所制定或认可的法律规范为对象,而不以历史上或将来社会类型的国家的实定法为对象。例如,对法国部门法的划分,仅以法国资本主义时代的实定法为对象,尽管将来社会主义时代的法国会有同样的实定法。对我国部门法的划分则仅以我国社会主义时代的实定法为对象,而不论我国封建时代和半封建、半殖民地时代存在过什么样的实定法。然而,作为部门法划分对象的一国实定法,既应包括本国已经制定或认可的法律规范,也应包括本国正在制定或认可的法律规范,还应包括本国应当制定或认可但尚未制定或认可的法律规范,而不应仅仅以本国已制定或认可的法律规范为限。再次,它是对一国全部实定法的划分。部门法的划分是以一国全部实定法为对象的,而不只是对一国部分实定法的划分。前苏联和我国法学界的大多数学者在划分部门法时,都把宪法典排除在划分对象之外,认为部门法是从属于宪法典的基本法律部门。这种部门法的划分是不科学的。因为部门法与法典和法的效力等级根本就不是同一回事。总之,部门法的划分首先应明确划分对象,并与法的其他分类相区别。

部门法的划分是按实定法规范的本质异同所作的划分。首先,划分包括分解和组合。部门法的划分不只是分解,而且还包括组合,因为某一法律规范在与另一法律规范相区别的同时,还与特定的法律规范相联系。部门法的划分不只是把若干法典加以归类,而且还应对法典中的条款加以归类。其次,这种分类是以实定法规范的本质异同为标准的,而不是以法的形式特征(如主体、原则、手段、功能、效力、适用范围、来源和表现形式等)为标准的。实定法规范的质是由它的基础即它所赖以存在的利益关系决定的。当然,我们在以实定法规范的质为部门法划分的标准时,还应考虑它的量的区别,因为质量是互变的。再次,这种分类是一种系统分类。法是一个系统,具有相应的要素和由要素构成的结构。法律系统的要素是具体的实定法规范,而不是法典。因为只有最基本的单位才能成为系统的要素。部门法的划分,就应对法典进行分解,使相同质的法律规范相组合,从而构成法律系统的结构即部门法。例如,《中华人民共和国宪法》中"中华人民共和国是工人阶级领导的、以工农联盟为基础的人民民主专政的社会主义国家"、"中华人民共和国公民有受教育的权利和义务"、"国家依照法律规定保护公民的私有财产的继承权"和"禁止用任何方法对公民进行侮辱、诽谤和诬告陷害"等规范，是四种不同性质的法律规范。这就要求把它们从法典中分解出来，并将其与相同性质的法律规范相结合，从而才能构成特定的部门法。总之，部门法的划分并不是按法的形式特征所作的简单相加，也不是对若干法典的归类，而是要确定法律系统的结构或划分法律系统的子系统。

（二）部门法划分的价值

笔者曾经认为，对部门法的划分，即某些法律规范属于哪个部门法是无关紧要的，法对社会关系或利益关系的调整并不会因部门法的划分而改变或削弱，因而不愿参与这一领域的讨论。事实证明，这一认识是错误的，因为部门法的划分具有重要的理论和实践价值。

笔者认为，部门法的划分具有重要的理论价值。第一，它有利于在法学研究中贯彻历史唯物主义思想。历史唯物主义是马克思主义的基本内容之一，是我们从事社会科学研究所必须坚持的一个最基本的原理。一切背离历史唯物主义的学说，都是非科学的、唯心主义的。法学研究也是如此。在法学领域坚持历史唯物主义，不仅要在总体上树立社会关系或利益关系归根结底为物质关系或物质利益关系决定法的观念，而且还要在具体论证法的产生、发展、消亡和性质、种类等过程中，始终坚持社会关系或利益关系归根结底为物质关系或物质利益关系决定法的观念。部门法划分的实质，是要揭示各部门法所赖以存在并区别于其他部门法的现实基础，而这正是历史唯物主义原理的具体运用。如果从法本身所具有的特征，如法的调整手段、法律原则和法律关系等，或从人们的主观需要出发划分部门法，尽管在法的起源、消亡和性质上坚持了历史唯物主义，也只能是一个不彻底的历史唯物主义者。第二，它是部门法学的逻辑起点。法学可以分为理论法学和部门法学两大类。前者以整体意义上的法为研究对象，如法理学和法史学；后者以某类性质相同的法律规范为研究对象，如行政法学、民法学和刑法学等。部门法学的形成、研究对象及范围的确定、理论原理的提出和该学科体系的完善，都是以部门法的划分为前提的。尽管目前出现了诸如行政刑法学之类的交叉法学，但仍无法改变部门法的划分是部门法学的前提的命运。因为，如果没有部门法的划分，不存在部门法学，也就无所谓交叉法学。因此，法理学者和各部门法学者都无法回避部门法的划分这一现实，否则就丧失了自己所赖以开展研究活动的基础。第三，它有利于揭示各部门法学的理论基础。理论基础是指导人们社会实践活动的一种基本思想。我们从事社会科学研究等社会活动的理论基础就是辩证唯物主义和历史唯物主义等马克思主义理论。我们从事法律活动的理论基础则是法理学。同样,我们从事各部门法活动也存在相应的特定理论基础。这种理论基础不是主观的或外在力量强加的,而是正确揭示客观事物内在运动规律的科学理论。正像马克思和恩格斯所揭示的上层建筑和意识形态的现实基础及其相互关系这一社会客观规律的理论,就是人们从事社会活动的理论基础一样,正确揭示各类不同性质的物质关系,并作用于法后所形成的各部门法及其特点和规律,从而运用各部门法的特有规律调整相应利益关系的理论,就是各部门法学和部门法的理论基础,而这正是部门法的划分所要解决的任务。

笔者认为,部门法的划分也具有重要的实践价值。第一,它有利于一国实定法的有序化。一国实定法应该成为一个和谐的整体即有机统一的法律体系,否则法的权威性和公正性将难以实现。该法律体系可以按法的制定机关、生效时间、具体表现形式、效力等级等建立,但最重要的是按不同性质法律规范间的区别和联系即部门法间的区别和联系建立。因此,部门法与法律体系之间是子系统(结构)与母系统之间的关系。稳定而有序的部门法是稳定而有序的法律体系的基础。这样,部门法的划分或界定就不能不成为建立法律体系的任务之一。事实上,前苏联法学界关于部门法划分问题的两次大讨论和我国法学界于八十年代对该问题的争鸣,都是在如何建立有机统一的法律体系的论题下进行的。第二,它有利于正确适用法律。特定的利益纠纷应当由相应的法律规范来调整,否则会导致法律适用上的错误。法律的正确适用,就有赖于部门法的科学划分。前苏联学者根肯在反对"经济法纵横关系说"时指出:"如果把行政法规范和民法规范联合在一个法权部门中,在实践中适用这些规范时,就有从性质上把它们混淆起来的危险性,就有把行政法错误地扩大到调整应由民法来调整的经济关系的危险性"。他在反对把民法分割为调整经济组织财产关系的经济法和调整公民财产关系的民法时又举例指出:"如果对外贸易协定的签订和执行是在前苏联领土上进行的话,那么,对这项协定就适用苏维埃法律。而在把民法分成两个独立部门的情况下,就会对这种由于对外贸协定所发生的关系不知该适用什么样的法权了。既然经济法被认为是调整苏维埃社会主义组织之间的关系的法权,所以它对对外贸易机构和外国对外贸易组织和商号间的关系就不适用,但是民法对这种关系也不适用,因为它被认为仅仅应当涉及苏维埃公民的权利和义务"[①]。在我国,"经济法"也被宣布为一个独立的基本部门法,从而屡屡导致将行政案件当作经济案件并适用民事诉讼法等法律规范来审理的法律错误。同时,行政法与民法间的界限也不够明确,在立法或司法上往往把行政合同案件和国家机关的侵权赔偿案件认定为民事案件适用民法加以处理,另一方面却又将民事案件作为行政案件来审理[②]。在大陆法系,公法与私法在理论上的划分,就是为了避免在实践中发生法律适用的错误。我国的法律接近于大陆法系法律而区别于英美法系法律,因此在理论上说明行政法与其他部门法之间的界限也是非常重要的。第三,它有利于法律设施的科学设置。法律设施的设置和健全也是以部门法的划分理论为指导的。在传统的部门法划分理论中,民法和刑法是两个独立的基本部门法,因而我国在设置各级人民法院时就设置了相应的民事审判庭和刑事审判庭。当八十年代把"经济法"宣布为一个独立的基本法律部门和发现行政法也是一个独立的基本法律部门时,又先后在各级人民法院中设置了经济审判庭和行政审判庭。当环保法也被宣布为一个独立的基本部门法时,个别法院又设置了"环保法庭"。现在,婚姻法或家庭法、教育法、劳动法和社会法等也已被某些学者宣布为独立的基本部门法,法律设施又将如何设置呢?因此,部门法的划分是否正确,关系到法律设施的设置是否科学的问题。第四,它有利于教学和研究工作的开展。部门法的划分,有利于法学院校教学计划的制定和教学内容的安排,避免重复或脱节,使学生在有限的学时内得到更多的法律知识,因为本专科的法学教育往往是以本国实定法为主要内容的。部门法的划分,也有利于法学研究规划的制定、法学图书资料的分类和法学工具书的编辑等工作。部门法的划分及其有序排列,还可以使一国实定法一目了然地呈现在人们的面前,为人们查找所需要的法律规范提供极大的便利。

二、部门法划分学说

国内外法学界,尤其是前苏联法学界和我国法学界对部门法的划分曾展开过热烈讨论,形成了各种各样的学说。其中,主要学说有调整对象说、调整手段说和折衷说三种。

---

① 〔苏〕根肯:《关于苏维埃社会主义法权体系问题》,载《政法译丛》1957年第1期。

② 参见《穆棱风筒厂不服穆棱煤矿保卫科查封财产请求行政赔偿案》,载柳福华主编:《国家赔偿名案点评》,人民法院出版社1997年版,第205页以下。

(一) 调整对象说

该说认为,法的调整对象即社会关系,是划分部门法的惟一标准,调整同类社会关系的法便构成了一个部门法;社会关系的发展变化即分化和组合,必将引起法律部门的分化和组合,产生新的法律部门。该说的理论根据是马克思主义关于经济结构决定上层建筑的原理。认为社会关系可以分为物质关系和思想关系,作为上层建筑的法归根结底是由物质关系决定的。物质关系的联系和区别,最终决定了法律规范的联系和区别并构成或区分为各个部门法。该说还认为,法的调整手段等不能作为划分部门法的标准或补充标准。前苏联学者根肯、罗马什金和我国学者王镭等持该说[①]。

调整对象说受到了许多批评,概括起来有以下几个方面:第一,该说的理论根据是不能成立的。批评者认为,诚然,马克思主义认为经济结构即物质关系的总和决定上层建筑,但这是从终极原因上讲的;物质关系状况只能决定法的性质和内容,而不能必然地决定部门法的划分;尽管部门法的划分应考虑物质关系的因素,但法却有自己的运动规律。[②] 第二,法的调整对象不是社会关系。批评者认为,调整对象说所认定的法的调整对象是错误的。"法律的调整对象不是社会关系而是人们的行为——客观世界惟一受法律调整的现象。如果认为社会关系是法的调整对象就违背了社会主义法制的原则,因为这样就可以认为法律调整的不是国家机关执行和管理活动本身,而是由这种活动的结果所产生的关系"[③]。第三,对社会关系本身的分类缺乏客观统一的标准。批评者认为,调整对象说是以存在着不同类别的社会关系为前提的。然而,社会关系的类别并非先天就客观存在着的,社会关系也不可能自行区别为不同的类别,而仍然需要人们去寻找标准、进行分类。可是,从该说分裂为各派的情况来看,这个标准是无法找到的,所找到的标准是难以成立或自相矛盾的。在社会关系本身的类别还难以确定的情况下,怎能作为划分部门法的客观标准呢?

(二) 调整手段说

该说认为,划分部门法的标准只能是法律调整社会关系时所表现出来的特有手段,而不可能有别的标准。这是因为法有自己的特殊运动规律,对

---

① 〔苏〕根肯:《关于苏维埃社会主义法权体系问题》,载《政法译丛》1957年第1期;〔苏〕罗马什金等:《国家和法的理论》,中文版,法律出版社1963年版,第513—514页;王镭主编:《中国卫生法学》,中国人民大学出版社1988年版,第6—8页。

② 参见《关于苏维埃社会主义法律体系》(综合报道),载《政法译丛》1958年第5期。

③ 同上。

部门法的划分和法律体系的完善，只能按法本身的特有运动规律来进行。该说又可以分为下列各派：第一，调整手段的权力主义和自律主义。该派认为，部门法的划分应以法律的调整手段为标准。法律的调整手段有两类，即以权力主义（命令、权力的行为）为特征的调整手段和以自律主义（权利关系主体自由与平等的表示意志）为特征的调整手段。因此，这就可以把法分为以权力主义为调整手段的公法和以自律主义为调整手段的私法两大基本部门法。[①] 第二，调整手段的集中方法和分散方法。该派认为，法的调整手段即调整方法有两种，即集中调整方法和分散调整方法；部门法的划分应以法的调整方法为标准，即把法分为以集中调整为方法的行政法和以分散调整为方法的民法两大基本部门法。[②] 第三，调整手段的制裁性。该派认为，法律调整社会关系的主要手段是法律制裁，部门法的划分就应以法律制裁为标准。根据这一标准，就可以把法分为以行政制裁为调整手段的行政法，以民事制裁为调整手段的民法以及以刑事制裁为调整手段的刑法三大基本部门法；但同时也还存在着家庭法、劳动法、集体农庄法、财政法、海洋法、航空法和土地法等许多综合性部门法。前苏联学者麦舍拉等持该说[③]。第四，调整手段的行政性、经济性或法律性。该派认为，部门法的划分应以法的调整手段为标准，法的调整手段有行政手段、经济手段和法律手段。根据这一标准，就可以把法分为以行政调整手段为特征的行政法，以经济调整手段为特征的经济法以及以法律调整手段为特征的刑法和民法四大基本部门法[④]。

调整手段说受到的批评，概括起来有以下几个方面：第一，调整手段是由调整对象决定的。批评者认为，法的调整手段属于上层建筑的范畴，是由作为经济结构范畴的调整对象即社会关系派生的，调整手段的特性也是由调整对象的特性决定的。用属于上层建筑范畴的调整手段为标准来划分同样属于上层建筑范畴的法，实质上是以法的特征来解释法的特征。然而，马克思却指出："法的关系正像国家形式一样，既不能从它们本身来理解，也不能从所谓人类精神的一般发展来理解，相反，它们根源于物质的生活关系"[⑤]。因此，调

---

① 参见〔苏〕杰尼索夫：《国家与法律理论》，中文版，下册，中华书局1951年版，第400页。
② 参见〔苏〕勃拉图西：《苏维埃部门法：概念、对象、方法》，载《法学译丛》1980年第2期。
③ 同上。
④ 本书编写组：《中国经济法诸论》，法律出版社1987年版，第72、86页。
⑤ 马克思：《〈政治经济学批判〉序言》，载前引《马克思恩格斯选集》，第二卷，第82页。

整手段说违背了马克思主义的这一基本原理[①]。第二，公法和私法的划分不符合列宁的思想。批评者认为，随着生产资料私有制的消灭和社会主义经济基础的确立，产生资本主义社会中国家、社会和个人利益之间实际矛盾的基础，以及由此产生的划分公法和私法的基础也就消失了。列宁早就指出："不迎合'欧洲'，而是进一步扩展加强国家对'私法关系'、对民事的干涉"，"我们不承认任何'私的'，对我们来说，在经济领域内，一切都是公法的，而不是私的"。因此，不论以什么标准，把社会主义法划分为公法和私法都是不符合列宁思想的[②]。第三，调整手段的特性是相对的。批评者认为，作为公法特征的权力主义在私法领域、作为私法特征的自律主义在公法领域都是存在的，并且国家可随时选择使用权力主义或自律主义调整手段去调整某种社会关系[③]；作为行政法特征的集中调整方法和作为民法特征的分散调整方法在任何一个部门法中都是存在的，并且它们的相互作用和组合形成了千变万化的调整方法[④]；违反行政法规范、经济法规范的可受刑事制裁，违反行政法、民法和刑法的制裁中也有经济制裁，并且该分类本身就没有穷尽；调整手段的行政性、经济性和法律性则是含混不清的，行政手段和经济手段也是法律手段，法律手段并不是司法手段，同样在法律手段和行政手段中也有经济手段。标准本身的不确定性，就无法对法作确定的划分。第四，调整手段的确定是以部门法的划分为前提的。我们认为，在法律规范本身的性质，即是属于行政法还是属于民法和刑法尚未确定的前提下，就无法准确地选定采用什么样的调整手段。实际上，调整手段只是部门法的结果而不是部门法的原因，以调整手段为标准划分部门法颠倒了它们之间的逻辑关系。

(三) 折衷说

该说认为，法的调整对象即社会关系是划分部门法的根本标准，但却不

---

① 参见〔苏〕杰尼索夫：《国家与法律理论》，中文版，下册，中华书局 1951 年版，第 400 页；〔苏〕罗马什金等：《国家和法的理论》，中文版，法律出版社 1963 年版，第 514 页；〔苏〕根肯：《关于苏维埃社会主义法权体系问题》，载《政法译丛》1957 年第 1 期；毕子峦：《试论划分法律部门的标准》，载张友渔等著：《法学理论论文集》，群众出版社 1984 年版，第 186 页以下。

② 〔苏〕玛·巴·卡列娃等：《国家和法的理论》，中文版，下册，中国人民大学出版社 1956 年版，第 466 页；〔苏〕根肯：《关于苏维埃社会主义法权体系问题》，载《政法译丛》1957 年第 1 期；齐乃宽：《建设一个和谐统一的社会主义法律体系》，载张友渔等著：《法学理论论文集》，群众出版社 1984 年版，第 45 页以下。

③ 参见〔苏〕根肯：《关于苏维埃社会主义法权体系问题》，载《政法译丛》1957 年第 1 期；〔苏〕杰尼索夫：《国家与法律理论》，中文版，下册，中华书局 1951 年版，第 400 页。

④ 〔苏〕勃拉图西：《苏维埃部门法：概念、对象、方法》，载《法学译丛》1980 年第 2 期。

是惟一标准;仅仅依据调整对象标准无法解释刑法等作为一种独立部门法存在的基础,还必须以有关标准作为补充。该说又可分为下列两派:第一,以调整手段为补充的调整对象说。该说认为,划分部门法应以调整对象即社会关系为首要标准或根本标准,并以调整手段为补充标准。例如,前苏联学者卡列娃认为,“在把法律调整的对象提出来作为主要标准时,也必须估计到对人们行为进行法律调整的方法,并把它当做补充的标准,而不是主要的标准”[①]。我国学者吕世伦也认为,“划分法律部门的主要标准,是该法律所直接调整的对象的社会关系的性质。同时,也应辅之以调整方法”。[②] 该说成为前苏联法学界和我国法学界的通说。[③] 第二,以有关因素为补充的调整对象说。该说认为,划分部门法应以调整对象即社会关系为首要或根本标准,并以各有关因素为补充标准。该有关因素包括:法的调整手段,法所调整的社会关系的不同主体以及这种主体之间关系的不同形式,不同社会关系领域的广泛程度和相应法规的多寡,所划分的各部门法之间应保持的适当平衡,以全部现行法律为基础的、同时适当考虑正在制定或即将制定的法律。我国学者沈宗灵等持该说[④]。

对部门法的划分,除以上三种主要学说外,还有“法律关系说”[⑤]、“法律

① 〔苏〕卡列娃等:《国家和法的理论》,中文1版,下册,中国人民大学出版社1956年版,第465页。

② 吴祖谋主编:《法学概论》,武汉大学出版社1988年版,第71页。

③ 参见《关于苏维埃社会主义法律体系》(综合报道),载《政法译丛》1958年第4期;罗耀培:《中国社会主义法律体系简论》,载张友渔等著:《法学理论论文集》,群众出版社1984年版,第110页。

④ 沈宗灵:《论我国社会主义法律体系》,载张友渔等:《法学理论论文集》,群众出版社1984年版,第77页以下;吴大英、沈宗灵主编:《中国社会主义法律基本理论》,法律出版社1987年版,第238—242页;陈守一等主编:《法学基础理论》,北京大学出版社1981年版,第405—406页;张友渔主编:《中国法学四十年》,上海人民出版社1989年版,第96—97页。

⑤ 参见《关于苏维埃社会主义法律体系》(综合报道),载《政法译丛》1958年第5期;〔苏〕勃拉图西:《苏维埃部门法:概念、对象、方法》,载《法学译丛》1980年第2期。对该说的批评意见可以概括为以下几个方面:首先,该说从法律关系去划分部门法就是从法权关系去理解法,违反了马克思主义关于应从法的基础去理解法和法权关系的基本原理。其次,特定的法律关系是特定的部门法调整的结果。用民事、行政等法律关系把法划分为民事、行政等部门法,颠倒了它们之间的逻辑关系,是以不明概念解释不明概念。再次,法律关系在法律实践中是错综复杂的,很难有纯粹的民事关系、刑事关系或别的什么关系。参见罗耀培:《中国社会主义法律体系简论》,载张友渔等:《法学理论论文集》,群众出版社1984年版,第107页。

原则说"[①]、"适应需要说"[②]、"国家政权部门及其活动说"[③] 和"利益说"或"法的目的说"[④]。

三、行政法的形成

(一) 部门法划分标准的确定

不同的划分标准必然会得出不同的划分结果,部门法的划分标准是划分部门法的关键。因此,在讨论部门法的划分标准前,有必要分析一下部门法划分标准的确定问题。

部门法划分标准应当是客观的。历史唯物主义者认为,标准是客观的而不是主观的,是人人能够接受或认识到的而不是自用的工具。这种客观的标准,就是事物本身所具有的客观属性。部门法的划分标准也是如此。它不应当是人们按自己的主观需要确定的,不应当是人们主观臆造或以人们的主观意志为转移的,而应当是客观存在的、蕴含在法律规范中的、法律规范本身所固有的客观属性、联系或规律。只有这种客观属性、联系或规律,才能作为划分部门法的标准,才能使所划分的部门法具有确定性。否则,就会像有的学者在论及"经济法"时所说的那样,从一定角度看"经济法"不是一个独立的基本部门法,而从另一角度看"经济法"是一个独立的基本部门法。[⑤] 自相矛盾却仍要"自圆其说"。

部门法的划分标准应当是法的本质属性。事物的客观属性往往不止一个而有多个,它们并不都能成为一事物区别于他事物的标准。只有事物内在的本质属性,才能使一事物区别于他事物而存在。法律规范也是如此。那么,法律规范的本质属性是什么呢?这暂时还是不知道的,我们姑且把它看作"黑箱"。要认识这只黑箱有两种方法,一是打开黑箱,这暂时是做不到和不可取的,因为我们还缺乏相应的理论和技术;二是不打开黑箱,分析它

---

① 参见《关于苏维埃社会主义法权体系问题》,载《政法译丛》1957年第1期;《关于苏维埃社会主义法律体系》(综合报道),载《政法译丛》1958年第5期。

② 参见《中国经济法诸论》,法律出版社1987年版,第72页;蔡守秋:《环境法是一个独立的法律部门》,载《法学研究》1981年第3期;宋奇平等:《浅论我国环境保护法的地位与基本原则》,载陈汉光等编:《环境保护法论文选》,武汉大学环境法研究所1984年版,第40页以下。

③ 参见龚祥瑞:《比较宪法与行政法》,法律出版社1985年版,第15—17页;《关于苏维埃社会主义法律体系》(综合报道),载《政法译丛》1958年第5期。

④ 见林纪东:《法学通论》,台湾省远东图书公司1953年版,第37页;〔法〕布律尔:《法律社会学》,许均译,上海人民出版社1987年版,第5页。

⑤ 吴大英、沈宗灵主编:《中国社会主义法律基本理论》,法律出版社1987年版,第242—247页。

输入和输出的信息,从而间接地认识黑箱中的内容。对于法律系统来说,输入信息是社会关系,输出信息是它的功能即对社会关系的调整。根据历史唯物主义原理,对法律系统构成要素的性质的认识,不能从输出信息,即不能从它本身及其功能(如它所体现的原则,它所表现出来的手段和效力等)上来认识,而应从输入信息,即应从对它起决定作用的、它所赖以存在的社会关系上来认识;不能以它所调整的结果即法律关系或满足人们的某种需要为认识的逻辑起点,而应以决定着它的社会关系为认识的逻辑起点。社会关系最终决定于物质关系。社会关系的实质是人们的利益即利益关系,利益关系最终决定于物质利益关系。因此,利益关系(最根本的是物质利益关系)才是法律系统构成要素的基础,才是法律规范之间相互区别和联系,从而构成该系统结构即部门法的本质联系,也才是划分部门法的标准。

部门法的划分标准应当符合逻辑规则。这就要求:第一,部门法的划分标准应当是惟一的,而不能有多个标准或以其他标准作为补充。否则,必将无法作统一的划分,只能导致将这些法律规范分解、组合成部门法时采用一个标准,而将那些法律规范分解、组合成部门法时采用另一标准,这实际上就毫无标准可言。第二,部门法的划分标准应当是能够对法作穷尽划分的。即划分后的法律规范与划分前的法律规范在数量上应当相等。目前的部门法划分标准说都无法达到这一要求,更无法解释法官法、会计法、立法机关工作人员法和行政诉讼法、仲裁法等法律规范的部门法归属。

(二)利益关系的组合

完全符合上述条件的部门法划分标准,应当到哪里去寻找或者到底是什么呢?马克思认为,"法的关系正像国家的形式一样,既不能从它们本身来理解,也不能从所谓人类精神的一般发展来理解,相反,它们根源于物质的生活关系。"① 这就是说,不仅仅对法的本质、产生和发展应从法的基础来理解,而且对部门法的划分也应从法的基础来理解。利益关系不仅决定法的本质、产生和发展,而且决定部门法的划分。各部门法都是调整不同质的利益关系的法律规范的总和。因此,我们赞同调整对象说,认为法的调整对象即法的基础,亦即社会关系或利益关系,才是部门法划分的惟一标准。

利益关系或社会关系本身又是怎样分化的呢?或者说,对利益关系本身应作何划分呢?调整对象说因对这一问题的不同回答而分裂为以下各派:第一,内容说。该说认为,应以社会关系的内容为标准来认定同类社会

① 马克思:《〈政治经济学批判〉序言》,载前引《马克思恩格斯选集》,第二卷,第82页。

关系或区分社会关系的类型，从而来划分部门法。例如，家庭关系在内容上不同于财产关系，因而调整家庭关系的家庭法和调整财产关系的民法都是独立的部门法。[①] 第二，主要社会关系说。该说认为，社会关系是复杂的、多方面和多层次的，因而对社会关系的划分只能以主要社会关系或社会关系的主要方面为标准，从而来划分部门法。但该说同时又认为，因社会关系的多重性，某类社会关系可由多个部门法来调整。[②] 例如，家庭关系中既有人身关系又有财产关系，但人身关系是主要的，因而调整人身关系的家庭法便构成了独立的部门法；民法调整财产关系（包括家庭关系中的财产关系），仍是一个独立的部门法。第三，领域说。该说认为，社会关系总是处于一定的领域中，因而应以社会关系所处的领域为标准来区分社会关系的类型，从而合理地划分部门法。例如，家庭法调整家庭领域的社会关系；民法调整社会成员领域的财产关系；经济法调整经济领域的社会关系；行政法调整行政领域的社会关系；检察法调整检察领域的社会关系等等，因而它们都是独立的部门法。[③] 第四，社会关系主体说。该说认为，社会关系是主体即人之间的社会联系，因而主体的相同身份特征便构成了同类社会关系并区别于其他社会关系，并且还能使不同内容的社会关系发生联系而构成同类社会关系，由此可以把法划分为各个部门。例如，集体农庄法调整以庄员身份为要素的劳动关系和财产关系，经济法调整以经济组织身份为要素的行政经济关系和民事经济关系等，因而集体农庄法和经济法等都是独立的部门法。[④] 在此之前的孟德斯鸠和卢梭也持该说。孟德斯鸠指出："作为社会的生活者，人类在治者与被治者的关系上是有法律的，这就是政治法。此外，人类在一切公民间的关系上也有法律，这就是民法"。[⑤] 卢梭则认为，法可以分为三部分。其中，规定"全体对全体的比率"关系，即作为主权者的全体人民与作为服从者的全体公民间的关系的法，称为政治法或根本法。规定成员相互间关系和成员与共同体（国家）间关系的法，称为民法。个人与法律间的关系，即不服从与惩罚的关系，称为刑法。[⑥] 第五，社会关系的综合因素说。该说

---

① 参见〔苏〕根肯：《关于苏维埃社会主义法权体系问题》，载《政法译丛》1957 年第 1 期。

② 〔苏〕玛·巴·卡列娃等：《国家和法的理论》，下册，中文 1 版，中国人民大学出版社 1956 年版，第 464 页。

③ 参见《关于苏维埃社会主义法律体系》（综合报道），载《政法译丛》1958 年第 5 期；沈宗灵主编：《法学基础理论》，北京大学出版社 1988 年版，第 350 页。

④ 参见〔苏〕根肯：《关于苏维埃社会主义法权体系问题》，载《政法译丛》1957 年第 1 期。

⑤ 〔法〕孟德斯鸠：《论法的精神》，张雁深译，上册，商务印书馆 1982 年版，第 5 页。

⑥ 〔法〕卢梭：《社会契约论》，何兆武译，商务印书馆 1982 年版，第 72—73 页。

认为,"'一定的社会关系'主要指一定的法律规范相联系的社会关系,它包括社会关系的主体、客体,当事人在具体社会关系中的地位,以及调整这种社会关系的原则、方法和步骤等等。由于这种社会关系是与一定的法律规范相联系的,因此还必须考虑影响这种社会关系的正常发展所应承担的法律责任"。所有这些因素都是划分社会关系,进而划分部门法的标准。我国学者齐乃宽持该说[①]。

我们认为,对利益关系的划分应从利益关系的质和量上去把握。利益关系质的规定性在于利益本身。利益在总体上有两类,即整体利益和个人利益。这样,利益关系在总体上就可以分为三类,即整体利益相互间的关系、个人利益相互间的关系和个人利益与整体利益间的关系,如下列多项式所示:

$$Ⅰ:abcd + Ⅱ:abce + Ⅲ:abde + Ⅳ:abg + n:abx \quad (1)$$

$$= O:ab(Ⅰ:cd + Ⅱ:ce + Ⅲ:de + Ⅳ:g + n:x) \quad (2)$$

$$Ⅰ:ABCD + Ⅱ:ABCE + Ⅲ:ABDE + Ⅳ:ABG + n:ABX \quad (3)$$

$$= O:A(Ⅰ:BCD + Ⅱ:BCE + Ⅲ:BDE + Ⅳ:BG + n:BX) \quad (4)$$

在上述多项式中,(1)等于(2),(3)等于(4);Ⅰ、Ⅱ、Ⅲ、Ⅳ、n和O表示利益主体,其中n表示第无穷个利益主体,O表示整体利益的代表者。a、b、c、d、e、g 、x和A、B、C、D、E、G、X表示某种利益,其中x表示第无穷个利益主体的某种利益。这样,整体利益相互间的关系,就是多项式(2)中的a与b、多项式(2)中Ⅰ、Ⅱ、Ⅲ、Ⅳ和n作为一个群体与共同利益的代表者O之间的关系,以及多项式(2)(具体表现为O)与(4)(具体表现为O)之间的关系。个人利益相互间的关系,就是多项式(1)、(3)中Ⅰ、Ⅱ、Ⅲ、Ⅳ、n间的利益关系。个人利益与整体利益间的关系,就是多项式(2)、(4)中的O与Ⅰ、Ⅱ、Ⅲ、Ⅳ或n间的关系。其中,多项式(1)和(3)意味着各利益主体的共同利益是否都应独立出来成为整体利益的关系问题,多项式(2)和(4)意味着整体利益是否应对各利益主体进行公平分配的利益关系问题。当O是国家组织时,则整体利益与个人利益关系就是公共利益与个人利益关系。

利益关系在具有质的规定性的同时,还具有量的规定性。利益关系量的规定性,是指衡量利益轻重、大小或多少的度。利益主体对利益的衡量、评估,只能在人与人的社会联系中进行,而不能独立地进行。离开了人与人

① 齐乃宽:《建设一个和谐统一的社会主义法律体系》,载张友渔等:《法学理论论文集》,群众出版社1994年版,第45页以下。

的社会联系，利益无所谓利益，也无所谓轻重、大小或多少。利益关系量的规定性，意味着利益关系的层次性。利益关系的层次性可以用一定的度来表示。度可以是一个，也可以有多个，这完全取决于对利益进行衡量、评价的客观需要。利益关系的层次可以是两层，也可以是多层，这完全取决于所标明度的多少。笔者认为，从社会关系与社会规范的作用与反作用来看，衡量利益的度基本上有两个，利益关系有三层。

利益关系在质和量上的分化和组合，构成了纵横交错的无数种具体利益关系。然而，并非所有的利益关系都需要法律的调整，统治阶级所关心的也只是与自己利益有重要关系的利益，许多利益关系，如第一层次的利益关系，当O即整体利益的代表者是非国家组织时所形成的个人利益与整体利益关系等，往往仅仅靠宗教、道德、纪律和习惯等社会规范的调整，并非法律的调整对象。只有一定层次的整体利益与整体利益关系、个人利益与个人利益关系和个人利益与公共利益关系，才需要法来调整。

（三）法律规范的组合

利益关系的形成决定了社会规范的产生，社会规范一经产生又反作用于利益关系。这样，利益关系既是社会规范的基础，又是社会规范的调整对象。利益关系发展到一定的度，便产生了法这一特殊的社会规范。一定度的利益关系就成了法的基础和调整对象。然而，利益关系的质、独立的整体利益相互间的关系、个人利益与公共利益间的关系、个人利益相互间的关系，决定着法律规范相互间的分解与组合，从而形成了宪法、行政法和民法三大部门法。公共利益相互间的关系、个人利益与公共利益间的关系、个人利益相互间的关系，分别成了宪法、行政法和民法的基础和调整对象。利益关系的继续发展从量上达到了更高的度，从而决定了刑法的产生。从量上构成独立、统一地位的利益关系，决定了刑法是一个独立的基本部门法，并成了刑法的基础和调整对象。因此，部门法的存在并不是人们主观“划分”的结果，而是因客观利益关系的质、量运动而自然分解、组合成的，是客观利益关系质、量运动的必然产物。部门法的“划分”，仅仅意味着人们对这一客观规律的探寻和运用。利益关系的质、量运动与部门法间的关系，作为一种理论抽象，可用下表来说明。

利益关系与部门法关系表

<table>
<tr><td colspan="3"></td><td>整体利益相互间的关系</td><td>个人利益与公共利益间的关系</td><td>个人利益相互间的关系</td></tr>
<tr><td rowspan="3">社会规范：宗教、道德、习惯</td><td rowspan="3">法律规范</td><td>第一层次</td><td rowspan="2">宪法</td><td rowspan="2">行政法</td><td rowspan="2">民法</td></tr>
<tr><td>第二层次</td></tr>
<tr><td>第三层次</td><td colspan="3">刑法</td></tr>
</table>

通过上述论证，我们为解决具体法律规范的部门法归属提供了一种理论思路，为认定特定法律现象的性质提供了一个逻辑前提(参见第三章)。

应当指出的是，行政法的基础即行政法作为一个部门法所赖以存在的客观基础，也是行政法的调整对象。在法理学上，几乎未对部门法的基础包括行政法的基础加以研究，只是在探讨部门法的划分时涉及到行政法的基础问题。在行政法学上，几乎也从未对行政法的基础加以专门研究，而只着重于对行政法调整对象的讨论，从而客观上表明了对行政法基础的态度。目前，虽然有不少学者在研究行政法的理论基础，从而也提出了行政法基础的观点，但在研究中并没有以行政法的基础为逻辑起点，或者说并不对行政法的基础首先加以研究，而往往是以“民主”和“法治”的人类一般精神或行政法的某种功能为逻辑起点的。然而，从这些有关研究和讨论中，我们可以看出各种行政法基础的学说。我们通过对部门法的划分，从内涵和外延上界定了行政法所赖以存在的客观基础，为我们后面的论证奠定了逻辑起点。

第三章　行政法的演绎

——行政法的哲理思辨

第一节　行政法的内涵和外延

行政法的内涵和外延，是行政法现象的一种理论抽象，往往以一种概念形态而存在，历来为行政法学者所重视。并且，每个对行政法现象了解越多、越深的学者，对什么是行政法或行政法是什么越感困惑。然而，实际工作者对此却并不热心，甚至会认为上述现象只是学者的个人嗜好。我们认为，这种观点是不正确的。实际上，行政法的内涵和外延是关于行政法的适用对象和适用范围的问题，是行政法适用中逻辑推理和定位的需要。因为，哪些法律规范是行政法规范，哪些利益关系是行政法的调整对象，并没有外在的标签。当我们面对各种各样的法律规范和利益关系时，我们就需要运用有关行政法的内涵和外延的界定理论来认定。如果将非行政法规范当做行政法规范来适用，将不属于行政法调整的利益关系当做行政法的调整对象来调整，就会导致法律适用上的错误。同时，在大陆法系国家和我国，法律是一种逻辑，立法应以科学的理论为先导。这不同于英美法系国家。在英美法系国家，法律是一种经验。因此，对我国立法者来说，到底哪些利益关系需要制定行政法规范来调整，某类利益关系是制定行政法规范来调整还是制定其他法律规范来调整，也需要借助于行政法内涵和外延的理论来界定。因此，对这一问题的深入研究，既是学者的责任，也是实际工作者所应关注的问题。

一、行政法的内涵

行政法的基础是一定层次的公共利益与个人利益关系。反过来，行政法又调整着公共利益与个人利益关系。因此，行政法是以一定层次的公共利益与个人利益关系为基础和调整对象的基本部门法。

(一)适用对象

行政法的基础和适用对象，都是一定层次的公共利益与个人利益关系，也称为行政关系。这种关系在实质上所反映的是个人利益的分离和公共利益的维护、分配关系，在主体上表现为行政主体与相对人（公民、法人或其他社会组织）之间的关系。

行政主体将公共利益分配给特定社会成员来享受而与该特定社会成员所形成的利益关系，是公共利益与个人利益关系。1957年，英国贵族法官詹姆斯和丹宁受理了“王国政府诉泰晤士地方法官法院案”。该案的基本案情是：当一名卖鳗鱼冻的人和一名卖报的人在街头为了摆摊而争夺场所时，地方法官（属行政官员）把摆摊地判给了卖鳗鱼冻的人。卖报的人不服，提起诉讼。法官经审理，判决地方法官的判令无效。[①] 我们认为，本案中两名摊贩争夺摆摊场所这一事实，体现了双方当事人谁能够利用公共场所这一个人利益关系。然而，公共场所既不属于卖鳗鱼冻的人所有也不属于卖报的人所有，是一种公共利益，其代表、维护和分配者是行政主体。公民、法人或社会组织对公共利益的分享，取决于行政主体的分配。行政职能就在于按公共场所的本来功能加以维护，并按其功能分配给公众享受；行政行为实质上就是一种对公共利益的维护和分配，地方法官的裁判是一种行政行为。詹姆斯和丹宁法官的判决，尽管导致了地方法官所作行政行为的无效，但这并不意味着卖报人就对该公共场所拥有摆摊权。卖鳗鱼冻的人和卖报人，以及其他任何公众都有权按该公共场所的本来功能加以利用或享受。因此，两名摊贩与地方法官之间都分别存在着一种公共利益与个人利益关系。卖报人不服地方法官对公共利益的分配，就构成了个人利益与公共利益的冲突，构成了行政案件。这种利益关系就是行政法的适用对象，调整这种利益关系的法律规范就是行政法规范。公共利益是一个开放性的概念。不同的时代对哪些利益属于公共利益都有不同的界定。随着社会的发展，公共利益的范围日益扩大，即凡是不属于个人所有的利益都包括在公共利益的范围之内。因此，公共利益与个人利益关系也日益广泛，行政法也将日益发达。

行政主体从特定社会成员的个人利益中分离出部分利益，集合成公共利益而与该特定社会成员所形成的利益关系，是公共利益与个人利益关系。这种分离和集合有两种主要形式。一是人们所熟悉的税收，二是行政主体要求特定社会成员为公共工程提供劳务服务。此外，还有临时性的行政征收。这种公共利益与个人利益关系，理论上也称为公共负担关系，也就是由谁来承担公共负担、是否应承担公共负担及是否公平承担公共负担的利益

---

① 〔英〕丹宁：《法律的训诫》，杨百揆等译，群众出版社1985年版，第97页。

关系，是行政法的适用对象。调整这种利益关系的法律规范属于行政法规范。

行政主体因维护公共利益而与特定社会成员之间所形成的利益关系，也是公共利益与个人利益关系。各社会成员追求和发展个人利益是有利于公共利益的。因为，丰富的个人利益是公共利益的源泉。然而，“各个个人所追求的仅仅是自己的特殊的、对他们说来是同他们的共同利益不相符合的利益。”[①] 也就是说，特定的社会成员在追求个人利益时，往往会有意或无意地损害公共利益或将某种公共利益占为己有。行政主体对特定社会成员的这种行为予以制止所反映出来的利益关系，是公共利益与个人利益关系，是行政法的适用对象。调整这种利益关系的法律规范属于行政法规范。

从主体上看，公共利益与个人利益关系表现为行政主体与相对人之间的关系，但其实所反映的却是特定社会成员与其他所有社会成员之间的一种利益关系。行政主体在将某种公共利益分配给特定社会成员来享受时，必将影响到对其他社会成员的分配；在要求特定社会成员承担公共负担时，必将影响到其他社会成员的负担；对特定社会成员损害公共利益或将公共利益占为己有的行为是否予以制止，也将影响到其他社会成员对公共利益的充分享受。例如，行政主体对建房许可证的颁发，可能使许可证持有人所建的房屋影响特定人的通行和采光；对食品卫生领域的执法不力，将影响有关社会成员的身体健康。因此，当行政主体对他人的利益分配直接影响到特定社会成员对自己所拥有的个人利益的享受时，或者对损害公共利益、将公共利益占为己有的行为是否予以制止已影响有关社会成员对可分享的公共利益的享受时，行政主体与该特定社会成员或有关社会成员之间的利益关系也是一种公共利益与个人利益关系。对这类公共利益与个人利益关系，英国从本世纪中叶开始已作为行政法的调整对象[②]，我国目前尚未予以充分重视。

(二) 基本部门法

我们认为，行政法在实定法体系中是否存在、以什么样的地位存在，也是由行政法的基础即一定层次的公共利益与个人利益关系决定的。

如前所述，利益关系可分为四种，即一定层次的整体利益与整体利益关系、一定层次的个人利益与个人利益关系、一定层次的公共利益与个人利益

① 马克思、恩格斯：《德意志意识形态》，载前引《马克思恩格斯选集》，第一卷，第38—39页。
② 参见〔英〕丹宁：《法律的训诫》，杨百揆等译，群众出版社1985年版，第96页以下。

关系,以及第三层次的利益关系(包括一定层次的整体利益与整体利益、个人利益与个人利益、公共利益与个人利益关系)。一定层次的公共利益与个人利益关系是四种利益关系中的一种。这种利益关系使得一切以它为基础的各法律规范间存在着一种稳定的、内在的、本质的紧密联系,从而构成一个性质相同的法律群,即行政法。也就是说,行政法是调整一定层次的公共利益与个人利益关系的各种法律规范的总和,而不是指某个法典。

行政法是一个独立的部门法。一定层次的公共利益与个人利益关系是一种相对独立的利益关系,是一种区别于其他利益关系而独立存在的利益关系。同其他利益关系并不存在包含关系,而是一种相切关系。它同整体利益与整体利益关系,是以作为整体利益之一的公共利益为相切点的;同个人利益与个人利益关系,是以个人利益为相切点的;同第三层次的利益关系,是以一定的度为相切点的(参见第二章第三节的利益关系表)。因此,行政法与其他部门法也并不存在包含与被包含的关系,而只是一种互相衔接关系。行政法与宪法是以有关行政机关的组织和职权的法律规范为衔接点的。当行政机关的组织与职权问题与国家权力机关或国家司法机关发生关系时,因该关系是一种整体利益与整体利益间的关系,有关行政组织和职权的法律规范就属于宪法的范畴。当行政机关的组织与职权问题与社会成员发生关系时,因这种关系是一种公共利益与个人利益间的关系,有关行政组织和职权的法律规范就属于行政法的范畴。行政法与民法是以有关行政机关的法律主体资格的法律规范为衔接点的。当行政机关以行政主体资格、公务员作为所在行政主体的代表,与社会成员发生关系时,该关系是一种公共利益与个人利益间的关系,有关的法律规范就属于行政法的范畴。当行政机关以法人资格、公务员以社会成员身份,与社会成员发生关系时,该关系是一种个人利益与个人利益之间的关系,有关法律规范就属于民法的范畴。行政法与刑法则是以有关行为后果的严重程度的法律规范为衔接点的。当行为对某种利益的侵害没有超过一定程度时就属于行政法的调整范畴,否则就属于刑法的调整范畴。因此,以一定层次的公共利益与个人利益关系为基础的行政法,是一种区别于其他部门法而独立存在的部门法。

行政法是一个基本部门法。一定层次的公共利益与个人利益关系是一种基本的利益关系。这里的“基本的利益关系”,是指对利益关系作第一次划分时就得出的一种利益关系,而不是对利益关系经第二次或多次划分后得出的一种利益关系。因此,行政法是一个基本的独立部门法,而不是一个基本部门法之下的分支。长期以来,法学界普遍认为行政法等部门法是仅次于宪法的基本部门法。甚至认为,“宪法是行政法的基础,而行政法则是宪法的实施。行政法是宪法的一部分,并且是宪法的动态部分。没有行政法,宪法每每是一些空洞、僵死的纲领和一般原则,而至少不能全部地见诸实践。反之,没有宪法作为基础,则行政法无从产生,或至多不过是一大堆零乱的细则,而缺乏指导思想。”① 我们认为,这种观点是不能成立的。诚然,在法律效力上,不同的法典间具有效力等级关系,宪法典的效力高于法律、法规和规章。然而,部门法的划分是在同一层次上的划分,而不是在不同层次上的划分;是按法律规范性质所作的划分,而不是按法律规范的效力等级所作的划分;各部门法之间是互不隶属和包含的,而是彼此独立的。部门法与法典、宪法与宪法典是两种不同性质的概念。一个法典往往不仅调整某一性质的利益关系,而可能调整某一领域的多种性质的利益关系,所包含的法律规范也分属于宪法、行政法、民法或刑法中的多个部门法。部门法的性质也不同于法典的效力。一个部门法往往由多个法典中的法律规范构成。构成行政法这一基本部门法的渊源有宪法典中的规范、法律、法规和规章。构成宪法这一基本部门法的渊源有宪法典中的规范、法律和法规。作为宪法渊源的宪法典中的规范与作为行政法渊源的宪法典中的规范,作为宪法渊源的法律和法规与作为行政法渊源的法律和法规,在效力上是相同的。因此,我们也不能说宪法典的效力高于行政法,各部门法之间包括行政法与宪法之间并不存在互相“隶属”关系。我们既不能说宪法高于行政法,也不能说宪法典高于行政法。只有在宪法典与法律、法规和规章相比较时,我们才能说:宪法是国家的根本大法,具有最高的法律效力,是一切法律规范的“母法”。

二、行政法的外延

我们认为,凡是以公共利益与个人利益关系为基础和调整对象的法律规范,都属于行政法的范畴。公共利益与个人利益关系决定着行政法的外延和适用范围。

(一) 行政法的外部界限

行政法的外部界限,即行政法与其他部门法之间的界限问题,是法律的制定和法律规范的适用所必须解决的问题。

整体利益与整体利益关系并不是行政法的适用对象,调整这种利益关

① 龚祥瑞:《比较宪法与行政法》,法律出版社 1985 年版,第 5 页。

系的法律规范也并不是行政法规范。在行政法上，以下几种整体利益与整体利益关系容易或已经被误解为行政法的适用对象：第一，行政机关与其他国家机关之间的利益关系。当行政机关作为行政主体，其他国家机关作为法人时，两者间的利益关系是一种公共利益与个人利益关系，是行政法的适用对象。但当两者都是公共利益的代表者即国家权力的享有者时，它们之间的关系是一种整体利益与整体利益之间的关系。例如，某项权力应属于行政机关还是应属于立法机关所反映的利益关系，就是一种某项公共利益由哪个国家机关来代表的问题。第二，行政机关相互间的利益关系。当一个行政机关作为行政主体，另一个行政机关作为法人时，两者间的关系也属于公共利益与个人利益关系。但当它们都是行政主体时，它们都是公共利益的代表者，相互间的关系也是整体利益与整体利益之间的关系。它们之间领导与被领导关系、权限划分所体现的利益关系，都不是公共利益与个人利益之间的关系。例如，某村委会经本县林业局批准，在村北公路(国道)30—193 路标间采伐了榆树 200 棵。该县公路局发现后，认为根据《公路管理条例》第 22 条、《公路管理条例实施细则》第 33、60 条的规定，采伐公路两旁的树木应由公路局批准，否则属于违法行为，并依法对该村委会作出了没收 200 棵榆树、罚款 18000 元的处罚决定。[①] 在本案中，即某村委会申请采伐榆树和县林业局批准其采伐榆树之间的关系，以及某村委会采伐榆树和县公路局对其给予处罚之间的关系，都是公共利益与个人利益的关系。但是，县林业局与县公路局之间的关系并不是一种公共利益与个人利益关系。我们认为，县林业局和县公路局在本案中都是公共利益的代表者，相互间的关系是一种整体利益与整体利益关系，即具体表现为公共利益与公共利益之间的关系，是宪法规范的调整对象，经宪法规范调整后就形成一种宪政关系。根据我国《行政诉讼法》第 27 条的规定，诉讼第三人必须是行政主体以外的公民、法人或其他组织。因此，当某村委会不服县公路局的处罚提起行政诉讼时，尽管县林业局与处罚行为有法律上的利害关系，却不能以县林业局为诉讼第三人。同样，当某村委会对县林业局提起行政赔偿诉讼时，尽管县公路局与批准采伐行为有法律上的利害关系，但也不能以它为诉讼第三人。第三，行政主体与全体或绝大多数社会成员之间的关系。制定行政法规和规章的行为，所反映的是行政主体与全体或绝大多数社会成员之间的利益关系，是一种公共利益的代表者与被代表者之间的关系。这时，各社会

---

① 姜明安主编：《行政诉讼案例评析》，中国民主法制出版社 1994 年版，第 63 页以下。

成员并不是作为单个的社会成员而存在的，而是作为社会成员的群体而存在的。这时的利益关系，是一种作为大家的代表者是否真正代表了大家的利益而形成的关系，卢梭称为“全体对全体的比率”关系[①]，是一种整体利益与整体利益关系。在公法和私法存在分野的国家，这种公共利益与公共利益关系，即“决定统治者的活动范围，统治者各种势力的代表方式，以及他们代理人的地位，他们代理人之间的关系，以及代理人与统治者的关系”，都是宪法的适用对象，而不是行政法的适用对象[②]。在我国，也应如此，但目前却仍被通说以抽象行政行为的名义作为行政法的重要内容。不过，个别学者已从行政诉讼标的的角度指出，体现这种利益关系的抽象行政行为不应包括在行政行为范畴之内，而应作为一种宪政行为和宪政诉讼的标的。[③] 只有在公法和私法不分的国家，才将上述利益关系作为行政法的适用对象，将调整这种利益关系的法律规范作为行政法规范，并且这样作并不会导致法律适用上的错误。但这样的行政法，与大陆法系国家及我国的行政法只是具有相同的名称而已，内容却是截然不同的。[④]

个人利益与个人利益关系也不是行政法的适用对象，调整这种利益关系的法律规范不是行政法规范。在实践中，容易将它误认为公共利益与个人利益关系的主要有两种。第一，不具备公共利益代表资格的组织或个人与他人之间的利益关系。公共利益的代表者不是自称或自定的，而是经社会承认的，在国家社会里是经法律规定的。[⑤] 这种资格的法定化，就是行政法学上的行政权能。权能指的是权利能力，往往与组织的成立同时产生。它不同于权限。权限是指行为能力，既可以随组织的成立而产生也可以在组织成立后而赋予，决定着行为的合法性。在我国，行政权能一般属于行政机关，企事业单位原则上不具有行政权能，个人更不具有行政权能。因此，不具有资格或行政权能的组织或个人，无论是否标榜为了“公共利益”，与他人之间所形成的利益关系都不是公共利益与个人利益关系。例如，一个公司对公民的“罚款”、一个商店对顾客假钞的“没收”、一个企业保卫科对他人

---

① 〔法〕卢梭：《社会契约论》，何兆武译，商务印书馆1982年版，第72页。

② 〔法〕狄骥：《宪法论》，钱克新译，商务印书馆1962年版，第500页。

③ 罗文燕：《对抽象行政行为进行司法审查的法律思考》，载《杭州大学学报》（社科版）1996年第4期。

④ 参见叶必丰：《行政程序法的两大模式》，载《中外法学》1997年第1期。

⑤ 参见陈新民：《宪法基本权利之基本理论》，台湾省三民书局1992年版，第141页以下。

财产的“查封”，并没有形成公共利益与个人利益关系。① 同时，企事业单位经行政主体批准或许可而追求个人利益所形成的利益关系，也不是公共利益与个人利益关系。例如，某物业公司将若干楼房出售给各单位后，又从物价局取得了收费许可证，对进入该公司院内各单位办事的车辆予以收费管理。我们认为，该公司的行为仍然是一个追求个人利益的行为。物价局的许可，并不是行政权的授予，而只是设定了该公司追求个人利益的权利，也是一种利益分配行为，是收费这一民事法律行为合法成立的条件，而并没有使该公司的收费行为成为一种行政行为。但是，有关当事人与作利益分配行为的物价局之间的关系，却是公共利益与个人利益关系。另外，特定社会成员损害另一社会成员正在享受的公共利益时，与行政主体间的利益关系属于公共利益与个人利益关系，但侵害人与受害人之间的关系却仍然是个人利益与个人利益关系。例如，当企业超标准排放污染物时，该企业与行政主体间、受害人与行政主体间的利益关系都属于公共利益与个人利益关系，但该企业与受害人之间的利益关系却是个人利益关系。因为，受害人的个人利益包括所分享的公共利益。因此，调整侵害人与受害人之间利益关系的法律规范属于民事法律规范，也只有民事法律规范才能调整这种利益关系。有的学者认为，这种法律规范（如《水污染防治法》第 5 条等）是行政法律规范，相应的法律关系是行政法律关系。② 我们认为，侵害人对受害人所分享的公共利益即合法权益的侵害，只能构成侵害人、受害人与行政主体间行政法律关系发生的一个法律事实，因而上述观点是不正确的。上述观点的错误在于没有区分法典与法律规范之间的差异性，将主要包括行政法规范的法典中的民法规范误认为是行政法规范。第二，行政机关为了自身的存在而与他人所形成的利益关系。行政机关尽管不是自然人，但为了维持自身的存在和运转，也将消耗部分物质利益，如办公设备的购置和办公费用的支出等。一般说来，由此所形成的关系并不是公共负担和公共利益的维护、分配关系。总之，上述利益关系既不属于行政法的适用对象，调整上述利益关系的法律规范也不是行政法规范，行政法规范也不能适用于上述利

---

① 参见《四个月官司讨回十元罚款》，载《报刊文摘》1997 年 5 月 19 日；《擅自没收顾客可疑币法院判商场赔偿真币》，载《法制日报》1997 年 11 月 6 日；柳福华主编：《国家赔偿名案点评》，人民法院出版社 1997 年版，第 205 页以下；《“偷一罚十”不具有法律约束力》，载《南方日报》1998 年 5 月 27 日。

② 参见方世荣等：《试论我国行政法律关系的构成形式》，载《中南政法学院学报》1986 年第 2 期。

益关系。然而,国有企业的营利行为毕竟是实现公共利益增值的行为,行政机关维持其存在的行为也毕竟是对公共利益的维护和分配有间接影响的行为。对这两种行为所形成的利益关系,20 世纪以来的大陆法系学者认为也应作为公共利益与个人利益关系,由行政法规范予以调整,但这种观点还需要得到立法和判例的确认。①

同时,我们也不能将公共利益与个人利益关系认定为其他性质的利益关系,制定或适用其他性质的法律规范来调整。第一,行政侵权中的利益关系。《民法通则》第 121 条规定:"国家机关或者国家机关工作人员在执行职务中,侵犯公民、法人的合法权益造成损害的,应当承担民事责任。"这一规定显然将行政主体要求相对人承担公共负担、对公共利益进行维护和分配所形成的利益关系,认定为个人利益与个人利益关系了。这是立法者在认识上的错误。类似的错误也存在于其他实定法规范中。尽管民事责任和行政责任都是法律责任,但从大陆法系国家和我国的法学上看,这两种责任却有不同的构成要件。民事责任可以以主观过错为构成要件,但行政责任不能以主观过错为构成要件,而应以客观上的违法行为为构成要件。因此,用民事法律规范还是用行政法律规范来调整这种利益关系,其结果是大不相同的。第二,对公共设施的利用而形成的利益关系。公共设施的管理者往往并不是行政机关,而是有关国有企业、事业法人即公用企业、事业组织。但是,国有公园、道路、机场和学校等公共设施却是一种公共利益,特定社会成员利用公共设施就是分享公共利益。因此,这种利益关系也属于公共利益与个人利益关系,应由行政法规范来调整;调整这种利益关系的法律规范属于行政法规范。这在大陆法系国家已经是客观事实,并且把公共设施的管理者称为公法人。② 但在我国,却把这种利益关系一直认定为个人利益关系,并通过民事立法和适用民事法律规范来予以调整。③ 我们认为这是值得讨论的,目前理论上对此已经提出了异议。④ 第三,行政机关以外的行政主

---

① 参见〔印〕赛夫:《德国行政法》,周伟译,台湾省五南图书出版有限公司 1991 年版,第 136 页;许宗力:《法与国家权力》,台湾省月旦出版社有限公司 1993 年版,第 2 页以下;陈新民:《行政法学总论》,台湾省三民书局 1995 年版,第 27 页以下。

② 参见王名扬:《法国行政法》,中国政法大学出版社 1989 年版,第 321、327 页;翁岳生:《行政法与现代法治国家》,台湾省祥新印刷公司 1979 年版,第 20 页;陈新民:《行政法学总论》,台湾省三民书局 1995 年版,第 341 页以下。

③ 参见《民法通则》第 125 条。

④ 参见梁慧星:《道路管理瑕疵的赔偿责任——大风吹断路旁护路树砸死行人案评释》,载《法学研究》1991 年第 5 期。

体与相对人的利益关系。根据我国行政法学的通说,公共利益的代表者即行政主体包括行政机关和法律、法规授权的组织。法律、法规授权的组织往往被解释为行政机构(内设机构和派出机构)、事业组织及个别企业组织。实际上,行政主体应该是指享有行政权或代表公共利益的一切组织。立法机关与行政机关一样,也是公共利益的代表者。尽管立法机关在制定法律时,所体现的是公共利益的代表与被代表的公共利益与公共利益关系,但与立法机关内部工作人员的关系却是公共利益与个人利益关系。司法机关被认为是一种法律设施,是与双方当事人没有任何利害关系的、公正的第三方。也就是说,司法机关在与诉讼当事人的关系上不能作为任何利益的主体,否则就不能公正的审判各类案件。但是,司法机关在与其他国家机关之间的关系上可以作为一个利益主体即公共利益的主体,在与内部工作人员的关系上也应作为公共利益的代表者即行政主体。对此,本人在《行政法学》一书中曾作过简单说明。在法国,普通法院的设立、合并等组织活动中所形成的关系,普通法院在内部公务活动中所形成的关系,都已被纳入了内部行政法关系的范围。从1958年开始,立法机关中行政组织对内对外的公务活动中所形成的关系,也被纳入到行政主体与相对人关系中,受行政法院的司法保护。[①] 在我国台湾省也有相同的做法和主张。[②] 因此,行政机关以外的国家机关与公职人员之间的关系,是一种公共利益与个人利益关系。此外,国有企业事业组织的行政方与特定员工之间的关系,也是公共利益与个人利益关系。例如,根据我国《企业职工奖惩条例》的规定,企业行政可以对员工实施行政处分或经济处罚(罚款或扣工资等);根据《国营企业辞退违纪职工暂行规定》,企业行政方可以辞退职工,等等。从我国现行立法上看,企业行政方的这种权利并不是国家行政权,而是一种劳动指挥权;企业行政方是劳动法关系的主体,而不是行政主体;这种强制性单方行为是劳动法上的行为,即民法上的单方法律行为,而不是行政行为。但这种关系的性质却是公共利益与个人利益关系,宜由行政法规范来调整。

(二) 行政法的内部构成

公共利益与个人利益间的关系有两种:一是行政主体与一般公民、法人

---

① 参见王名扬:《法国行政法》,中国政法大学出版社1989年版,第38—40、552—553页;〔法〕韦尔:《法国行政法》,徐鹤林编译,载《行政法研究资料》(下),中国政法大学出版社1985年版,第276—278页。

② 参见翁岳生:《行政法与现代法治国家》,台湾省祥新印刷公司1979年版,第11页。

和社会组织间的外部关系；二是行政主体与特殊公民即公职人员间的内部关系。因此，行政法也就可以分为外部行政法和内部行政法两大块。

外部行政法历来是各国行政法和行政法学的重点，因为行政法作为一种公共利益和公共负担的维护和分配规则主要是基于这一利益关系而存在的。但是，我们也不能忽视内部行政法。有的认为，内部行政法或内部行政行为是一个不可理解的概念，这不就是行政组织法的内容吗？的确，就行政主体与外部相对人而言，国家公职人员是行政主体的构成分子，属于行政组织法的内容。但是，国家公职人员，包括国家权力机关工作人员、公务员、检察人员和审判人员，本来都是普通公民。他们本来都可以像其他普通公民一样，尽自己所能去追求个人利益。国家要求他们担任公职、提供劳务或勤务，使他们承担了其他公民所没有承担的公共负担，根据公共负担平等原则，理应给予相应的回报，即支付工资和给付福利。同时，公职又是一种社会资源，不仅体现着物质利益而且体现着精神利益。这种资源的有限性，意味着普通公民并非都能担任公职、分享资源。普通公民谋求公职就是为了追求或实现自己的个人利益。在担任公职以后，他们也并没有丧失普通公民的本来属性，并不会因此而不需要个人利益即工资、福利和荣誉。因此，就国家机关与国家公职人员关系本身来看，仍然是一种利益关系，并且是一种存在于国家组织内部的公共利益与个人利益关系；调整这种关系的法律规范仍然是行政法规范，并且也只能是一种内部行政法规范。当然，国家公职人员所具有的特殊身份及使命，使得这种内部公共利益与个人利益关系及内部行政法规范，不同于外部公共利益与个人利益关系及外部行政法规范。因此，传统的大陆法系理论认为，这是一种特别权力关系，即国家公职人员对国家具有一种特别的忠诚义务，不受法律保留原则的严格拘束，并被排除在司法审查之外。但随着行政的民主化和法治化，特别权力关系理论受到了广泛的批评，内部行政关系及行政法的特殊性已逐渐消失。[①] 但在我国，这种特殊性仍非常明显，内部行政救济与外部行政救济存在着严重割裂，人事行政复议和人事行政赔偿不能适用统一的《行政复议条例》和《国家赔偿法》，人事行政纠纷被排除在行政诉讼的受案范围之外，等等。另外，我们还应指出的是，国家公职人员不仅仅指国家公务员，内部公共利益与个人

---

① 参见翁岳生：《论特别权力关系之新趋势》，载翁岳生：《行政法与现代法治国家》，台湾省祥新印刷公司 1979 年版，第 131 页以下；〔日〕室井力主编：《日本现代行政法》，吴微译，中国政法大学出版社 1995 年版，第 39 页以下。

利益的关系不能局限于行政机关与国家公务员之间的关系，内部行政法不只是国家公务员法。内部行政法是指一切调整国家公职人员与所在国家机关之间关系的法律规范。在理论上，国家公务员法已经受到应有的重视，国家立法工作人员法、检察工作人员法和审判工作人员法等其他国家公职人员法目前却未受重视。我们也应当指出，内部行政法仅仅指调整国家公职人员（某些在国有企业事业组织任职，并按国家公职人员管理的人员也可包括在内）与所在国家机关之间关系的法律规范，而不包括调整行政机关与行政机关相互之间关系、行政机关与行政机构之间关系的法律规范，也不包括调整行政机关与所主管企业事业组织之间关系的法律规范。

目前，行政法还存在着混乱现象，法学上对行政法也有一种模糊观念，即关于行政法的分离问题。早在前苏联时代，就有许多学者提出过将行政法中的部分规范和民法中的部分规范分离出来，并组成经济法、集体农庄法、检察法和法院法等一个个新的部门法的主张。[①] 在我国，50 年代就有赞同前苏联学者的主张，80 年代以来对行政法的分离主张却达到了高潮。有的认为，行政法这一部门法的法律规范数量过多，为了各部门法在法律规范数量上的大体平衡，应将某些行政法规范分离出来，组成独立的部门法。[②] 有的认为，行政法这一部门法中的某些法律规范在社会生活中的作用越来越重要，因此当这部分法律规范的数量达到一定规模时就分离出来成了一个独立的部门法。孙亚明认为："这些经济法规大部分是对国民经济实行行政管理的法规，过去一般被看作是行政管理法规，属于行政法范畴。近六年来，根据经济发展的需要，对国民经济实行行政管理的法规，它们的数量越来越多，它们所具有的调整纵向经济关系和更多地运用经济手段管理经济的特点越来越突出，它们对于社会主义现代化建设的直接的推动作用也越来越显著，因此，它们就从军事、民政、公安、司法等行政管理法规中分离出来而另外形成一个独立的法律部门，这就是经济法"。[③] 漆多俊也持上述观点。[④] 还有一些学者在论证环保法、社会法、教育法、军事法和司法法是一个

---

① 参见《关于苏维埃社会主义法律体系》（综合报道），载《政法译丛》1958 年第 5 期；〔苏〕杰尼索夫：《国家与法律理论》（下册），中文版，中华书局 1951 年版，第 400 页；〔苏〕勃拉图西：《苏维埃部门法：概念、对象、方法》，载《法学译丛》1980 年第 2 期；〔苏〕根肯：《关于苏维埃社会主义法权体系问题》，载《政法译丛》1957 年第 1 期；并参见本书第一章第三节。

② 参见吴大英、沈宗灵：《中国社会主义法律基本理论》，法律出版社 1987 年版，第 240 页以下。

③ 本书编写组：《中国经济法诸论》，法律出版社 1987 年版，第 72 页。

④ 漆多俊：《经济法基础理论》，武汉大学出版社 1993 年版，第 31—38、83—87 页。

独立部门法时，也提出了这样的观点。[①] 我们认为，一定层次的公共利益与个人利益关系是一种由相同质和量的具体利益关系组成的、完整的利益关系，但这并不是说在这些具体的利益关系之间没有任何区别和差异。事实上，军事、公安、财政、工商、环保、交通、卫生、文化和教育等行政领域的公共利益与个人利益关系是千差万别的。因此，对一定层次的公共利益与个人利益关系作一定的划分和归类，是可行的，也是必要的。但无论对该利益关系作怎样的划分和归类，都不可能改变它们的共同性质即“一定层次的公共利益与个人利益关系”。相反，人们对划分和分类的主观认识，必须以“一定层次的公共利益与个人利益关系”这一共性和各具体利益关系的差异性为基础。同样，把行政法分解和组合成若干分支，如军事行政法、公安行政法、财政行政法、工商行政法和环保行政法等，是可行或必要的。然而，这些分支仍然、也只能属于行政法的范畴，具有行政法应具有的性质和所有特征[②]，而不可能因人们的主观分解和组合而摆脱行政法或改变原有的行政法性质并成为一个新的独立部门法或改属于另一部门法。我们已经指出过，部门法的划分所要解决的主要是某一利益关系应制定或适用什么样性质的法律规范来调整的问题，而不是人们的认识角度问题。作为一种认识视角，我们可以将不同部门法的有关法律规范联系在一起，分析它们的共同特征和不同特征，有利于某种法律问题的综合解决或对某类利益关系的综合调整。但这只能构成一个法学学科，如经济法学、环保法学、军事法学和社会法学等，正像波斯纳的经济分析法学、耶林等人的利益法学以及目前开始流行的行为法学一样，而不能构成一国实定法体系中的一个部门法。我们不能沦为边沁的批评对象：“这就是划分：即把法律划分成他所想像的几个部分；然后解释：即解释他用来说明任何可能出现的法律的方法。”[③]

---

① 参见蔡守秋：《环境法是一个独立的法律部门》，载《法学研究》1981年第3期；宋奇平等：《浅论我国环境保护法的地位与基本原则》，载陈汉光等编：《环境保护法论文选》，武汉大学环境法研究所1984年版，第40页以下；王镭主编：《中国卫生法学》，中国人民大学出版社1988年版，第6—9页。

② 参见〔苏〕科兹洛夫等：《苏联国民经济管理的行政法原则》，法律出版社1987年版，第11页。

③ 〔英〕边沁：《政府片论》，沈叔平等译，商务印书馆1996年版，第94页。

第二节 行政法的性质和特点

一、行政法的性质

(一) 行政法的阶级性质

公共利益是一种整体利益。但在阶级社会里,并非任何社会成员的共同利益或社会组织的整体利益都能成为公共利益。只有统治阶级的整体利益,才能成为由国家组织来代表的、全体社会成员的公共利益。同时,人都是隶属于阶级的。任何社会成员的个人利益都是与本阶级的共同利益联系在一起的,都具有阶级的烙印。因此,公共利益与个人利益关系是具有阶级性的,是阶级利益关系的组成部分(详见第四章第一节)。行政法是由一定层次的公共利益与个人利益关系决定的,因而不可避免地具有阶级属性。一方面,它是现存阶级利益对比关系的确认或体现。另一方面,它又将促进这种阶级利益对比关系向有利于统治阶级的方向发展,即将社会财富作有利于统治阶级成员的再分配。由此可见,行政法的阶级性是不容置疑的。

统治阶级可能是特定社会的少数社会成员,也可能是特定社会的多数社会成员。这样,公共利益也就有两种不同的类型,即形式上的公共利益和实质上的公共利益。形式上的公共利益,是指具有全体社会成员或绝大多数社会成员的共同利益形式但却为少数人所控制的公共利益。少数人对公共利益的“控制”,可能是公开地、完全地占有,也可能仅仅是在分配中所具有的较大份额或有利比例。随着社会的发展,第一种控制形式已越来越难以奏效,具有隐蔽性或公正假象的第二种控制形式已日益普遍。形式上的公共利益就意味着这个国家的统治只是少数人对多数人的统治,意味着少数人对多数人利益的强取豪夺。以这种公共利益与个人利益为基础和调整对象的行政法,只能是剥削阶级的行政法。实质上的公共利益,是指源于全体或绝大多数社会成员而又在全体或绝大多数社会成员中公正分配的集合利益。实质上的公共利益,意味着这个国家是人民当家做主或绝大多数人充分享有民主的国家,意味着社会公正和行政公正。以这种公共利益与个人利益为基础和调整对象的行政法,就是社会主义行政法。

在阶级社会里,社会成员都被分化为两大不同的阶级即统治阶级和被统治阶级。于是,公共利益关系与个人利益关系也有两种,即作为被统治阶级成员的个人利益与作为公共利益的统治阶级整体利益之间的关系和作为统治阶级成员的个人利益与作为公共利益的本阶级的整体利益之间的关系。这样,个人利益应服从公共利益(详见第四章第一节)的实质,就是统治阶级和被统治阶级的成员的个人利益都应服从统治阶级的整体利益。本来,被统治阶级有着自己的整体利益。这种整体利益,作为被统治阶级的一种联合起来的力量,对统治阶级的地位及社会财富再分配中的优势构成了严重的威胁,是统治阶级所难以对付的。于是,统治阶级不愿把被统治阶级的成员看作被统治阶级的一分子,而宁愿将其作为不属于某一阶级的、孤立存在的社会成员。也就是说,统治阶级总是千方百计地分化、瓦解被统治阶级,将被统治阶级的社会革命和政治对抗化解为个人与社会的冲突,然后再通过相应的机制予以消弭。在利益关系的法律调整上,从"宪法时代"到"行政法时代"的发展[①],从主要运用宪法规范到更多地运用行政法规范的转变,充分说明了统治阶级的上述政治目的。如果说资本主义法治区别于封建法治的主要标志在于宪法的话,那么垄断资本主义法治区别于自由资本主义法治的主要标志就可以说是行政法(参见本章第二节)。行政法的阶级性是统一的。它不仅是由统治阶级的整体利益与被统治阶级成员的个人利益关系决定的,而且也是由统治阶级的整体利益与该阶级成员的个人利益关系决定的。一方面,统治阶级成员非法获取某种整体利益,必将影响其他统治阶级成员对整体利益的分享,必将影响对被统治阶级进行控制的实力。另一方面,统治阶级成员非法占有被统治阶级成员的利益,必将影响统治阶级的整体利益。因此,统治阶级成员的个人利益也应服从作为公共利益的本阶级的整体利益。布哈林指出:"共产党人反对偷窃。为什么?就是因为如果工人一个一个地为了自己的利益从资本家那里拿东西,他就不可能进行共同的斗争,而本身就会沦为市侩。盗马贼和小偷,尽管来自纯而又纯的无产阶级,却永远不会成为阶级的战士。假使阶级中许多人都偷窃起来了,阶级就会解体,就会削弱。正因为如此,共产党人的准则是:不要偷窃,否则将成为坏蛋。这不是维护私有财产的规范,而是维护阶级的完整性。……这是无产阶级的行为规范。"[②] 因此,我们在分析行政法的阶级性时,就不能简单地说某些规范具有阶级性而另一些规范不具有阶级性,这种机械的认识会割裂行政法的阶级性质的完整性和统一性。

---

① 翁岳生:《行政法与现代法治国家》,台湾省祥新印刷公司 1979 年版,第 2—3 页。

② 〔苏〕布哈林:《历史唯物主义理论》,李光谟等译,人民出版社 1983 年版,第 180 页。

(二) 行政法的法律性质

行政法的法律性质,是行政法的阶级性在法律上的表现。它是指行政法作为一个部门法所具有的、区别于其他部门法的本质属性。

行政法是公法。公法是区别于私法而言的。尽管在资本主义社会以前,并没有行政法这一部门法,但公法与私法的划分却有很久远的历史。早在古罗马,法学家就注意到了公法和私法的差异性,认为“公法,是关于罗马国家制度的法;私法,是关于个人利益的法”。① 自行政法成为一个基本的独立部门法以后,公法和私法的划分在大陆法系国家更为流行,并影响到英美法系国家。尽管有的学者为了否定行政主体与相对人之间的权力与服从关系而否定公法与私法的各种划分标准学说②,但这种划分的必要性仍为人们所充分重视。“诚如基尔克(Gierke)所说:‘公法和私法的区别,是现代国法的基本原则。现代国法的全部,是以公法和私法的区别为其当然前提的。对于国家所有的制定法规,如果不晓得其规定是属于公法,抑或属于私法,对于该规定所生的效果和内容即属无法明了。国法的一切规律,没有不属于公法,亦不属于私法的,因其属于何者而异其规律。’尤其是在采用行政裁判制度的国家,民事诉讼属于普通法院的管辖,行政诉讼属于行政法院,要决定某种案件应起诉于普通法院或行政法院,先要知道它是属于私法(民事)事件,或是属于公法(行政)事件,所以公法和私法的区别,是决定裁判的前提。”③ 并且,行政法属于公法,在法学上几乎也是没有异议的。我们认为,行政法之所以属于公法,是由其所赖以存在的基础和调整对象,即一定层次的公共利益与个人利益关系决定的,而不是由行政法所保护的目的或对象是公共利益还是个人利益决定的。行政法既保护公共利益也保护与公共利益相一致的个人利益,但不保护虚假的公共利益和同公共利益相违背的个人利益。因此,行政法不同于完全调整个人利益与个人利益关系的民商法。

行政法是以公共利益为本位的公法。也就是说,代表公共利益的行政主体与个人利益的主体即相对人之间,在行政法上的地位是不平等的、权利义务是不对等的。行政法的这一法律性质,决定了它与作为私法的民商法

---

① 转引自林纪东:《法学通论》,台湾省远东图书公司 1953 年版,第 37 页。

② 参见〔法〕狄骥:《宪法论》,钱克新译,商务印书馆 1962 年版,第 484 页以下;林纪东:《法学通论》,台湾省远东图书公司 1953 年版,第 37 页。

③ 林纪东:《法学通论》,台湾省远东图书公司 1953 年版,第 34—35 页。

之间的本质区别。然而，公法不只是行政法。狄骥认为，公法包括宪法、行政法和诉讼法三大部门法。[①] 我们在前面已经指出，法院一般不能成为任何利益的主体，因而诉讼法并不具有独立的社会基础，并不是独立的法律部门，而只是解决当事人之间利益冲突的法律机制，只是各实体法的延伸。我们认为，公法主要包括宪法和行政法。那么，行政法区别于宪法的特点是什么呢？宪法的基础和调整对象是整体利益与整体利益关系。这种利益关系可以分为两类：一是平等的整体利益关系，如民族与民族之间的整体利益关系和地区与地区之间的整体利益关系；二是不平等的整体利益关系，如代表者与被代表者之间的整体利益关系（表现为人民主权关系）、国家与地方之间的整体利益关系及阶级与阶级之间的整体利益关系，以及分属于上述两种整体利益关系的各国家机关相互间的利益关系。这就决定了一些宪政主体在宪法上地位的平等性、权利义务的对等性，而另一些宪政主体在宪法上地位的不平等性、权利义务的不对等性。因此，以公共利益为本位，也是行政法与宪法的根本区别。

二、行政法的特点

行政法的特点是行政法的法律性质的具体体现，又是行政法区别于其他部门法的具体运动规律，也是行政法原理的核心。它归根结底也是由行政法所赖以存在的基础即一定层次的、以公共利益为本位的公共利益与个人利益关系决定的。

（一）主体地位的不平等性

在阶级社会里，公共利益的总代表只能是国家。利益关系的分化和组合，导致了利益主体的多元化和国家权力的分工、配合。在公共利益与个人利益的关系上，公共利益的主体主要是作为国家组成部分的国家行政机关。由于公共利益的发展和扩大，仅仅由国家行政机关来代表已不能适应需要，法律还授权某些社会组织为公共利益的主体。在国家与国家公职人员的公共利益与个人利益关系中，其他国家机关也是公共利益的主体。这些公共利益的主体，在行政法学上，就成了行政主体。由于一定层次的公共利益与个人利益关系是以公共利益为本位的关系，作为公共利益主体的行政主体，在行政法关系中的地位总是优越于个人利益的主体即相对人（包括公民、法人或其他社会组织及国家公职人员）。也就是说，行政主体总是处于主导地

---

① 参见〔法〕狄骥：《宪法论》，钱克新译，商务印书馆 1962 年版，第 499 页以下。

位，相对人总是处于配合和参与地位。

行政主体在行政实体法关系中的主导地位，已为法学界所公认。然而，行政主体在行政程序法关系，尤其在行政诉讼法关系中的主导地位，却往往被理论界所否认。许多学者认为，在行政程序法关系，尤其是在行政诉讼法关系中，处于主导地位的是相对人，而不是行政主体。[①] 我们认为，这种观点是不正确的。行政程序不过是行政主体的主导地位得以实现的过程。相对人对行政程序的参与，根据曾经广为流传的观念是对行政权的一种制约，但即使如此也并不具有能否定行政主体意思表示的决定性意义，因而并不占有支配地位。况且，根据现代的观念，相对人的参与仅仅是对行政权运行的一种合作。也就是说，行政程序法关系仍然是以公共利益为矛盾主要方面或为本位的公共利益与个人利益的对立统一关系的集中体现，行政程序不过是该矛盾运动在行政法上的表现。[②]

在行政诉讼法关系中，作为被告的行政主体与作为原告的相对人，在地位上是平等的。对此，《行政诉讼法》第7条作了明文规定。然而，行政诉讼是解决行政纠纷的法律活动，即适用法律的过程。行政纠纷其实就是公共利益与个人利益的冲突。如前所述，公共利益与个人利益是以公共利益为本位的利益关系，在公共利益与个人利益相冲突时应让位于公共利益。但这种“让位”是立法时的让位，而不是法律适用中的让位。公共利益在立法中已经得到优先保护的情况下，就不能再按“公共利益本位”的原则来解决利益冲突了。否则，也就不需要行政救济机制了。因此，《行政诉讼法》中规定的双方当事人的平等诉讼地位，是指双方当事人在适用法律上的平等，而不是指他们在立法上的平等或实体地位上的平等。这种适用平等的实现，也就是实体法所规定的不平等地位的实现。行政诉讼中公共利益本位的体现，在于保障以公共利益为本位的行政法规范的实现。对相对人即原告的地位，我们不能按该程序的发动者是谁这一标准来确定。如果可以这样确定的话，那么在实体法关系（如行政许可）中，由相对人发动的行政程序，都成了以相对人占主导地位了，而这显然是不能成立的。事实上，在任何一种诉讼中，在任何国家的诉讼中，占主导地位的都不是原被告中的一方当事人，也不是第三人，而是审判机关。

---

① 参见罗豪才等：《现代行政法的理论基础》，载《中国法学》1993年第1期，第56页；罗豪才：《行政法的语义与意义分析》，载《法制与社会发展》1995年第4期。

② 参见叶必丰：《公共利益本位论与行政程序》，载《政治与法律》1997年第4期。

有的学者认为,行政法关系可以分为行政法律关系和监督行政法律关系。“监督行政法律关系,是指国家有权机关在监督行政行为的过程中,与行政主体之间形成的受行政法规范调整的各种关系。”“在行政法律关系中,行政主体始终处于主导地位,而在监督行政法律关系中,监督主体处于主导地位,行政主体处于受监督地位。”[①] 我们姑且不论监督主体是否处于主导地位,单“监督行政法律关系”本身就是一个很值得商榷的范畴。我们认为,这些监督主体即有关国家机关都是公共利益的代表者。它们与行政主体之间的关系是公共利益与公共利益之间的关系即一种整体利益与整体利益关系,在法律上是一种宪政关系而不是一种行政法关系。行政法关系并不是与行政“搭边”的关系,而必须是公共利益与个人利益关系的法律表现。

(二)权利义务的特殊性

行政法上的权利义务,无论与民商法上的权利义务相比,还是与宪法上的权利义务相比,都具有许多特殊性。

行政法上的权利义务与民商法上的权利义务相比,具有三方面的特性。第一,权利义务的法定性。在现代社会,哪些个人利益应当集合为公共利益,对公共利益应作怎样的分配,对公共利益应予如何维护,是由行政主体以外的国家机关,主要是由立法机关来确定的。行政主体只是具体的执行者。行政主体对公共利益的集合、维护和分配,必须完全尊重有关国家机关、尤其是国家立法机关的意志。利益在法律上的表现就是权利。这就意味着行政主体与相对人的权利义务都是法定的。其中,行政主体的权利义务完全来自法律,而不能由行政主体自定;根据公共利益本位论,也不能由相对人来设定。相对人的权利义务也来自法律,或行政主体根据法律所作行政行为的设定。行政法上权利义务的这一特性,明显区别于民商法上的权利义务。在民商法上,法定的权利义务是一种例外,当事人双方通过民事法律行为来约定权利义务是一种原则。第二,权利义务处分的有限性。国家作为一种抽象的人格主体,有的认为源于社会契约,有的认为源于法律,甚至有的认为源于上帝。我们认为,国家是一定区域内全体社会成员的总代表。国家与全体社会成员之间的这种代表关系,不能因国家自身的意志而解除或改变(让由他人来代表),只能因全体社会成员的意志而解除或改变(交由他人来代表)。因此,作为国家组成部分的行政主体所代表的公共利益,是一种持续存在的利益。行政主体既不能以自己的意思表示自由放

① 罗豪才主编:《行政法学》,北京大学出版社1996年版,第25页。

弃或转让公共利益,也不能允许任何组织或个人侵犯公共利益。这样,行政主体在行政法上的权利也就成了不可抛弃或转让的权利。社会成员在与公共利益关系上的个人利益,主要是社会成员所分享的公共利益。对于分享利益,社会成员在不违反公共利益的前提下可以放弃。但是,一个社会成员放弃分享的公共利益,只能还原为由行政主体来控制的公共利益,而并不能当然地由另一个社会成员来享受。另一个社会成员要享受这份公共利益,要看其是否具备相应的条件或要求,并应由行政主体重新来分配。在个别情况下,社会成员放弃所分享的公共利益,会损害有关公共利益。对于这种分享利益,社会成员不得放弃。至于社会成员的自留利益,则一般不影响公共利益。社会成员的这种个人利益,就是相对人在行政法上的权利。因此,相对人在行政法上的权利(如依行政许可而取得的权利)有的可以抛弃但不能转让,有的(如受教育的权利和劳动的权利)既不得抛弃也不得转让,有的权利既可以抛弃又可以转让。行政法上权利的这一特性,同民商法上当事人双方的权利一般都可以抛弃或转让是有很大区别的。第三,权利义务的不对等性。行政主体与相对人的地位是不平等的。这种不平等主要表现在它们的权利义务上,即行政主体具有行政优益权,可以为相对人设定权利义务,而相对人却并不具有同等的权利。正因为这样,19 世纪的法学家才将行政主体与相对人之间的权利义务关系解释为命令与服从关系。尽管我们在后面与 20 世纪的许多法学家一样,将这种关系解释为服务与合作关系,但行政主体的优益权并未改变。相反,尽管个人利益与个人利益在现实中可能是不平等的,但在法律上即民商法上却总是平等的。

行政法上的权利义务与宪法上的权利义务相比,也具有明显的特性。宪法的基础是一定层次的整体利益与整体利益关系。整体利益是一种集合利益,其主体是社会成员的群体,其抽象的人格主体表现为一定的社会组织。因此,宪政权利(如选举、修宪和罢免等权利)是一种集合权,宪政主体是社会组织(如国家组织、政党组织和民族组织等)。单个的社会成员只有在被组织起来时,只有在参加某个社会组织而成为其中一分子的时候,才能分享宪政权利。在行政法上,只有行政主体的权利才具有上述性质,相对人的权利却不具有上述性质。同时,整体利益与整体利益之间既有平等的利益关系又有不平等的利益关系。这样,也就既有平等的宪政权利义务关系(如民族与民族之间、地区与地区之间),又有不平等的宪政权利义务关系(如国家与地方之间、阶级与阶级之间)。因此,行政法上权利义务的不对等性也是与上述宪政权利义务相区别的。

(三) 意思表示的单方面性

公共利益的本位,行政主体的主导地位,行政权的优益性,决定了行政主体意志的先定力或行政法关系上意思表示的单方面性。

行政法主体在行政法上的意思表示,就是行政法上的行为。这种法律行为既是主体沟通其主观愿望与客观法之间的桥梁,也是主体沟通其主观愿望、客观法规定与客观利益之间的桥梁。行政主体要实现公共利益即维护和分配公共利益,相对人要实现个人利益,都必须作相应的意思表示。但是,在个人利益与公共利益关系上,在行政法上,某种利益的实现并不需要行政主体与相对人间意思表示的一致。公共利益是由行政主体来代表和控制的利益。对个人利益的分离、对公共利益的维护和分配都取决于行政主体的意志,或者说相对人的意志并不具有决定性意义。社会成员只有在宪政关系上,对个人利益的分离、对公共利益的维护和分配才具有决定性意义。同时,对个人利益的分离、对公共利益的维护和分配,原则上都是无偿的,并不是利益的相互交换。因此,行政主体既可以不取得相对人的意思表示而主动履行义务、给予相对人个人利益,也可以反对相对人表示的意愿而拒绝履行义务、拒绝给予相对人个人利益。行政主体的意思表示,不仅可以要求相对人保证公共利益的实现,还可以强制相对人保证公共利益的实现,并且只有在行政主体代表国家愿意履行义务时才能使相对人的个人利益得以实现。这样,行政主体的意思表示,不仅能通过为相对人设定义务来实现公共利益,还能通过为相对人设定权利、为自己设定义务来实现个人利益。因此,在行政法上,相对人的意思表示仅仅是一种参与,并不具有决定性意义,只有在放弃某些并不违反公共利益的个人利益时才具有决定性意义。如果相对人要作意思表示,则不仅应以行政法规范为依据,而且还应以行政主体依行政法规范所作的意思表示为依据。这正是行政法学为什么只研究行政行为而不研究相对人的行为,或者只是在研究行政行为有意义时才研究相对人行为的原因。相对人在行政法上的行为,只有在分析相对人对行政主体的服务是否提供了充分的合作,行政主体的服务是否充分地考虑了相对人的合作时,才值得重视和研究。有的学者认为,应借鉴民商法上的理论体系,要像重视行政行为一样重视对相对人行为的研究。[①] 我们认为,这是没有必要的。

20 世纪以来,某些行政领域的私法化已成为一种发展趋势,行政法上

---

① 张焕光等:《行政法学原理》,劳动人事出版社 1989 年版,第 317 页以下。

意思表示的不对等性似乎受到了挑战。这种行政私法化主要表现为行政合同。然而,行政私法化和行政合同的运用是以不违反公共利益、保证行政目的的实现为前提的。《德国联邦行政程序法》第 54 条明确规定:“公法上的法律关系,可因契约而建立、变更或解除(公法上的契约),但以不违法为限。行政机关尤其可由行政行为的相对人缔结公法上的契约,以代替行政行为。”也就是说,行政主体之所以采用行政合同这种形式来代替行政行为,是以个人利益与公共利益相一致为基础的,是为了使自己的服务“充分尊重公众的个人利益,增强分配的公正性和行政的民主性,从而提高公众对行政的信任度和满意度”,是以“相对人对公共利益表示尊重”①,承诺履行行政法上的义务或对行政主体的服务自愿提供积极合作为前提的。并且,在行政合同的履行中,行政主体对行政合同仍有单方面的解除和变更权②。也就是说,行政合同等私法手段的运用,仍是以单方面的行政强制为后盾的。因此,行政法上意思表示的不对等性并没有改变。

行政主体在行政法上的意思表示受到行政法规范的承认和保护,即行政行为具有先定力、公定力、确定力、拘束力和执行力。行政行为的先定力,是指行政主体对相对人意志的支配力,是行政主体就个人利益的交换、公共利益的维护和分配意志形成过程中的一种法律效力,即为单方面设定相对人权利和义务的法律效力。行政行为的公定力,是指行政主体的意志一经形成或行政行为一经作出,即使是否真正体现了公共利益或是否真正合乎法律值得怀疑,在经确凿证明并经有关国家机关按法定程序推翻以前,都具有被推定为合法有效,要求一切国家机关、社会团体或个人表示尊重的法律效力。③ 行政行为的确定力,是指行政行为所具有的不受任意改变的法律效力。行政行为是行政主体对个人利益的集合、对公共利益的维护和分配,是对相对人的一种服务,是对相对人权利义务的一种设定,也是对相对人的一种承诺。行政主体不能任意改变自己的服务承诺,相对人也不能任意要求改变对自己所作的服务。否则,行政随意性和行政专横将不可避免,无法要求相对人对这种服务保持信任和合作;权利义务关系、公共利益与个人利益关系难以保持稳定,社会无法得以持续发展④。行政行为的拘束力,是指该

---

① 叶必丰等:《公共利益本位论与行政担保》,载《中央政法管理干部学院学报》1997 年第 5 期。

② 王名扬:《法国行政法》,中国政法大学出版社 1989 年版,第 186 页以下。

③ 参见叶必丰:《行政行为的公定力》,载《法学研究》1997 年第 5 期。

④ 参见叶必丰:《行政行为的确定力研究》,载《中国法学》1996 年第 3 期。

意思表示一经有效成立，就具有限制和约束行政主体和相对人双方当事人行为的法律效力。行政行为的执行力，是指行政行为一经生效，就具有能得以完全实现的法律效力，包括自行执行力和强制实现力[①]。因此，行政行为在行政法上受到了特别的保护，既区别于相对人在行政法上的行为，也区别于民商法上的民事法律行为。

（四）功能的效率性

行政法对其所赖以存在的基础即一定层次的公共利益与个人利益关系具有巨大的反作用。行政法的这种反作用可以称为行政法的功能。行政法的功能是由行政法的基础决定的。它总是积极地维护和促进一定层次的公共利益与个人利益关系的巩固和发展，以促进两者的一致为目的，以"效率优先、兼顾公正"为原则。效率，意味着行政主体为更多的相对人提供更多的服务，意味着社会公正。

有些学者认为，"国家与行政机关永远比个人强大。在这种强弱不平衡的情况下，保护的重点就只能集中在个人而不是抽象的集体上。"[②] 我们承认，行政法的控权功能是存在的。这是因为，个人利益总是时刻地制约着公共利益，行政法上的个人权利也必然制约着行政权。同时，公共利益也以更大的力量制约着个人利益，因而行政权更控制着个人的权利。因此，行政法不仅是公民、法人或其他社会组织控制行政权的法，更是行政主体控制相对人或社会的法。并且，行政法的功能，不仅是控权，还有"保权"，即既要保障相对人的个人权利，更要保护行政权。也就是说，行政法必然要维护和促进自己所赖以存在的公共利益与个人利益的一致性。然而，在行政法的价值取向上，强调以牺牲效率为代价的控权，已经是一种陈旧落伍的19世纪的人文精神。20世纪的人文精神是以"效率优先，兼顾公正"为原则的，行政主体与相对人之间的关系是一种服务与合作、信任与沟通的关系。

（五）违法行政的救济性

行政主体与相对人的法律地位在立法上是不对等的，但在法律适用上却是平等的。我国宪法典第5条明文规定，国家维护社会主义法制的统一和尊严，一切国家机关都必须遵守宪法和法律，任何组织或者个人都不得有超越宪法和法律的特权。否则，服务与合作关系就难以存续。因此，行政主体必须依法履行自己所负有的服务义务，而不具有不履行服务义务的优越

---

① 参见叶必丰：《论行政行为的执行力》，载《行政法学研究》1997年第3期。

② 陈建福：《制定行政程序法若干基本问题的思考》，载《行政法学研究》1996年第2期。

地位。任何不履行法定服务义务的行政行为,都是一种违法行政行为。同时,在法治社会里,任何法律主体实施了违法行为,都应承担相应的法律责任。我国宪法典第5条第3款规定,“一切违反宪法和法律的行为,必须予以追究”。因此,行政主体违反法定义务、破坏行政法所维护的服务与合作关系的,也应承担相应的法律责任。这是依法行政的内在要求。

法律责任可以分为惩戒性法律责任和补救性法律责任两种。前者通称法律制裁,如行政处分、行政处罚和刑事处分;后者通称法律补救,如撤销、宣告无效和赔偿。根据各国的立法,对公民、法人或其他组织违反公法的行为,通常适用惩戒性法律责任;对国家违反公法的行为,通常适用补救性法律责任。之所以对国家不适用惩戒性法律责任,是因为“公法是国家法,统治者的法,因此人们就不能想出反对国家行使的一种公法的直接制裁的方式。”[①] 惩戒性法律责任不外乎对违法行为人人身权的剥夺和限制、对违法行为人财产权的剥夺和限制两类。然而,国家作为法律主体,只是一种拟制的抽象人格主体。国家的人身权不能由法律加以剥夺或限制,只能由政治斗争加以剥夺或限制。政治斗争可以推翻一个政权或政府并取而代之,成立新的政权或政府,作为新的法律主体。这种政治斗争的结果并不是一种法律责任。对违法行为人财产权的剥夺或限制,通常是把违法行为人的全部或部分财产收归国有。可是,把国家的财产收归国有,是没有任何意义的,不可能达到法律制裁的目的。同时,“规定国家所担负义务的任何一种公法条款也不能直接执行强制制裁,因为国家是握有强制的主人,不能直接对自己行使强制。”[②]

行政主体是代表国家实现行政职能、向相对人提供服务的法律主体,包括国家行政机关和法律、法规授权的组织。行政主体实施违法行政行为的,也应承担相应的法律责任。这种法律责任同样是一种补救性法律责任,通常称为违法行政行为的法律补救,简称行政救济或行政补救。通过对违法行政行为的法律补救,可以切实保障相对人的合法权益,促进依法行政。

行政救济的实质是什么?理论界多认为,行政救济的实质在于保护公民的合法权益。我并不这样认为。我认为,行政救济的实质在于“救济”,即审查行政主体的真实意思表示,审查该意思表示是否真正体现了公共利益。只要行政主体能证实其意思表示体现了公共利益,其意思表示的有效性将

---

① 〔法〕狄骥:《宪法论》,钱克新译,商务印书馆1962年版,第504页。
② 同上。

不受任何影响。只要能证实在实质上已体现了公共利益,即使有形式上的瑕疵,经补正后,其意思表示的有效性仍将不受影响;即使有违法情形,经转换后,仍能有效成立。只要能证实行政主体的意思表示真正体现了公共利益,就应该认定为没有侵犯相对人的个人利益。只有在行政主体不能证实自己的意思表示真正体现了公共利益时,才能被认定为侵犯了个人利益。但这时的立足点仍是公共利益而不是个人利益。人民法院对具体行政行为的司法审查也仅仅表现为一种合法性审查,即对具体行政行为是否真正体现公共利益的审查,而不是对具体行政行为是否真正侵犯相对人合法权益或个人利益的审查。也就是说,只要具体行政行为真正体现了公共利益或符合法律,不论是否影响了相对人的个人利益,都将被维持。相反,只要具体行政行为没有真正体现了公共利益或不符合法律,即使没有影响相对人的个人利益,也要予以撤销。

第三节　行政法的产生和发展

一、行政法的产生

(一) 行政法产生的事实标志

与行政有关的法律规范,可以追溯到国家产生之初。只要我们查阅历史,就可以发现这方面的为数不少的法律规范。[①] 从理论上说,早在18世纪末,法国空想共产主义的著名代表人物摩莱里就提出了“行政管理法”这一概念并进行了最初的研究[②]。然而,“行政法的存在必须具备各种条件,这些条件取决于国家的形式、法和法官的威信及时代精神。”[③] 我们认为,一个独立的基本部门法的存在,往往是以相应的法律设施的完善及有效的司法保护为客观标志的。国家的形式、法的威信及时代精神,都可以在有效的司法保护中得到体现。如果对一种规则不存在具有国家强制力的司法保护,这种规则最多只能是一种制度而不能说是一种法律。同样,如果某类规则不具有相应的独立司法保护,也就不能说这类规则已构成一个独立的部门法。

---

① 参见应松年等:《行政法学总论》,工人出版社1985年版,第66页以下;张晋藩等:《中国行政法史》,中国政法大学出版社1991年版;蒲坚:《中国古代行政立法》,北京大学出版社1990年版;〔意〕朱塞佩·格罗索:《罗马法史》,黄风译,中国政法大学出版社1994年版,第82页以下。

② 参见〔法〕摩莱里:《自然法典》,黄建华等译,商务印书馆1982年版,第119页以下。

③ 〔法〕韦尔:《法国行政法》,徐鹤林编译,载《行政法研究资料》,中国政法大学出版社1985年版,第267页。

我们之所以说，中国古代礼、法不分，在法律上又民、刑不分，也主要是从没有相应的独立审判组织、没有独立的民事审判和刑事审判这一客观标志上来判断的。因此，行政法作为一个独立的基本部门法的产生，不应该只看这方面的法律规范是否存在、有多少，或者在书本中“行政”与“法”被提到过多少次，而主要应当看是否存在独立的行政审判或行政诉讼。由此看来，行政法的产生是近代以后的事，在近代以前并不存在独立的行政法这一法律部门。

从世界范围内看，行政法直到自由资本主义末期才产生。资本主义之初，法制建设的重点是宪政法制及私法。尽管在自由资本主义时期，行政法已经孕育，但可以说并未形成。在被称为“行政法母国”的法国，行政诉讼到1872年才成熟，国家参事院才成为法律上的最高行政法院，从而成为法国行政法作为一个独立部门法存在的里程碑。法国最初的行政法学著作出现于19世纪70年代，行政法才得到理论上的重视、承认和肯定。[①] 在德国的普鲁士，行政诉讼制度也是在1872—1875年间创立起来的，德国行政法学的创始人奥托·迈耶的主要著作则发表于19世纪80、90年代。[②] 法、德行政法的产生，推动了其他国家行政法的产生。

我们应当指出的是，部门法是大陆法系国家及我国法学上的概念。对行政法等部门法的产生标志，我们也是从大陆法系国家及我国法学上来认定的。至于英美法系国家，并不存在部门法的划分。法学上说这些法律规范是行政法规范或别的法律规范，同案件性质的认定、法律规范的适用范围及法律责任的承担没有必然的联系，不至于导致法律适用上的错误。因此，“行政法”、“宪法”或“民法”往往只具有学科上的意义，对“部门法”的认定也可以有不同的标准。在英国，行政法的产生和发展是与19世纪90年代的行政权扩大、委任立法增多从而司法审查的频繁相联系的。英国的第一部行政法学著作到1929年才出版。[③] 在美国，尽管行政法的历史可以追溯到美国政府成立之时，确立司法审查体制的第一个判例发生在1803年，但一般认为美国行政法的产生是与独立管理机构的成立相联系的，其标志是

---

① 参见王名扬：《法国行政法》，中国政法大学出版社1989年版，第536页。

② 参见〔印〕赛夫：《德国行政法》，周伟译，台湾省五南图书出版有限公司1991年版，第30页；陈新民：《公法学札记》，台湾省三民书局1993年版，第17页；何勤华：《西方法学史》，中国政法大学出版社1997年版，第272—273页。

③ 参见王名扬：《英国行政法》，中国政法大学出版社1987年版，第5—6页。

1887年美国州际商业委员会的成立[①]。美国最早的行政法学著作即古德诺的《比较行政法》也出版于1893年。因此,英美法系法学上所承认的行政法产生时间也是自由资本主义的末期。

当然,行政法的产生是一个过程,而不是在一时一刻突然出现在人们面前的。在行政法作为一个独立的部门法出现以前,必然有行政法规范量的增加、行政法体系的完善和相应法律设施的建立。但总的说来,行政法在自由资本主义时代只有很短的历史和很小的作用范围。

(二) 行政法产生的宪政基础

宪法所赖以产生和存在的基础是一定层次的整体利益与整体利益关系。在奴隶制和封建制社会里,整体利益与整体利益之间的对立统一运动已经产生。但在当时,整体利益关系主要表现为统治阶级内部各集团、宗教、民族和区域等共同利益之间的对立统一。作为整体利益主要构成内容的阶级利益之间的对立统一虽已存在,但还没有发展成为整体利益关系中的经常性的主要矛盾。这是因为,一方面,社会生产力还非常落后,被统治阶级的利益又由于统治阶级的残酷剥削而所剩无几,几乎难以成为一种独立的力量与统治阶级的利益相抗衡,而且相应的社会意识尚未形成,还没有被集合起来并有相应的政党或组织来代表。我们假设从下列每个社会成员的个人利益中分别提取100个单位量的利益集合为公共利益:

统治阶级成员(a:500 b:400),被统治阶级成员(c:130 d:120 e:110),则公共利益的总量为500,各社会成员所剩的个人利益分别为:

统治阶级成员(a:400 b:300),被统治阶级成员(c:30 d:20 e:10)。

然而,这500个单位量的公共利益却为统治阶级占为己有,即被平均分配给a和b。这样,在社会总财富不变的条件下,各社会成员所占有的利益量却发生了重大的变化,即:

统治阶级成员(a:650 b:550),被统治阶级成员(c:30 d:20 e:10)。

因此,“并不是每个人只要居住在一个共同体中就能成为它的成员。……奴隶就是一个明显的例子。由于他们不是共同体的成员,共同体的利益和他们的利益之间就没有必然的联系。”[②] 另一方面,受生产力和自然经

① 参见〔美〕伯纳德·施瓦茨:《行政法》,徐炳译,群众出版社1986年版,第16页;王名扬:《美国行政法》,中国法制出版社1995年版,第48页。

② 〔英〕米尔恩:《人的权利与人的多样性——人权哲学》,夏勇等译,中国大百科全书出版社1995年版,第48页。

济的制约，当时的共同利益并不牢固，很容易被分化和重新组合，奴隶阶级和农民阶级无法成为一个自为的阶级。奴隶对奴隶主的人身依附和农民对土地的依附，使得他们的共同利益总是被统治阶级内部各集团、民族和宗教等共同利益所分化、吸收或利用，奴隶运动和农民运动往往成为改朝换代的运动。也就是说，统治阶级成员中的 a 和 b 也在激烈地争夺这 500 个单位量的公共利益。他们通过对被统治阶级成员的种种许诺和小恩小惠来获取支持并分化被统治阶级。因此在当时，调整整体利益与整体利益关系的法律规范主要表现为维持统治阶级的内部团结及国家组织存在的法律规范，而没有、也不可能有调整阶级利益分配关系的宪法规范。到了近代，资产阶级的利益虽占据优势，但封建主阶级的利益仍然存在，更重要的是无产阶级的利益也以一支独立的力量几乎在同时登上了历史的舞台。这样，整体利益的对立统一关系充分展开了，整体利益分配关系中的对立性使得有必要以相应的法律规范来确认或调整，整体利益分配关系中的统一性使得有可能以相应的法律规范来确认或调整。于是，宪法产生了。整体利益往往就是一定阶级或集团的根本利益，涉及本阶级或集团在国家生活中的地位，因此又称为“根本法”或“政治法”。①

宪法的基础决定着宪法的内容。利益关系的内容就是利益和负担。法律关系的内容就是权利和义务。“权利和义务的关系，归根结底就是以上所说的各种利益的相互关系在政治上和法律上的表现。”② 宪法上的权利义务关系只不过是整体利益关系的法律表现形式。其中，阶级利益关系决定了各阶级在宪法上或国家中的地位，进而决定了国家的性质；不同民族利益、区域利益、宗教利益以及统治阶级内部不同集团利益的存在，决定了不同的群体即不同民族、区域和宗教等的人们的权利义务(主要表现为民族、地方或宗教自治权等)，进而决定了宪法所能规定的国家政权组织形式和国家结构形式；公共利益代表者与分享者之间的关系，则集中体现为公民对国家的基本权利义务、信徒与教会之间的权利义务等。同时，整体利益的主体并不是单个的社会成员，而是单个社会成员的组合即群体的人，因而宪法所确认的权利义务关系只能是群体或组织间的权利义务关系，而不可能是个体与个体、个体与群体间的权利义务关系。也就是说，宪法所规定的权利义务是

---

① 〔法〕孟德斯鸠：《论法的精神》，张雁深译，上册，商务印书馆 1982 年版，第 5 页；〔法〕卢梭：《社会契约论》，何兆武译，商务印书馆 1982 年版，第 72 页。

② 邓小平：《坚持四项基本原则》，载《邓小平文选》，人民出版社 1983 年版，第 162 页。

国家机关间的权利义务,以及国家与作为一个整体(全社会或区域、团体或政党)的公民或人民间的权利义务。由此可见,宪法关系中权利义务的主体并不是单个的人,国内外法学界那种将宪法典中的"公民"或"个人"都理解为单个社会成员的公民的观点,是不科学的。

宪法的实施为社会提供了民主和法治的氛围。然而,法治社会是一种和平的民主社会,即将冲突保持在一定秩序范围内的民主社会。整体力量的冲突和对立,如有组织的罢工、游行、集会和言论自由等,往往容易突破这种秩序的范围,威胁到统治阶级的统治。因此,统治阶级需要分而治之。同时,单个的社会成员或个人并不能直接、独立行使宪法上的权利。只有在将整体利益关系转换成为公共利益与个人利益关系、个人利益与个人利益关系,将宪法上的权利转换成为行政法上的权利、民法上的权利后,单个的公民或个人才能行使。正像德国早期行政法学者莫尔(Robert von Mohl)所指出的:"行政法应作为一个新兴的学问,行政法的规定'让宪法可以在个案中得到贯彻,且变成有生命'"[①]。于是,"国家法"就分裂成宪法和行政法两大法律部门,"国法学"分裂为宪法学和行政法学[②];宪法的产生和实施,也为行政法作为一个独立的部门法的形成提供了政治基础。

(三)行政法产生的一般规律

行政法的产生是与社会生产力的发展,利益的增长相联系的。然而,单个社会成员的个人利益无论多强大,都是无法与统治阶级的整体利益相抗衡的。只有当社会成员尤其是被统治阶级的社会成员的个人利益发展到一定程度,形成本阶级或集团的整体利益时,才能成为统治阶级整体利益的独立对立面和抗衡力量。这种整体利益是单个社会成员的个人利益与作为公共利益的统治阶级的整体利益这一对立统一运动得以充分展开的前提和保障。这正像马克思和恩格斯所指出的那样:"私人利益和公共利益之间的这种矛盾,……始终是在每一个家庭或部落集团中现有的骨肉联系、语言联系和较大规模的分工联系以及其他利害关系的现实基础上,特别是在我们以后将要证明的各阶级利益的基础上发生的。"[③] 同时,行政法的产生是与法本身的发展紧密相连的。当整体利益与整体利益关系,尤其是当统治阶级

---

① 〔德〕巴杜拉:《在自由法治国与社会法治国中的行政法》,载陈新民:《公法学札记》,台湾省三民书局1993年版,第116页。

② 何勤华:《西方法学史》,中国政法大学出版社1997年版,第263页以下。

③ 马克思、恩格斯:《德意志意识形态》,载前引《马克思恩格斯选集》,第一卷,第38页。

的整体利益与被统治阶级的整体利益有必要用相应的法律规范来调整时，国家法才从法中分离出来，独立成为一个与私法相对应的公法部门。尽管在英美法系国家并不存在公法和私法的划分，却同样存在调整整体利益与整体利益关系的法律领域。再次，行政法的产生是与宪政分不开的。只有当各阶级或集团在国家生活中的地位和集体人权有保障并积极予以实现时，国家法才分裂成为宪法和行政法两大独立的公法部门。宪法典的制定，确立了个人自由和私有财产的神圣不可侵犯。但这些大多只是一种抽象的人权和集体的人权。只有当这种人权得到实现和保障时，即表现为具体的单个社会成员的政治自由、人身自由、人格尊严和财产权利并可获得司法保护时，行政法才形成为一个基本的独立部门法。

二、行政法的发展

（一）资本主义行政法的发展

行政法从资本主义社会产生后，得到了迅速的发展，到第二次世界大战结束时又发生了重大的变化。

19世纪末20世纪初，在经济上，资本主义创造出了比以往任何社会都要丰富的物质财富，资本主义的生产方式已由自由竞争发展成为垄断经营。从此，人与人之间的交往日益频繁，社会关系更加复杂，社会的变化更加迅速，但个人的生存能力却受到了社会的严重制约。就业、教育、卫生、交通和环境等，都已成了严重的社会问题。在政治上，封建复辟的危险性已经消除，但无产阶级却已经成为一个有马克思主义指导的成熟的革命阶级，工人运动一浪高过一浪。同时，国内危机的加剧，发展成为对它国利益的掠夺，终于先后爆发了两次世界大战，给人类社会带来了严重的战争创伤。在理论上，资产阶级理论家认识到，对这种社会形势除了政府以外没有任何一个组织或个人能得以应付，政府的角色有必要重新塑造；在哲学上已不能再强调矛盾的斗争性而应强调矛盾的同一性，否则就不可能有政权的巩固和社会秩序的稳定。于是，以狄骥为代表的法学家承担起了批判和否定以“天赋人权”为指导思想的个人主义法治理论，创立了适合垄断资本主义发展需要的“团体主义”法治理论或社会法学。于是，古典行政法发展成为现代行政法，秩序行政法或“警察行政法”发展成为“服务行政法”或“福利行政法”。

现代行政法在内容上侧重于促进行政主体为相对人提供社会生活各领

域的从"摇篮到坟墓"的服务。[①] 这主要表现在以下几个方面:第一,行政强制的弱化。当代行政法的实施,已不仅仅表现为强制性的、单方面的行政行为,而更多地采用了行政合同和行政指导等非正式手段。[②] 对此,《联邦德国行政程序法》第 54 条、《日本行政程序法》第 32 条、澳门地区《行政程序法典》第四章"行政合同"等都作了明文规定。第二,实质行政法治的确立。古典行政法治是一种形式法治,依法行政要求行政的一举一动都应符合法律的规定,而不论行政的实质如何。服务行政法所要求的是一种实质行政法治,即只要行政行为实质上合法,对形式或程序上的瑕疵可予补正,对某些内容上的瑕疵可予转换,对行政行为中的计算和文字等明显错误行政主体随时有权更正,而毋须撤销或宣告无效;依法行政只具有消极意义,即只要在法律的范围内行政主体就可以自由决定。并且,对行政法规范的理解和解释不能拘泥于文字,而要探求立法的意图以便使在立法中形成的带有指导性的原则得以实施。[③] 第三,行政程序法的建立。古典行政法只注重结果即行政行为而不看过程即行政程序。在第二次世界大战前,只有西班牙于 1889 年制定过一部行政程序法。现代行政法则不仅重视服务结果或已发生法律效力的行政行为,而且还强调行政程序即服务与合作的过程,使行政主体的意思表示融合相对人的意志,使最终作成的行政行为具有公正性、效率性、准确性和可接受性,避免违法行政行为的作出及反复。为此,西方国

---

① 参见〔英〕戴维·福尔克斯:《行政法》,英文第 5 版,第 1 页;〔英〕威廉·韦德:《行政法》,徐炳等译,中国大百科全书出版社 1997 年版,第 1—2 页;〔美〕伯纳德·施瓦茨:《行政法》,徐炳译,群众出版社 1986 年版,第 5—6 页;〔日〕室井力主编:《日本现代行政法》,吴微译,中国政法大学出版社 1995 年版,第 7—8 页;林纪东:《行政法》,台湾省三民书局 1988 年版,第 61—63 页;陈新民:《公法学札记》,台湾省三民书局 1993 年版,第 55 页以下;〔法〕勒内·达维:《英国法与法国法》,舒扬等译,西南政法学院法制史教研室 1984 年版,第 100 页;〔日〕西岗久丙:《现代行政与法》,贾前编译,载《国外法学》1985 年第 5 期。

② 参见〔德〕厄斯特·福斯多夫:《当作服务主体的行政》,陈新民译,载陈新民:《公法学札记》,台湾省三民书局 1993 年版,第 74—83 页;王名扬:《法国行政法》,中国政法大学出版社 1989 年版,第 179 页;〔日〕南博方:《日本行政法》,杨建顺等译,中国人民大学出版社 1988 年版,第 63—64 页;〔日〕室井力主编:《日本现代行政法》,吴微译,中国政法大学出版社 1995 年版,第 9、13 页;〔美〕欧内斯特·盖尔洪等:《行政法和行政程序概论》,1990 年英文版,第 98 页以下。

③ 参见《联邦德国行政程序法》第 42、45、46、47 条;《西班牙行政程序法》第 53 条;《意大利行政程序法草案》第 51、52 条;澳门地区《行政程序法典》第 118 条。〔印〕赛夫:《德国行政法》,周伟译,台湾省五南图书出版有限公司 1991 年版,第 107—110 页;〔日〕南博方:《日本行政法》,杨建顺等译,中国人民大学出版社 1988 年版,第 46 页;〔日〕室井力主编:《日本现代行政法》,吴微译,中国政法大学出版社 1995 年版,第 109—110 页;林纪东:《行政法》,台湾省三民书局 1988 年版,第 49、51、331 页;〔英〕丹宁:《法律的训诫》,杨百揆等译,群众出版社 1985 年版,第 9 页以下;〔德〕格奥尔格·诺尔特:《德国和欧洲行政法的一般原则》,于安译,载《行政法学研究》1994 年第 4 期。

家在第二次世界大战后形成了一股制定行政程序法的潮流,从而使行政程序法成为行政法的重要组成部分。[①] 第四,公正与效率关系的调整。公正和效率是一组对立统一的矛盾。古典行政法的价值取向是公正即个人自由,但当代行政法的价值取向却是效率即个人对社会的责任。为此,行政权得以不断扩大,自由裁量权得以不断膨胀,委任立法和行政司法日益发达。[②] 第五,特别权利关系的普通化。特别权利关系即内部行政法关系,是普通权利关系即外部行政法关系的对称。古典行政法将特别权利关系作为犹如"封建割据时代领主与家臣间伦理性权力服从关系"予以对待,要求公职人员对国家负特殊的忠诚勤务义务,不受法律优先和法律保留原理的支配,其中的相对人也不受司法保护。第二次世界大战以来,除军事行政关系以外的内部行政关系已基本实现民主化和法治化,与外部行政关系同等对待。[③] 第六,两大法系行政法的趋同。本来,大陆法系的行政法和英美法系的行政法是两种很不相同的法。前者是行政法、自律法、权利法和行为法,后者属于宪法、控权法、补救法和程序法。但两者基于对行政主体与相对人关系的认同,其共性已日益增多。

古典行政法将行政主体与相对人之间的关系认定为一种命令与服从关系,因而这种关系被限制在尽可能小的范围内,即命令权或公共权力的范围内。然而,现代行政法在适用范围上却更加广泛。这主要表现在以下几个方面:第一,从自由利益到生存和发展利益。古典行政法主要适用于自由利益关系。行政主体即使兴建某种公共设施,为相对人提供一定便利,也仅仅是行政主体对相对人的"恩赐"。相对人并不能要求行政主体提供便利,即

---

① 美国于1946年制定了《联邦行政程序法》,此后的各州也纷纷制定了各自的行政程序法,并且影响到其他西方国家行政法的发展。奥地利于1950年公布《行政程序法》,联邦德国于1976年制定《行政程序法》,从而影响到其他国家及地区行政程序法的制定。西班牙于1958年、1992年两次重新制定行政程序法,意大利众议院于1956年通过《行政程序法草案》(未获参议院通过),葡萄牙于1991年制定《行政程序法典》,日本于1993年制定《行政程序法》,澳门地区于1995年制定《行政程序法典》。

② 参见林纪东:《行政法》,台湾省三民书局1988年版,第46—60页;〔德〕汉斯·彼德斯:《为行政国家的奋斗论》,陈新民译,载陈新民:《公法学札记》,台湾省三民书局1993年版,第27页以下;〔日〕西岗久丙等:《现代行政与法》,贾前编译,载《国外法学》1985年第5期;〔美〕伯纳德·施瓦茨:《行政法》,徐炳译,群众出版社1986年版,第22页;〔英〕戴维斯·福尔克斯:《行政法》,英文第五版,第1页。

③ 参见翁岳生:《行政法与现代法治国家》,台湾省祥新印刷有限公司1979年版,第131页以下;陈新民:《行政法学总论》,台湾省三民书局1995年版,第99页以下;城仲模:《行政法之基础理论》,台湾省三民书局1988年版,第54—58页;〔日〕南博方:《日本行政法》,杨建顺等译,中国人民大学出版社1988年版,第73—74页。

相对人并不具有请求权，即使提出请求也得不到法律的保护。当代行政法则将适用范围拓展到环境、交通、文化、教育、卫生和保险等涉及个人生存和发展的广泛领域。也就是说，为相对人的生存和发展提供服务是行政主体的义务。当相对人的请求得不到满足时，可以以"行政不作为"违法为理由请求司法保护。[①] 第二，从独享利益到共享利益。当代行政法把因分享公共利益而形成的关系纳入到行政主体与相对人关系的范围，并在英美等国形成了"私人检察总长"机制。例如，某市国立有线电视台播放黄色影视剧，或者某人非法占用城市道路，行政主体有予以处理的职责。行政主体对该职责的履行，事实上保障了不特定公众的正常收视利益和通行利益，但并不构成某个个人的独享利益。[②] 第三，从实体利益到程序利益。古典行政法仅仅适用于实体利益关系。当代行政法却将行政法的适用范围拓展到了程序利益关系，使相对人拥有了程序上的了解权和参与权。了解权是指相对人对行政主体形成意思表示或作成行政行为过程的知道、知悉权。第四，从双方关系到三方关系。当代行政法还在利益主体上拓宽了行政法的范围。古典行政法只适用于行政主体与相对人之间的利益关系。一个针对相对人的行政行为涉及第三人的权利义务，只能构成第三人的"反射利益"，该第三人并不能参加到行政主体与相对人的行政权利义务关系中来，而只能与该相对人形成民事法律关系。但当代行政法既适用于行政主体与相对人之间的利益关系，也适用于行政主体与第三人之间的利益关系。[③] 同时，古典行政法对行政主体主要是从形式意义上来界定的，因而行政主体主要是指行政机关。当代行政法治对行政主体则主要是从实质意义上来界定的，认为行政主体是指一切享有和行使行政权的组织。因此，立法机关和司法机关同公职人员之间的利益关系也是行政法的调整对象。

与行政法的产生是一个过程一样，行政法的发展也是一个过程。尽管我们可以将第二次世界大战作为古典行政法转变为现代行政法的标志，但这种转变既是以往发展的结果也是以后发展的新起点。这种转变也仅仅是行政法内容和适用范围上的发展变化，而并不是行政法本质上的变革。并

---

① 参见王和雄：《论行政不作为之权利保护》，台湾省三民书局 1994 年版，第 45—45 页。

② 参见前引王和雄书，第 57 页、第 139 页以下；〔英〕丹宁：《法律的训诫》，杨百揆等译，群众出版社 1985 年版，第 96 页以下；〔美〕欧内斯特·盖尔洪等：《行政法和行政程序概论》，1990 年英文版，第 368 页以下。

③ 参见前引王和雄书，第 56—57 页；〔日〕室井力主编：《日本现代行政法》，吴微译，中国政法大学出版社 1995 年版，第 42—45 页。

且,与行政法在各国的产生时间并不完全相同一样,这种转变的时间也并不一致。例如,这种转变在法国就发生在第一次世界大战前后,在时间上早于其他国家。

(二)社会主义行政法的产生

在资本主义行政法发生变化的同时,人类社会第一次出现了一种新型的行政法即社会主义行政法。

社会主义行政法的产生,可以从社会主义国家的诞生起算。但是,社会主义行政法作为一个独立的部门法而存在,却是本世纪60年代后的事。第一个社会主义国家诞生后,由于严峻的国内外形势,实行了高度集权的政治体制和违反客观规律的计划经济体制。同时,由于极"左"思想的禁锢和法律虚无主义的盛行,在彻底砸碎旧的国家机器和国家制度时,也抛弃了法律这种人类文明的成果和社会调整器。因此,社会主义宪政并没有得到及时推行,行政法并没有得到重视。虽然前苏联法学界早在20、30年代就已开始对行政法的研究,前苏联苏维埃主席团也于1961年6月1日通过了《关于进一步限制依行政程序课处罚金处罚》,并在此后相继颁布了一些单行法律,使法院对行政处罚行为及特别法所规定的行政行为拥有审查权。[1] 但直到前苏联解体前,统一、独立的行政诉讼制度始终没有建立起来,公众的公权利并不能得到有效的司法保护。因此,行政法在前苏联并没有真正成为一个独立的部门法。受前苏联的影响,当时的其他社会主义国家也不存在独立的行政法部门。例如,早在1950年,波兰统一工人党就在党纲中提出了建立行政法院制度的主张,并随后拟定了波兰最高行政法院法的草案,但却久久未能成为现实。

社会主义行政法的产生是有关社会主义国家摆脱前苏联的控制,并对国内政治体制进行改革的结果。这一突破是从南斯拉夫开始的。南斯拉夫的第一部宪法即1946年宪法,是以1936年的前苏联宪法为蓝本制定的,体现了高度的中央集权。从1950年开始,南斯拉夫开始了摆脱前苏联控制的历程,对国内宪政体制进行了一系列改革,先后制定了1953年宪法和1963年宪法,1967、1968、1971年又三次修改了宪法,并于1974年制定了新宪法[2],逐步实现了权力的分工和政治的民主化。根据宪法的规定,南斯拉夫

---

① 参见瓦西林科夫主编:《苏维埃行政法总论》,姜明安等译,北京大学出版社1985年版,第203页;马诺辛等:《苏维埃行政法》,黄道秀译,群众出版社1983年版,第240页以下。

② 参见刘成彬等:《南斯拉夫国家机构与干部制度》,人民出版社1982年版,第2页以下。

联邦共和国和自治省都设立了宪法法院和维护宪法制度委员会。它们的共同职权是:维护宪制和法制,审查各种法令和规章是否符合宪法和联邦法律,监督贯彻宪法。随着宪政基础的逐渐成熟,思想的进一步解放,南斯拉夫在旧行政程序法的基础上,于 1957 年制定了长达 303 条的新行政程序法,其中的重要内容之一就是对行政行为的法律救济程序。1965 年,南斯拉夫又制定了统一的行政诉讼法,并于 1977 年制定了新行政诉讼法。这样,到 60 年代,南斯拉夫行政法完成了它的产生和形成过程,成为一个独立的基本部门法。在波兰,"被称之为 60 年代和 70 年代的波兰社会动乱,既反映了人们对这一时期政府政策不满的程度,也反映了人们对作为解决国家和公民之间争议的有效手段的国家机构(例如法院系统)的不满程度"①,不能不进行改革。1960 年,波兰制定行政程序法,规定了对行政行为的法律救济,并于 1980 年制定了行政法院法,建立了行政法院制度,从而使波兰行政法成了一个独立的法律部门。与南斯拉夫的行政案件归普通法院管辖不同,波兰的行政案件都归行政法院管辖。但波兰的行政法院又不同于法国式的、作为行政机关的行政法院,而是一种专门法院。波兰最高行政法院法官独立,只服从法律,但受波兰最高法院的监督。与此同时,其他东欧社会主义国家也作了相应的努力。1957 年的匈牙利行政程序法和 1960 年的捷克斯洛伐克的行政程序法,都规定了行政行为的法律救济问题。② 然而,东欧社会主义行政法产生后不久,却随着东欧社会主义国家的解体而改变了其性质。

我国社会主义行政法是随着对宪政的重视和旧体制改革的展开而产生的。法律不仅具有技术意义,而且还具有政治意义。新中国成立后,彻底废除了旧法统,并致力于社会主义法制建设。1954 年宪法的颁布就是我国法制建设的重要里程碑,也在宪政建设上迈出了重要的一步。然而,封建专制的惯性、前苏联的影响、思想上的禁锢和法律虚无主义的泛滥,宪政并没有真正实现,国家也应受法律约束的法治观念并没有确立。我们在批判资产阶级民主和法治的反动本质的同时,也抛弃了作为人类文明成果和技术意义的民主和法治。在实行计划经济的基础上,我们无意或有意形成了高度集权、家长制、一言堂和人身依附(与封建社会农民对土地的人身依附不同的是,计划经济体制使公民的人身依附于政治权力)的政治体制,也就是说

① 〔荷〕西蒙斯:《波兰最高行政法院》,孙晓民译,载《国外法学》1984 年第 1 期。
② 参见江必新等:《行政程序法概论》,北京师范学院出版社 1991 年版,第 10—11 页。

我们无意或有意的承袭了比资产阶级法制更为落后的封建法制。在意识形态上，我们在接受辩证法的同时，过分地强调了矛盾的斗争性而忽视了矛盾同一性的价值，国家的任务是通过斗争和运动的人治方法来实现的，而没有运用和平的法治方法来实现；在追求理想的同时却超越了现实，在接受马克思主义的同时却偏离或者误解了经典作家的论断，实行公共利益分配的非货币化和平均主义大大漠视了个人利益的客观存在。直到十一届三中全会后，深入广泛的思想解放运动，洗涤了我们的观念，明确了社会主义的本质和法治的价值，抛弃了自乱阵脚的“斗争”哲学。国家于 1982 年颁行了新的宪法典，确立了宪法典的最高法律效力地位，表现出了实现宪政的决心和信心。国家对权力高度集中的不受法律约束的政治体制进行了一系列改革，并终于到最近确立了市场经济体制和依法治国观念，个人利益得到了还原和应有的尊重。于是，宪政的进程开始了，作为上层建筑组成部分的行政法终于缓慢地生长起来了，公法权利的司法保护机制逐渐形成了，起初是在《民事诉讼法》中作了应付性的规定，接着就有了单行法的零碎条款，最后终于在 1989 年制定了统一的《行政诉讼法》。至此，社会主义行政法在我国最终完成了它的产生过程，成了我国社会主义法律体系中的一个基本的独立部门法。应当指出，在《行政诉讼法》颁布以前，我国已有大量的行政法规范。《行政诉讼法》正是与这些行政法规范结合在一起而构成一个独立部门法的。但是，在《行政诉讼法》颁布以前，行政法规范即使数量再多，由于不存在有效的司法保护机制，毕竟只能算是“治民”的工具，而并不是真正调整公共利益与个人利益关系的法律规范，并不能构成为一个独立的行政法律部门。

在法国、英国和美国，都是在通过革命、具有较发达的宪政基础上循序渐进地产生出行政法的；而在德国、日本和旧中国，却是在宪政基础不成熟的条件下，通过改革或改良和对它国文化的借鉴迅速建立起行政法律部门的。也就是说，前一类行政法产生于宪政之后，是逐渐为人们所接受、适应的，并具有较民主和适合本国国情的特点。后一类行政法的产生则是与宪政交互促进的，几乎是突然出现在人们面前的，需要得到人们相应的适应过程和本土化过程，并略显保守。我国社会主义行政法的产生属于后一类型。正因为如此，在我国才有《行政诉讼法》的出台是过早还是过晚的争论。说它的出台过早，实际上是指它在人们面前的出现有些突然。说它的出台过晚，实际上是指它的形成早在新中国成立时就应开始，它的发展和成型过于缓慢。也正因为如此，我国的行政诉讼案件还很少，行政诉讼这一法律机制的实际作用还很有限，行政法还需要随政治体制的改革，宪政的进一步推进，逐渐予以现代化和本土化。

社会主义行政法的产生，在世界行政法体系内占有重要的地位，改变了世界行政法体系的结构，是世界社会行政法的一大发展。

第四章　行政法的目标

——价值目标的取向

第一节　利益关系的运动

一、利益关系的运动形式

孟德斯鸠指出：人们之间的利益"就像宇宙的体系一样，有一种离心力，不断地要使众天体远离中心，同时又有一种向心力，把它们吸向中心去。荣誉推动着政治机体的各个部分，它用自己的作用把各个部分连结起来。这样当每个人自以为是奔向个人利益的时候，就是走向了公共的利益。"[①] 这就是利益关系的运动，即利益关系的对立统一。

利益关系的统一性即同一性和一致性，是指不同主体间利益的共同性和依存性。基于这种利益而形成的主体间的关系，即多个主体为了追求共同利益而形成的利益关系和相互满足各自利益而形成的利益关系，可以称为利益一致关系。利益关系的对抗性或斗争性，是指不同利益主体为争夺各自利益所表现出来的互相排斥性和离异性。以此为特点的利益关系，即人们之间因利益冲突而发生的社会联系，也可以称为利益冲突关系。应当指出的是，利益冲突关系和利益一致关系都是人与人之间的社会联系。利益关系的主体只能是人，利益一致关系和利益冲突关系的主体仍然是人。只有人在追求和享受利益时，才会与他人的利益发生一致或冲突，才会形成利益一致关系或利益冲突关系。尽管公共利益的主体在形式上是一定的社会组织而不是自然人，但实质上却代表着一定范围的自然人，是该多数自然人的集合人格。这样，与公共利益发生一致或冲突而形成的利益一致关系或利益冲突关系的主体仍然是人。因此，利益一致关系或利益冲突关系是多个利益主体间的一种社会联系。同一利益主体因多种不同利益发生一致或冲突而形成的利益关系，只是一种物与物之间的联系而不是社会联系，因而不是本书所说的利益一致关系或利益冲突关系。利益主体与利益之间的

---

① 〔法〕孟德斯鸠：《论法的精神》(上册)，张雁深译，商务印书馆1982年版，第25页。

一致或冲突关系,即利益主体的主观需要与客观利益的满足程度之间的矛盾关系,是人与自然、主体与客体间的矛盾关系而不是社会联系,因而也不是本书所说的利益冲突关系。

对立和统一是任何社会、任何利益关系的两种运动形式。也就是说,在人类社会里,人们相互间都有相冲突的利益关系,也都有相一致的利益关系。在利益冲突中有利益一致,在利益一致中又有利益冲突,并且两者始终是相互结合在一起的。既不存在只有统一性而没有斗争性的利益关系,也不存在只有斗争性而没有统一性的利益关系。正像马克思和恩格斯所指出的,利益冲突关系"始终是在每一个家庭或部落集团中现有的骨肉联系、语言联系、较大规模的分工联系以及其他利害关系的现实基础上,特别是在我们以后将要证明的各阶级利益的基础上发生的。"①

当然,在人类发展的不同阶段,对立和统一这两种运动形式的明显程度是不同的。有时,利益关系的运动形式在总体上表现为对立,统一被降低到次要地位。于是,革命到来了,政权瓦解了,社会正处于动荡状态。有时,利益关系的运动形式在总体上则表现为统一,对立被降低到次要地位。于是,经济发展了,政权巩固了,社会正处于持续发展时期。但纵观人类历史长河,利益关系的统一性占主导地位的时间要比对立性长久得多。

既然统一和对立都是利益关系的运动形式,人们尤其是已经取得统治权的人们,就不能只强调利益关系的斗争性而否认利益关系的统一性。否则,只能人为地动摇该政权所赖以存在的社会基础。同时,人们尤其是处于变革时代的人们,也不能只强调利益关系的一致性而否认利益关系的斗争性。否则,只能人为地阻碍社会的变革。当然,处于同一时代的不同阶级的人们,对利益关系的运动往往会有不同的价值取向。在 19 世纪末 20 世纪初,代表无产阶级的马克思主义者强调了利益关系的斗争性,而代表资产阶级的社会法学却强调了利益关系的一致性。同时,处于不同时代的同一阶级的人们,对利益关系的运动也会有不同的价值取向。在资产阶级夺取政权时,代表资产阶级的启蒙思想家强调了利益关系的斗争性,提倡天赋人权和个人自由;而在资产阶级反对人民革命时,代表资产阶级的社会法学强调了利益的一致性,提倡个人的社会责任感和相互之间的合作。同样,在俄国革命时,列宁强调了民族利益的对立性,提倡民族自决权,强调自决权中的分离权,号召各民族从资本主义阵营中分离出来成立独立的民族国家;在俄

① 马克思、恩格斯:《德意志意识形态》,载前引《马克思恩格斯选集》,第一卷,第 38 页。

国革命胜利后，列宁又强调民族利益的一致性，提倡民族自决权中的联合权，号召各民族加入社会主义阵营，成立统一的苏维埃联盟。从总体上说，20世纪尤其是第二次世界大战以来的人们，对利益关系运动形式的认识或价值取向，已发生重大变化，利益一致、互惠互利、平等对话、和平合作已达成社会共识。这种价值取向，也是我们实行法治及行政法治所应贯彻的人文精神。我们的行政法学，就必须弘扬这种人文精神。

二、利益关系的同一性

（一）利益一致关系的表现形式

利益一致关系有两种表现形式，即共同利益关系和互惠利益关系。

共同利益关系，是人们在追求和分享共同利益过程中所形成的社会联系。狄骥把这种利益关系称为同求的社会连带关系。他说，“人们有共同的需要，这种需要只能通过共同的生活来获得满足。人们为实现他们的共同需要而作出了一种相互的援助，而这种共同需要的实现是通过其共同事业而贡献自己同样的能力来完成的。这就构成社会生活的第一种要素，形成杜尔克姆所称的同求的连带关系或机械的连带关系。”[①] 共同利益关系主要有以下两类：第一，处于相同地位的主体间的共同利益关系。例如，隶属于同一血缘、地区、民族、行业、宗教、团体和阶级的不同主体间所形成的共同利益关系。第二，处于不同地位的主体间的共同利益关系。处于不同地位的各主体间，在长远利益或根本利益上可以形成共同利益关系。例如，资产阶级和无产阶级都具有发展生产力的长远利益或根本利益，无产阶级和农民阶级更具有相同的长远利益或根本利益，由此形成了一种共同利益关系。处于不同地位的各主体间，在局部利益或眼前利益上也可以形成共同利益关系。例如，在反封建斗争中，资产阶级和农民阶级具有共同的暂时利益，因而能结成联盟。处于不同地位的不同主体，在一方的根本利益和另一方的眼前利益上也能形成共同利益关系。例如，资产阶级和无产阶级之所以能结成同盟军共同进行推翻封建专制统治的斗争，就是因资产阶级的眼前利益即反对封建专制统治与无产阶级的根本利益即反对一切剥削制度具有共同性。[②]

许多思想家都论述过互惠利益关系这种运动形式。霍布斯指出，人们

---

① 〔法〕狄骥：《宪法论》，钱克新译，商务印书馆1962年版，第63页。

② 参见〔苏〕布哈林：《历史唯物主义理论》，李光谟等译，人民出版社1983年版，第348—352页。

为了摆脱人人为战的状态，就必须寻求公共利益，即各自放弃侵犯或妨碍他人利益的权利，我不妨碍你的利益，你也不要妨碍我的利益。边沁认为，人是自私的，人人都应为我；正因为人人为我，我才为人人。德国学者耶林(Rudolph Von Jhering)则认为，应当“使个人的劳动——无论是体力的劳动还是脑力的劳动——尽可能对他人有益，从而也间接地对自己有益”。[①] 狄骥则把这种利益关系称为分工的社会连带关系。他说：“人们有不同的能力和不同的需要。他们通过一种交换的服务来保证这些需要的满足，每个人贡献出自己固有的能力来满足他人的需要，并由此从他人手中带来一种服务的报酬。这样便在人类社会中产生一种广泛的分工，这种分工主要是构成社会的团结。按照杜尔克姆的术语来说，这就是经常分工的连带关系或有机的连带关系。”[②] 我们认为，互惠利益关系，是指人们在同时满足各自利益的过程中所形成的彼此依存关系。互惠利益关系不仅存在于个人之间，也存在于团体之间。例如，统治阶级和被统治阶级能在一个社会里共存，就是因为它们间存在着这种彼此依存的利益，即：被统治阶级还无力消灭统治阶级或与统治阶级相抗衡，不得不利用统治阶级所占有的生产资料进行劳动，取得物质生活资料，以维持其生存并积蓄力量；统治阶级则不能消灭被统治阶级，在利益分配时不得不给被统治阶级留下维持其最低限度生活所必需的份额，以便利用被统治阶级为自己创造更大的利益。随着生产力的发展，在利益分配比例不变的情况下，被统治阶级利益的绝对值会有所增大；在利益分配比例不得不向有利于被统治阶级变化时，被统治阶级的利益就会有较大的发展，这是被统治阶级最低限度生活标准的变化的结果。但是，统治阶级在从中获得了更多的利益后，却借此宣扬“福利国家”、“共同福利”和“阶级合作”。实际上，这仍然只不过是一种彼此依存的利益而已。如果没有这种彼此依存的利益，统治阶级和被统治阶级以及社会本身都将毁灭。

（二）利益一致关系的成因

对利益一致关系的成因，剥削阶级思想家和学者有各种各样的解释。其中，我国古代思想家孔子持人性本善说，启蒙思想家格劳秀斯和斯宾诺莎等持人类理性说[③]，柏拉图持互助合作说，萨柏恩和许派德则持利益属

① 〔美〕博登海默：《法理学——法哲学及其方法》，邓正来等译，华夏出版社1987年版，第104页。

② 〔法〕狄骥：《宪法论》，钱克新译，商务印书馆1962年版，第64页。

③ 〔荷〕格劳秀斯：《战争与和平法》，张学仁译，载法学教材编辑部：《西方法律思想史选编》，北京大学出版社1983年版，第138页；〔荷〕斯宾诺莎：《伦理学》，贺麟译，商务印书馆1995年版，第184页。

性说[①],等等,多数都是唯心主义的。我们认为,利益关系的一致性是由主体相同的物质生活条件决定的。这种相同的物质生活条件包括自然和社会两个方面。

相同的自然物质生活条件,是指人们所面临的相同的自然条件,即同等的生产力发展状况。这种相同的自然条件,决定了各主体利益的一致性即共同性和彼此依存性。卢梭指出,“人类曾达到过这样一种境地,当时自然状态中不利于人类生存的种种障碍,在阻力上已经超过每个个人在那种状态中为了生存所能运用的力量。于是,那种原始状态便不能继续维持;并且如果人类不改变其生存方式,就会消灭。”“然而,人类既不能产生新的力量,而只能是结合并运用已有的力量;所以人类便没有别的办法可以自存,除非是集合起来形成一种力量的总和才能够克服这种阻力,由一个惟一的动力把他们发动起来,并使他们共同协作。”[②] 这样,每个人都以自己的全部力量保护大家的人身和财富,而自己又从大家那里得到同等的保护和回报,人与人之间在利益上就取得了一致。正是在这一意义上,“一切人作为人来说,都有某些共同点”[③],因而也就具有某些普遍的共同利益和互惠利益。

相同的社会物质生活条件,主要是指人们在所有制关系中所处的相同地位。马克思在论波兰问题的演说中指出:“要使各民族真正团结起来,他们就必须有共同的利益。要使他们的利益能一致,就必须消灭现存的所有制关系,因为现存的所有制关系是造成一些民族剥削另一些民族的原因。”[④]“现存的所有制关系”即为私有制关系。在私有制条件下,统治阶级共同占有生产资料并共同掠夺了全社会的大部分劳动成果,处于共同的物质生活状况,具有共同的利益。被统治者都处于被剥削的地位,物质生活状况基本相同,因而也具有共同的利益。但在全社会范围内,由于统治阶级和被统治阶级所处物质生活状况的截然不同,导致了两者利益的根本对立及其他各种利益冲突,全社会成员不可能有根本上的共同利益。并且,全世界的无产者都同样处于一无所有的物质生活状况,具有共同利益,因而就能联合起来共同反对同样具有共同利益的各国资产阶级。只有消灭私有制,实现公有

① 〔英〕萨柏恩和许派德:“英译者序”,载〔荷〕克拉勃:《近代国家观念》,王检译,商务印书馆1957年版,第44—45、47页。他们认为,利益本身就具有供多个主体分享的属性,从而形成了人与人之间的一致利益关系。

② 〔法〕卢梭:《社会契约论》,何兆武译,商务印书馆1982年版,第22页。

③ 恩格斯:《反杜林论》,载前引《马克思恩格斯选集》,第三卷,第142页。

④ 马克思、恩格斯:《论波兰》,载前引《马克思恩格斯选集》,第一卷,第287页。

制，即全社会成员共同占有生产资料和共同、公平分享劳动成果即物质生活资料，才能从根本上形成全社会成员的共同利益。总之，人们的共同利益是由他们的共同或相同物质生活状况决定的。

我们认为，相同的自然物质生活条件和相同的社会物质生活条件，都是形成利益一致关系的原因。对利益一致关系的成因，我们不能仅仅强调所有制这一社会物质生活条件，否则会导致理论上的片面性和指导思想上的“左”倾主义。因为，从理论上说，所有制因素不能完全解释不同阶级存在一致利益的现象；从指导思想上说，就会形成所有制决定一切，轻视发展生产力的观念。对利益一致关系的成因，我们也不能仅仅强调自然物质生活条件。因为，这一意义上的人只是生物意义上的人，所具有的共同利益也只能是抽象的共同利益，与动物本能需求上的共性没有什么区别。马克思指出：“人们在生产中不仅仅同自然界发生关系。他们如果不以一定方式结合起来共同活动和互相交换其活动，便不能进行生产。为了进行生产，人们便发生一定的联系和关系；只有在这些社会联系和社会关系的范围内，才会有他们对自然界的关系，才会有生产。”① 也就是说，自然物质生活条件对利益一致关系的形成所起的作用，是受社会物质生活条件制约的。因此，人们的一致利益是由相同的自然物质生活条件和相同的社会物质生活条件一起决定的。

三、利益关系的对抗性

(一)利益冲突关系的普遍性

许多资产阶级启蒙思想家所描述的人类之初的“战争状态”，就是这种利益冲突关系的现实反映。近现代西方学者则更明确地解释了利益冲突关系。萨柏恩和许派德认为，“一个人的利益可以使他同别人发生冲突”，“各团体的利益——同需要个人赞助的目的一样——也是同其他团体的利益和其他个人的利益冲突的”。② 庞德也认为，从来没有过一个社会，居然会有如此多的利益，以致在满足人们的需要时不会有什么竞争或冲突。③ 博登海默则认为，利益冲突是人类社会的一种普遍现象。这种利益冲突关系有两类，即“个人(或个人群体)利益之间的矛盾与冲突”和“一方为某个个人或个人

① 马克思：《雇佣劳动和资本》，载前引《马克思恩格斯选集》，第一卷，第362页。

② 〔英〕萨柏恩和许派德：“英译者序”，载〔荷〕克拉勃：《近代国家观念》，王检译，商务印书馆1957年版，第48、49页。

③ 〔美〕庞德：《通过法律的社会控制·法律的任务》，沈宗灵等译，商务印书馆1984年版，第35—36页。

群体利益与另一方是作为有组织的集体单位的社会利益之间的冲突”。[①]

然而，以狄骥为代表的学者却否认人类社会存在着利益相冲突的社会联系，尤其反对马克思主义关于阶级间的利益对立关系说。他说：“我把很少一些掌握着资本的现象看成是一个事实。我觉得不必去批判或论证这个事实，正是由于我们面临的是事实，所以批判或论证都是徒劳无益的。某些学派断言，在有产者和无产者之间，在资产阶级和无产阶级之间，存在着不可调和的对抗，并且说无产阶级应当立即剥夺和消灭资产阶级，我没有看到它们之间有什么不可调和的对抗。……宣扬阶级斗争就是犯罪，我认为，我们决不能让一个阶级去消灭另一个阶级，与此相反，而是要建立协调制度和阶级等级制度”。[②] 这一观点是唯心主义的，是资本主义从自由发展走向垄断统治在理论上的反映，是资本主义法学从进步走向反动的标志。社会主义国家的某些学者也曾否认社会主义阶段利益冲突关系的存在。

例如，前苏联学者卡列娃等认为，“随着生产资料私有制的消灭和社会主义经济基础的确立，产生资产阶级社会中国家、社会和个人利益之间的实际矛盾的基础”也消失了，不再存在利益冲突关系。[③] 我国某些学者也曾赞同该说。这不是实事求是的，是教条主义、本本主义和极“左”思想在法学领域的一种表现。

我们认为，利益冲突关系是一种普遍的社会联系，是社会联系的主要表现形式之一，也是利益关系的两种类型之一。历史唯物主义认为，利益冲突是任何人类社会都普遍存在的一种现象，是每个社会的人们之间的一种普遍的社会联系。在私有制社会里存在着利益冲突关系，在生产资料公有制的社会主义社会里，也仍然存在着各种各样的利益冲突关系，存在着“国家利益、集体利益同个人利益之间的矛盾”。[④] 同时，在各种利益上，人们都会发生相冲突的社会联系。例如，各社会成员间、各阶级间、各民族间和各地区间等的利益冲突关系，都是人所共知的事实。

---

① 〔美〕博登海默：《法理学——法哲学及其方法》，邓正来等译，华夏出版社 1987 年版，第 382—383 页。

② 〔法〕狄骥：《拿破仑法典以来法的总变革》，转引自〔苏〕B. A. 土曼诺夫：《现代资产阶级法学理论中的“连带关系说”》，载《政法译丛》1958 年第 1 期。

③ 〔苏〕卡列娃等：《国家和法的理论》，中文版，下册，中国人民大学出版社 1956 年版，第 466 页。

④ 毛泽东：《关于正确处理人民内部矛盾的问题》，载《毛泽东著作选读》（下册），人民出版社 1986 年版，第 758 页。

（二）利益冲突关系的表现形式　（见下表）

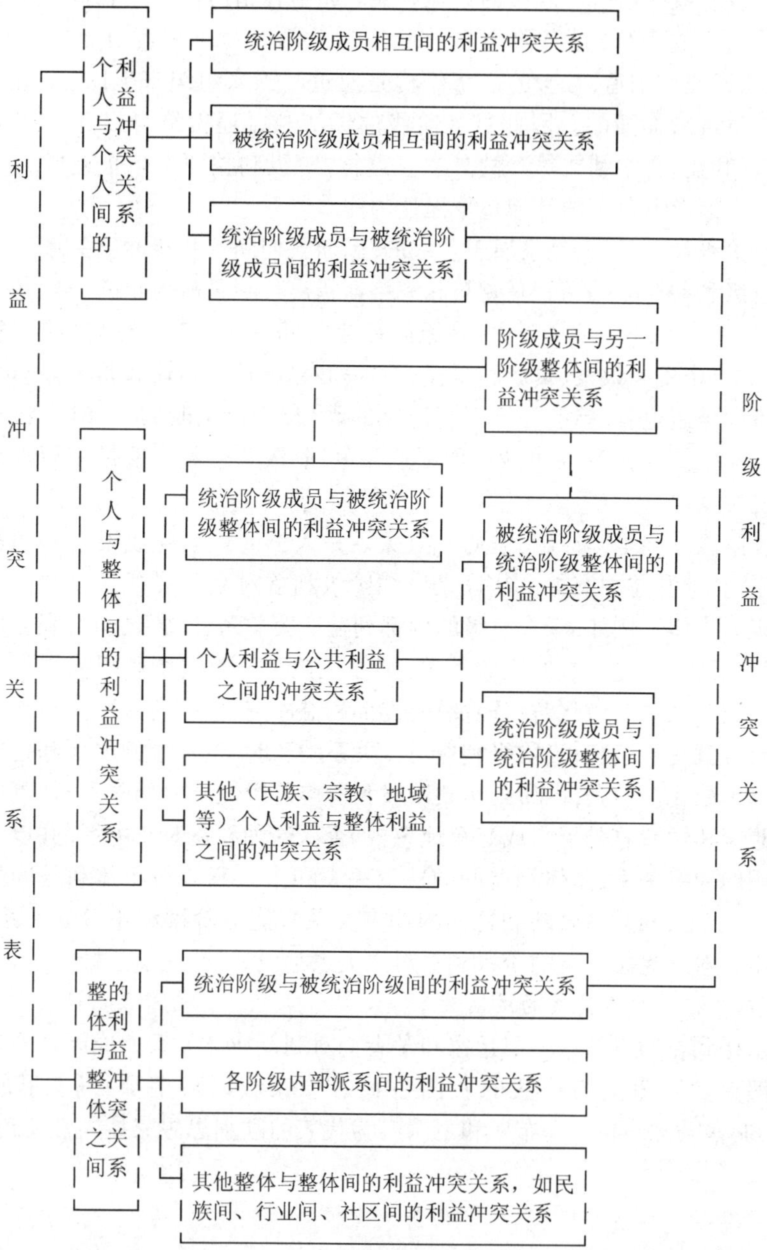

（三）阶级利益对立关系

阶级利益是该阶级成员的共同利益。布哈林指出："阶级利益的最原始而又最一般的表现，是各阶级在分配产品总额时力求扩大自己份额的愿望。""然而我们知道，社会的经济结构是通过其国家组织来巩固，并由无数的上层建筑来加强的。因此难怪阶级的经济利益还得给自己穿上政治利益、宗教利益、科学利益等等的外衣。这样，阶级利益便不断扩展成为一个把社会生活形形色色的领域包罗无遗的完整体系。"①

在阶级社会里，人是隶属于阶级的，因而人们间的利益冲突关系主要是一种阶级利益对立关系。马克思和恩格斯指出："到目前为止的一切社会的历史（恩格斯后来补充说明说：除原始社会以外——作者）都是阶级斗争的历史。""自由民和奴隶、贵族和平民、领主和农奴、行会师傅和帮工，一句话，压迫者和被压迫者，始终处于互相对立的地位，进行不断的、有时隐蔽有时公开的斗争"②。这种斗争是一种利益斗争，阶级斗争关系就是一种阶级利益对立关系。

在阶级社会里，阶级利益的对立关系是人们间最主要或根本的利益冲突关系，其他利益冲突关系往往是围绕阶级利益对立而展开的或往往被打上阶级的烙印。例如，一个阶级的内部利益冲突关系、民族之间的利益冲突关系和地区之间的利益冲突关系等，都往往被某一阶级所利用或支持。当阶级利益对立关系激化时，各阶级的内部利益冲突、民族利益冲突和地区利益冲突等就趋于缓和；当阶级利益对立关系缓和时，各阶级的内部利益冲突则会趋于激化。但是，因所处历史阶段和所属阶级性质的局限，一切剥削阶级思想家和学者总是无意或有意地忽视、否认这种利益对立关系，并以个人利益间的冲突关系、团体利益间的冲突关系和个人利益与团体利益间的冲突关系或个人利益与公共利益间的冲突关系来掩盖阶级利益对立关系，甚至根本反对马克思主义的阶级利益对立关系学说。

（四）利益冲突关系的成因

承认利益冲突关系的思想家和学者们对利益冲突关系的成因却有着不同的解释。以荀况为代表的我国古代思想家和以阿奎那、马基雅弗利（Niccolò Machiavelli）、霍布斯和尼采等为代表的欧洲思想家持人性恶说，启

① 〔苏〕布哈林：《历史唯物主义理论》，李光谟等译，人民出版社1983年版，第338页。

② 马克思、恩格斯：《共产党宣言》，载前引《马克思恩格斯选集》，第一卷，第250—251页。

蒙思想家孟德斯鸠和美国法学家庞德主张力量扩张说[①]，近代思想家斯宾诺莎和黑格尔提出了主观决定说[②]，都是以唯心史观为理论基础的。只有空想主义的祖宗柏拉图(Platon)和启蒙思想家格劳秀斯(Hygo Grotius)、卢梭等个别剥削阶级思想家才认为，利益冲突关系是由私有制决定的。格劳秀斯认为，人们为了追求一种更富裕的生活方式，瓜分了原始社会的公社公有物(首先是动产，其次是不动产)，形成了私有制；私有制的形成，使人们共享利益的社会关系出现了分裂和冲突[③]。卢梭则认为，农业和冶金术等生产力的发展，导致了私有制的产生，从而出现了剥削、贫富分化和社会不平等。从此，"一方面是竞争和倾轧，另一方面是利益冲突，人人都时时隐藏着损人利己之心。这一切灾祸，都是私有财产的第一个后果，同时也是新产生的不平等的必然产物"。[④] 这些认识具有一定的科学价值，在当时的历史条件下也是很了不起的。但是，除空想家柏拉图外，都并不主张废除私有制；并且，他们所说的利益冲突都不包括阶级利益的冲突。

我们认为，利益冲突关系的成因有两个：第一，利益的有限性。如果利益尤其是物质利益极其丰富，人们完全可以根据自己的需要来利用，则不会发生利用冲突。但实际上，任何社会的利益相对于人们的需要来说都是有限的，因而利益冲突就不可避免地会发生。第二，不同的物质生活状况。如果人们的物质生活状况相同，那么即使利益是有限的，也不至于发生利益冲突。只有在不同的物质生活状况下，由于利益的有限性，人们之间才会发生利益争夺和利益冲突。马克思和恩格斯认为，随着分工和私有制(两者是同义语)的产生，使人们处于不同的物质生活状况，"产生了个人利益或单个家庭的利益与所有互相交往的人们之间的共同利益的矛盾"。[⑤] 物质生活状况的相同或不同是相对的。例如，一个阶级的成员相对于另一个阶级的成员来说，具有相同的物质生活状况，但他同本阶级成员相互间却又有不同的物质生活状况。正像马克思所曾经指出的："如果说现代资产阶级的全体成员由于组成一个与另一个阶级相对立的阶级而有共同的利益，那么，由于他们

① 〔法〕孟德斯鸠：《论法的精神》(上册)，张雁深译，商务印书馆 1982 年版，第 5 页；〔美〕庞德：《通过法律的社会控制·法律的任务》，沈宗灵等译，商务印书馆 1984 年版，第 35—36、81 页。

② 〔荷〕斯宾诺莎：《伦理学》，贺麟译，商务印书馆 1995 年版，第 199 页；〔德〕黑格尔：《法哲学》，范扬等译，商务印书馆 1982 年版，第 93 页。

③ 〔荷〕格劳秀斯：《战争与和平法》，张学仁译，载法学教材编辑部：《西方法律思想史选编》，北京大学出版社 1983 年版，第 149—150 页。

④ 〔法〕卢梭：《论人类不平等的起源和基础》，李常山译，商务印书馆 1982 年版，第 125 页。

⑤ 马克思、恩格斯：《德意志意识形态》，载前引《马克思恩格斯选集》，第一卷，第 37 页。

互相对立,他们的利益又是对立的、对抗的。这种利益上的对立是由他们的资产阶级生活的经济条件产生的”①;“大工业把大批互不相识的人们聚集在一个地方。竞争使他们的利益分裂。但是维护工资这一对付老板的共同利益,使他们在一个共同的思想(反抗、组织同盟)下联合起来”②。因此,只要利益仍然是有限的,人们的物质生活状况仍然有差异,利益冲突关系也将始终存在。

第二节 保护利益一致

一、利益一致的表现

如前所述,行政法的基础和调整对象是一定层次的公共利益与个人利益关系。20 世纪以来,随着资本主义制度的巩固,当代西方学者已充分认识到作为资产阶级共同利益的公共利益对稳定社会秩序的重要性和必要性,日益强调公共利益与个人利益的一致性。例如,法国学者狄骥认为,公共利益与个人利益只有一致性而没有冲突。德国公法学者克鲁格(E. Krger)认为,公务员的工资既是一种养廉的公共利益,又是一种公务员的个人利益;抚恤贫民既是一种公共利益,又是受抚恤者的个人利益;“公益征收”是为了公共利益,但给予被征收者的补偿却是个人利益,并且征收的目的是为了保障人们的其他个人利益。③ 英国学者米尔恩(A. J. M. Milne)认为,公共利益是可以还原为个人利益的。④ 社会主义者也承认公共利益与个人利益的一致性,并认为只有在社会主义国家里才存在根本的一致性。邓小平指出:“在社会主义制度下,归根结底,个人利益和集体利益是统一的,局部利益和整体利益是统一的,暂时利益和长远利益是统一的。”⑤ 我们认为,公共利益与个人利益的一致性或同一性有三种具体表现形式。

(一) 互相转化

公共利益与个人利益在一定条件下的互相转化,是公共利益与个人利益同一性的首要表现。公共利益作为一种社会成员的共同利益,是从个人

---

① 马克思:《政治经济学的形而上学》,载前引《马克思恩格斯选集》,第一卷,第 120 页。

② 同上书,第 159 页。

③ 参见陈新民:《宪法基本权利之基本理论》,台湾省三民书局 1992 年版,第 168 页。

④ 〔英〕米尔恩:《人的权利与人的多样性——人权哲学》,夏勇等译,中国大百科全书出版社 1995 年版,第 48 页。

⑤ 邓小平:《坚持四项基本原则》,载《邓小平文选》,人民出版社 1983 年版,第 162 页。

利益中分离出来而成为一种独立利益的，类似于代数中公因式的提取，因而是从个人利益转化而来的。这种转化或提取，也就是对个人利益的分离，并集合为公共利益。转化、提取或集合的方式，表现为将某种利益（如土地、矿产等自然资源和文物等人文资源）直接宣布为公共利益及对税款、财物和劳务的征收。个人利益向公共利益的转化，几乎每时每刻都在进行。从整个人类社会上看，这种转化经历了漫长的发展阶段。起初，它是以血缘关系为基础的；随后，则是以地域关系为基础的；最后，才是以政治关系为基础的。

然而，作为公共利益主体的社会总代表，只是抽象的人格主体，并不能真正消化公共利益，最终仍需将其分配给社会成员享受，这类似于代数中乘法对加法的分配律。因此，公共利益最终仍将通过分配而转化或还原为个人利益，其首要的基本特征就在于进行重新分配。[①] 公共利益的分配形式是多种多样的。它首先是物质上的分配，包括对自然资源利用上的分配和营建公共设施并对其利用上的分配。它其次是精神上的分配，包括向社会成员提供安宁的社会秩序和人文资源，使各社会成员充分享受对自己人格尊严的保护和精神世界的人性完善以及集体的荣誉和自豪。公共利益的分配形式，有时表现得比较明显，如允许个人对特定土地的开发和林木的砍伐；有时表现得比较隐蔽，如对文物的维护并展览和自由的保障并享受。这种分配与集合一样，几乎也是每时每刻都在进行着。从整个人类历史上看，它经历了公正、不公正再到公正的发展过程。

总之，“所有的人都能享受社会利益，但只有对公共体制有贡献的人，才是社会这一大企业的重要股东。”[②]

（二）互相依赖

公共利益依赖于个人利益。公共利益由下列三部分组成：通过税收等向社会成员提取或征收的部分；未被特定社会成员占有的全社会的共同利益，如土地、山林、水域和矿产资源等物质利益和民族的尊严、国家的荣誉等精神利益；以上两部分的孳息。从公共利益的上述三个组成部分来看，公共利益依赖于个人利益。个人利益越多、越充分，可供提取的份额也就越多；可供社会成员占有的全社会的物质利益和精神利益越多，公共利益也就越多；上述两部分公共利益越多，孳息也就越多。由此可见，公共利益之所以

---

① 参见〔法〕马里旦：《人权和自然法》，倪建民译，载法学教材编辑部：《西方法律思想史资料选编》，北京大学出版社 1983 年版，第 671 页。

② 转引自〔美〕泰格等：《法律与资本主义的兴起》，纪琨译，学林出版社 1996 年版，第 236 页。

能得以存在和不断发展，就是由于个人利益的存在和发展。

个人利益也依赖于公共利益。个人利益由两部分组成：社会成员的自留利益和分享利益。个人利益也是依赖于公共利益的。公共利益越多、发展得越快，需从个人利益中提取的份额就越少，可供分配给社会成员享受的利益就越多。由此可见，个人利益与个人利益关系的稳定、社会成员占有利益的基本平衡，需要公共利益；未被特定社会成员占有的全社会的共同利益需要作为公共利益加以维护和发展。同时，社会成员特殊利益的安全，也需要作为公共利益加以保护。因此，个人利益的维护和发展有赖于公共利益的维护和发展。

总之，公共利益与个人利益是一种互相依赖的关系。公共利益在观念上是相对于个人利益而言的一个概念，在实践中是相对于个人利益而存在的一种利益，因而没有个人利益也就无所谓公共利益。同样，个人利益也是公共利益的对立物，失去了公共利益也就不能独自存在。

（三）互相包含

公共利益与个人利益是互相包含的。首先，个人利益包含着公共利益。个人利益包括社会成员应享有、已享有、正享有或将享有的那份公共利益。公共利益在被提取出来之前，就被包含在个人利益之中。尚未被特定社会成员合法占有的那些利益，只是暂时托管于公共利益名下的个人利益。每个社会成员也充分享受着社会的安宁和福利等公共利益。其次，公共利益也包含着个人利益。公共利益实质上或形式上就是各社会成员相同或共同的个人利益。它包含着即将分配给社会成员享受的个人利益和供各社会成员共同享受的个人利益。因此，公共利益与个人利益是一种“你中有我，我中有你”的关系。

公共利益与个人利益间的一致性，要求国家必须坚持“公私兼顾”的原则。[①]“我们必须按照统筹兼顾的原则来调节各种利益的相互关系。如果相反，违反集体利益而追求个人利益，违反整体利益而追求局部利益，违反长远利益而追求暂时利益，那么势必两头都受损失。”[②] 因此，极“左”主义者试图消灭个人利益的做法，极“右”主义者否定公共利益合理存在的观点，都是没有科学依据的。

---

① 毛泽东：《论十大关系》，载《毛泽东著作选读》（下册），人民出版社 1986 年版，第 726 页。
② 邓小平：《坚持四项基本原则》，见《邓小平文选》，人民出版社 1983 年版，第 162 页。

二、利益转化的范围

公共利益迟早都是要转化为个人利益的，本书暂不作讨论。关键的问题是哪些个人利益可以并应转化为公共利益。这一问题将涉及到公共权力和个人自由的范围问题，也将涉及到公民基本权利的保障问题。并且，对个人利益可以转化为公共利益的范围，19 世纪和 20 世纪的人们有着各自的认识。因此，我们有必要予以认真探讨和更多关注。

在 19 世纪，资本主义制度刚刚得以确立和发展，公共利益尚未完全摆脱封建专制利益阴影的笼罩，因而资产阶级思想家强调给个人留下更多、更大的空间和自由。例如，英国思想家洛克认为，只有个人自由、生命和财产安全方面的利益才能转化为公共利益。德国思想家霍姆勃尔德（Wilhelm V. Humboldt，1767—1835）在《尝试界定国家行为的范围的意见》一文中认为，只能将防止犯罪、保障社会安全的个人利益转化为公共利益，而不能把促进个人利益发展的个人利益转化为公共利益。法国思想家卢梭认为，“每个人由于社会契约而转让出来的自己一切的权利、财富、自由，仅仅是全部之中其用途对于集体有重要关系的那部分，但是也必须承认，唯有主权者才是这种重要性的裁判人。”[①] 英国思想家密尔（John Stuart Mill）在论述自由和权威的关系中充分地发挥了这一思想。他说，在自由和权威之间应当遵循“一条极其简单的原则”，即“人类之所以有理有权可以各别（疑为‘个别’——作者）地或者集体地对其中任何分子的行动自由进行干涉，惟一的目的只是自我防卫。”“我要力争说，这样一些利益是享有权威来令个人自动性屈从于外来控制的，当然只是在每个人涉及他人利益的那部分行动上。”[②] 根据他的论述，防止自身利益受侵害的个人利益和防止他人利益受侵害的个人利益（如担任公职、出庭作证、拯救一个人的生命或保护一个遭受虐待而无力自卫的人等），可转化为公共利益；但言论自由方面的个人利益绝对不能转化为公共利益。也就是说，凡是涉及他人利益的个人利益可转化为公共利益，但不涉及他人利益的个人利益则不能转化为公共利益。总之，19 世纪的资产阶级思想家认为，个人自由、生命和财产以外的利益都不能转化为公共利益。

20 世纪的西方学者对 19 世纪及至今仍根深蒂固的个人主义进行了批

---

① 〔法〕卢梭：《社会契约论》，何兆武译，商务印书馆 1982 年版，第 42 页。
② 〔英〕密尔：《论自由》，程崇华译，商务印书馆 1982 年版，第 10、11 页。

评,认为社会成员的个人利益因社会的发展而日益与他人的个人利益发生更为广泛和紧密的联系,社会成员应当有一种"利他主义"精神,19世纪在利益转化范围上的个人主义标准已不适用于现代社会。[①] 例如,美国学者戈尔丁(Martin P. Golding)以实证的方法指出:"大多数国家、或许是所有的国家,都要求摩托车驾驶者佩带头盔。墨西哥总检察长则按照穆勒(密尔,下同——作者)的逻辑声称政府没有强以此为合宪性权力。……我认为后一说法是大可争论的。如果这位摩托车驾驶者受了伤,那不是得有什么人——无论是个人还是国家——不得不承受照顾这位头脑受伤的驾驶者这一负担吗?在我们的福利国家中,任何从事某种高度危险性活动的人,一旦受伤都可能成为一种公众负担,因此也就有尽力减少这种危险的社会要求。在这种情况下,就毫无理由地把国家干预仅限制为穆勒所说的'很可能产生对某一他人的邪恶'那种行为。……类似于刚才提到的那些考虑,可以用来反驳穆勒及其继承者们认为依他的原则排除于强制之外的许多情况。"[②] 日本学者也认为,日本社会的个人主义"是阻碍行政改革、缓和规章限制以及地方分权的最大原因",造成了"有省没有国"、"有课没有局"的现象。[③]

20世纪的学者认为,公共利益是具有比宪法典更高效力的法源,可转化为公共利益的个人利益范围应当扩大。并且,对可转化为公共利益的具体范围作了许多有益的探讨。德国公法学者雷斯纳(W. Leisner)认为,下列个人利益可转化为公共利益:第一,"不确定多数人"的利益。他认为,到底哪些利益,或者说到底"累积"多少人的个人利益才属于这种"不确定多数人"的利益,应按民主原则即通过"立法程序"来决定,否则会丧失"法律的可预见性"。第二,具有相同性质的个人利益。他认为,这些相同性质的个人利益,就是个人在自由、生命和财产安全方面的利益。对这种利益应上升为公共利益,使国家肩负起排除危险的义务。第三,少数人的某些特殊利益。他认为,社会上某些"特别团体"(如乡、镇等小行政组织)成员的数量,不足以形成较大组织内的多数。但是,按照民主的方式,可以承认他们的某些利益为公共利益。[④] 此外,还有些德国学者认为,应将依靠个人力量无法满足

① 〔日〕稻盛和夫等:《回归哲学——探求资本主义的新精神》,卞立强译,学林出版社1996年版,第28页。

② 〔美〕戈尔丁:《法律哲学》,齐海滨译,三联书店1987年版,第113—114页。

③ 〔日〕稻盛和夫等:《回归哲学——探求资本主义的新精神》,卞立强译,学林出版社1996年版,第3、13页。

④ 参见陈新民:《宪法基本权利之基本理论》(上册),台湾省三民书局1992年版,第169页。

的利益转化为公共利益，然后分配给个人享受。20世纪70年代初，德国宪法学者匹特(Hans Peters)提出了“国家辅助性理论”，认为实现公共利益是国家责无旁贷的绝对义务，但是公共利益只是一种“次要性”的“辅助性质”的利益，即只有个人凭自己的力量无法实现时才能转化为公共利益来加以实现。另两名公法学者芜斯腾菲尔德(W. Weustenfeld)和艾森瑟(J. Isensee)也持此说，并补充说：个人应积极、主动、尽力地去追求自己的利益，而不能依赖于公共利益的扶助或庇护，以防止个人养成懒惰的习性。我国台湾省学者陈新民则认为，将个人利益转化为公共利益，应根据“宪法的理念，斟酌国家任务及立国原则而由立法者具体实践之。”[①] 他认为，在国家任务的范围内的个人利益可转化为公共利益。他说，19世纪的国家是“无为而治”的国家，国家任务的范围仅仅是保障个人的自由、生命和财产安全，因而国家只能以这一限度将个人利益转化为公共利益，国家也只是为个人提供这一范围内的利益。20世纪的国家是“积极作为”的国家或“福利国家”，国家任务的范围除了个人的自由、生命和财产外，还包括个人的生存和发展，因而国家要以这一限度将个人利益转化为公共利益，并在这一限度内分配公共利益。他认为，国家还应按其立国原则(如法治原则和民主原则等)来确定将个人利益转化为公共利益的范围。[②]

我们认为，国家任务的范围和国家的基本原则是由公共利益决定的，而不是决定公共利益的原因。对可转化为公共利益的个人利益范围的界定，既要考虑这种转化的可能性，又要考虑到这种转化的必要性。一般说来，只有各社会成员的共同利益才有可能转化为公共利益。也就是说，只有性质相同的个人利益才能转化为公共利益。如果各个人利益不存在共同性，就无法进行公正地分离和集合，就无法由国家来代表。然而，并非所有的共同利益都有必要转化为公共利益。只有单个社会成员自身无法实现的个人利益(如环境保护)、需要由国家进行社会协调的个人利益(如资源的开发和利用)，或者作为公共利益更有利于发展的利益(如国民教育和文物保护)，才有必要转化为公共利益。因此，在不同时代和不同国家里，对可转化为公共利益的范围是不同的。例如，在19世纪，生育和人口基本上不属于转化为公共利益的范围。但在20世纪的今天，促进生育及人力资源的发展已成为西方发达国家的公共利益，而控制生育及提高人力资源的质量却成了发展

① 参见陈新民：《宪法基本权利之基本理论》(上册)，台湾省三民书局1992年版，第169页。
② 同上书，第141—157页。

中国家的公共利益。

三、利益转化的目的

(一) 社会公正

利益转化的目的是为了实现社会公正,即各社会成员对利益的占有日趋公平或大体上趋于公平。根据上文对利益转化的分析,我们可以作下列假设:A、B、C、D 和 E 分别代表各社会成员,他们的个人利益总量分别为500、400、300、200 和 100。如果从利益总量为 200 以上的社会成员的利益中提取 100 个单位量的利益作为公共利益,则 A、B、C、D 和 E 的个人利益量分别还剩有 400、300、200、200 和 100,而公共利益的总量则为 300。如果将这 300 个单位量的利益平均地分配给上述社会成员,则 A、B、C、D 和 E 的利益量分别为 460、360、260、260 和 160。从个人利益到公共利益,再由公共利益还原为个人利益,就完成了利益转化的一个周期。通过一周期的利益转化,实现或达到了社会公正,即社会成员基本上平等地占有了利益,社会的贫富悬殊得以缩小。在这种情况下,公共利益的存在和发展不仅有利于穷人,而且也有利于富人,因为在穷人得到物质利益的同时,富人却得到了安定、和平的社会发展环境。因此,公共利益与个人利益间的这种互相转化,达到了公共利益与个人利益间的一致。

(二) 行政公正

社会公正的实现有赖于行政公正的保证。利益转化的目的是为了实现社会公正。但是,如果利益转化规则和机制不合理的话,就难以实现真正的社会公正,反而会加剧贫富悬殊,或者说只能达到个别社会成员所希望的“社会公正”。如果从 A、B、C、D 和 E 的个人利益总量中公平地提取 50 个单位量的利益作为公共利益,然后按他们在全社会利益总量中分别所占有的比例即 33%、27%、20%、14%和 6%对公共利益进行分配,则 A、B、C、D 和 E 的个人利益量分别为 532.5、417.5、300、185 和 65。这样,在社会成员中,富的就越富,穷的就越穷了。如果从 A、B、C、D 和 E 的个人利益总量中公平地提取 50 个单位量的利益,被 A 和 B“公平”瓜分的话,则 A、B、C、D 和 E 的个人利益总量分别为 575、475、250、150 和 50。这样,绝大多数社会成员的利益都减少了,而个别社会成员的利益却得以加速增加。事实上,这样的分配在人类社会里是存在的。因为,社会成员对利益的占有越多,对公共利益的享受也越充分,对资源的利用就越频繁。并且,在阶级社会里,公正只能是统治阶级的公正。对统治阶级来说,只要利益转化规则和机制对自己有利，就是公正的，公共利益与个人利益已达到了一致。因此，社会公正的实现，有赖于利益转化规则和机制，包括利益的提取和分配规则和机制的合理性。这种分离和分配的合理性，我们可以称之为行政公正。

但是，仅仅靠行政公正是无法实现社会公正的。例如，从A、B、C、D和E的个人利益总量中各提取50个单位量的利益，然后再将其平分给A、B、C、D和E，结果是一样的，他们在利益占有上的悬殊并没有得到缓和。由此看来，行政公正与否应以社会公正与否来衡量。

综上所述，为了实现社会公正，就必须将个人利益转化为或分离出公共利益进行再分配；而要实现真正的社会公正，就必须有行政公正。在公正分配的情况下，公共利益与特定社会成员的特定利益在形式上可能并不一致，但由于该特定社会成员享受了其他利益，因而在总体上和实质上是一致的；并且，公共利益与所有社会成员的个人利益在总体上和实质上也是一致的。在不公正分离和分配的情况下，公共利益与全社会各成员的个人利益在形式上是一致的，但在实质上只与部分社会成员即统治阶级的个人利益达到了一致。公共利益与个人利益在实质上的一致，只有在社会主义社会里才能实现。

四、利益一致与行政法

（一）行政法的目标

公共利益与个人利益间的一致关系，是利益关系运动的重要成果之一，是一定社会的公正价值的实现状态和社会持续发展、秩序稳定的体现，是政府与公众间相互信任与沟通、服务与合作的反映。行政法作为公共利益与个人利益关系的上层建筑，是公共利益与个人利益一致关系的集中体现。它一旦产生及继续存在，总是以维护自己所赖以存在的基础为己任的。也就是说，它将不遗余力地巩固决定其产生和存在的利益一致关系。狄骥指出："现代的学者一般把国家的目的分为三种。用最常用的名词来说，国家所追求的目的有下列三项：(1) 维持本身的存在；(2) 执行法律；(3) 促进文化，即发展公共福利、精神与道德的文明。""我们如果深入事务的实质，则国家指定的这三个目的可以归结为实现法的惟一目的，"即实现社会连带关系或利益一致关系，从而使社会整体化。[①] 同样，行政法的目标或目的，就是保护公共利益与个人利益的一致关系。判断一个国家的行政法是否完善、是

① 〔法〕狄骥：《宪法论》，钱克新译，商务印书馆1962年版，第483页。

否存在良好的行政法治的标准,就是公共利益与个人利益关系是否达到了最大限度的一致。一个国家之所以需要行政法,之所以要加强行政法治,原因也在于达成公共利益与个人利益的广泛一致。

行政法所要保护的目标是公共利益与个人利益的一致关系。这就是说,行政法所要保护的目标,是公共利益与个人利益之间的彼此依存、相互转化和互相包含的一致关系。在它们相互一致的条件下,行政法既保护公共利益也保护个人利益,保护公共利益就是保护各相对人的个人利益,保护个人利益就是保护公共利益。"法律的目的在于保障利益(指利益关系——作者),承认了这个见解以后,就大可不再讨论下述无谓的问题了:立法……是为了团体福利还是为了个人福利?"[①] 因此,我们认为,行政法是公法、是保护公共利益的观念,或者行政法是控制行政权的法、是保护个人利益的观念,都是不准确的。这种陈旧的行政法人文精神必须抛弃,而倡导和树立起保护利益一致关系这种新的人文精神。

行政法所保护的、所应保护的是一种以公正为核心的公共利益与个人利益的一致关系。只有以公正为核心的利益一致关系,才能持续稳定并充满活力,才是一种内在的一致。否则,利益一致关系只能是外在强制的、短暂脆弱的,即使由行政法加以保护也难以达到目的。并且,保护这种缺乏公正的利益一致关系的行政法,也会成为一种没有生命力的恶法。因此,从某种意义上说,行政法是以公正为基础的,"正义意识是法律的基础"[②]。只有体现了公正价值的行政法,才具有支配主体行为的拘束力,各主体才能自愿接受行政法的拘束。同时,我们也可以说,行政法的目标是公正。行政法的最终目标是为了实现社会公正,即各社会成员对利益的占有大体上趋于公平。行政法的直接目标是为了实现行政公正,即对公共利益的集合和分配日趋公正。

无论社会公正如何,根据社会公正所确定的行政公正必须真正存在。行政法无论本质如何,总是以国家意志的形式而存在的。只要国家还存在,行政法治始终是一种治国方略。只要行政法治存在,行政法治所要实现的利益一致,不仅仅是统治阶级内部成员与统治阶级整体之间的利益一致,而且要实现全社会各成员与国家之间的利益一致。阶级之间的利益一致总是有利于统治阶级的,在资本主义社会和社会主义社会里都是如此。在社会

---

① 〔英〕萨柏恩等:《英译者序》,载〔荷〕克拉勃:《近代国家观念》,王检译,商务印书馆 1957 年版,第 47 页。

② 〔荷〕克拉勃:《近代国家观念》,王检译,商务印书馆 1957 年版,第 32 页。

主义初级阶段，私有企业主仍将存在。社会主义行政法治也要实现工人与私有企业主之间、私有企业主与政府之间的利益一致，实现私有经济与公有经济之间的一致。

（二）目标的实现形式

行政法对以公正为核心的公共利益与个人利益一致关系的实现形式，表现为确认、规范和维护三个方面。

为了巩固公共利益与个人利益的一致关系，必须通过相应的形式对它加以记载和确认。人类的文明史已经证明，确认这种利益一致关系的最好形式是行政法。它以具有普遍性和强制力的国家意志的形式记载和体现了公共利益与个人利益的一致性，认定和宣告了业已为人们所普遍认同的利益一致关系及公正性的达成和存在。这是宗教、道德和习惯等社会规范所无法比拟的。行政法对利益一致关系的确认，在实践中是通过立法即行政法规范的制定来实现的。这就要求立法者必须具有利益一致及公正的价值观。立法者不能只考虑某种利益甚至自己及其所代表的部分人的私利，否则就不能使所制定的行政法规范正确地体现利益一致及公正性。同时，立法者必须认真分析和准确认定什么或哪些是利益一致关系，而不为假象所迷惑。这就要求在立法中，广泛征求各方面的意见，举行立法听证会。对有冲突的公共利益与个人利益关系，必须按公正原则即"最大多数人的最大幸福"原则进行协调[①]，然后制定为行政法规范。在协调一致以前，不能主观臆断，单方面地强行规定。

利益一致关系是通过主体的行为而形成的。行政法对利益一致关系的保护也正是通过对主体行为的规范来实现的。行政法规范的制定和行政法的存在，为行政主体与相对人之间形成利益一致关系提供了一个可预测的客观标准或一种可遵循的行为规则。行政主体只要按这一标准或规则来集合和分配公共利益，相对人只要按这一标准或规则来承担公共负担或分享利益，就意味着公共利益与个人利益达到了一致。并且，这种标准或规则是强制性的，要求双方主体必须遵守，引导双方主体作为或不作为。"法律规则对统治者和全体个人同样要强加以积极和消极义务。而这些积极和消极的义务的全部总不外是这两种义务：不作任何违反社会连带关系的事情并尽量为实现社会连带关系而合作"[②]。这样，行政法"'把从前常常在法律以

① 〔英〕边沁：《政府片论》，沈叔平等译，商务印书馆 1996 年版，第 92 页。
② 〔法〕狄骥：《宪法论》，钱克新译，商务印书馆 1962 年版，第 483 页。

外的东西纳入法律以内了'。……承认法律——制定的法律——不但是公民的权利和义务的基础，而且是所谓主权者的权利的或者政府的一切构成权的基础。"[①] 从行政法通过规范主体行为以实现利益一致上说，有两种观念应当予以反对。一是"主权者可以不受法律节制，用任何手段，甚至用限制公民自由的方法，培养公共利益"的传统观念[②]；二是行政行为的实施应完全根据行政主体对利益关系即对"活法"的权衡或认定，而不应以成文法即"僵化的法"为依据的欧洲自由法学和美国现实主义法学观念。[③] 如果用这两种观念来指导行政法的实施，必将破坏利益一致关系及其公正性。

行政法是对公共利益与个人利益一致关系的法律化。行政主体按行政法规范对公共利益所作的集合和分配，将得到社会的承认。这种承认，是国家对相对人违法行为行使追惩权的基础。相对人按行政法规范所作的利益追求行为将得到法律的认可。这种认可是相对人请求行政救济或司法保护的前提。

第三节　平衡利益冲突

一、冲突的普遍性

公共利益与个人利益的斗争性或对立性，是指它们互相离异、分化和制约的运动或趋势。公共利益与个人利益虽然是一致的，但毕竟存在着差别，从个人利益中分离出来的利益一旦成为公共利益就具有相对独立性，并且公共利益不可能是某个社会成员独占的利益。因而，每个社会成员总是反对从自己的个人利益中分离出公共利益，总是希望能从公共利益中多分得一份利益。试看下列多项式：

$$
\begin{aligned}
&A{:}500 + B{:}400 + C{:}300 + D{:}200 + E{:}100\\
&= A{:}(450 + 50) + B{:}(350 + 50) + C{:}(250 + 50)\\
&\quad + D{:}(150 + 50) + E{:}(50 + 50)\\
&= (50 + 50 + 50 + 50 + 50)\\
&\quad + (A{:}450 + B{:}350 + C{:}250 + D{:}150 + E{:}50)\\
&= 250 + (A{:}450 + B{:}350 + C{:}250 + D{:}150 + E{:}50)
\end{aligned}
$$

---

① 〔荷〕克拉勃：《近代国家观念》，王检译，商务印书馆 1957 年版，第 25 页。

② 同上书，第 80 页。

③ 参见张文显：《二十世纪西方法哲学思潮研究》，法律出版社 1996 年版，第 131 页以下；张宏生等：《艾尔力许的社会学法学、自由法学的反动实质》，载《政法研究》1963 年第 4 期。

在该多项式中,“250”是从 A、B、C、D 和 E 的个人利益中分离出来的公共利益,已成为一个独立的项,已不为 A、B、C、D 和 E 各自所控制,而只受他们集体控制。也就是说,“各个个人所追求的仅仅是自己的特殊的、对他们说来是同他们的共同利益不相符合的利益(普遍的东西本来就是一种虚幻的共同体的形式),所以他们认为这种共同利益是‘异己的’,是‘不依赖’于他们的,也就是说,这仍旧是一种特殊的独特的‘普遍’利益,或者是他们本身应该在这种分离的界限里活动,这种情况也发生在民主制中。另一方面,这些特殊利益始终在真正的反对共同利益和虚幻的共同利益,这些特殊利益的实际斗争使得以国家姿态出现的虚幻的‘普遍’利益对特殊利益进行实际的干涉和约束成为必要”。[①] 这样,公共利益与个人利益之间的对立和斗争就形成了。对此,西方学者也是承认的。例如,当代西方学者米尔恩也承认公共利益与个人利益之间的这种冲突。他说:“一个人所属的共同体应该继续存在下去,这的确是他的自我利益所在,但是,一个共同体应该以一种使所有成员尽可能好地生活的方式继续存在下去,则不是他的自我利益所在。他个人的自我利益所在,是这个共同体应该以一种使他和他的亲朋好友尽可能好地生活的方式继续存在。就他的自我利益而言,与他没有个人关系的伙伴成员的命运是无足轻重的,只要他们不制造麻烦就行。”[②] 这样,公共利益与个人利益之间的对立和斗争就形成了。

公共利益与个人利益的斗争性具有普遍性。它不仅存在于作为公共利益主要占有者的统治阶级与很难享受到公共利益的被统治阶级的成员之间,还存在于统治阶级整体与统治阶级的成员之间。马克思针对法国“雾月十八事件”中部分资产阶级的表现指出,这部分资产阶级认为“为了保持他们的公共利益、他们本阶级的利益、他们的政治权力而进行的斗争,是有碍于他们私人的事情的”;“这个资产阶级时刻都为最狭小最卑鄙的私人利益而牺牲自己的全阶级的利益即政治利益,并且要求自己的代表人物也作同样的牺牲”。[③] 公共利益与个人利益的对立和斗争,不仅存在于资本主义社会,也存在于社会主义社会。毛泽东指出:“我们的人民政府是真正代表人民利益的政府,是为人民服务的政府;但是它同人民群众之间也有一定的矛

---

① 马克思、恩格斯:《德意志意识形态》,载前引《马克思恩格斯选集》,第一卷,第 38—39 页。

② 〔英〕米尔恩:《人的权利与人的多样性——人权哲学》,夏勇等译,中国大百科全书出版社 1995 年版,第 51 页。

③ 马克思:《路易·波拿巴的雾月十八日》,载前引《马克思恩格斯选集》,第一卷,第 677、678 页。

盾。这种矛盾包括国家利益、集体利益同个人利益之间的矛盾。”① 这是因为，“没有任何预先定好的社会和谐能保证对某一成员是最好的东西必定对所有成员也是最好的。有限资源的经济事实排除了这种和谐的可能性。”② 马克思和恩格斯在《德意志意识形态》中认为，只要外在的社会分工还存在，产品和人们的觉悟还没有极大的提高，公共利益与个人利益的对立和斗争将始终存在，只有到了共产主义社会才能消除。

公共利益是全体或大多数社会成员的一种共同利益。个人利益与公共利益关系，实际上是单个社会成员与其他全体社会成员的关系。个人利益与公共利益的冲突，实际上也就是单个的社会成员与其他社会成员或大多数社会成员之间就利益而发生冲突的一种社会关系。因为在利益上，“如果所有人都要拥有足够的多，就没有人能拥有很多；如果有某些人要拥有得较多，其他人就必定拥有得较少。”③ 也就是说，如果某个社会成员不承担公共负担，就必然会加重其他社会成员的负担；如果某个人多占有公共利益，就必然会减少其他社会成员所能享受的公共利益。

公共利益与个人利益的这种冲突关系，是行政法有必要产生和存在的基础。然而，行政法的价值目标并不是为了激化这种利益冲突，而是为了促进利益关系的一致性，平衡这种冲突，使其恢复一致。布哈林指出：利益冲突的存在，“意味着一定具有额外的平衡条件。一定具有某种能起维系各个阶级、不让社会分裂崩溃以致彻底瓦解的箍子作用的东西。国家便是这种箍子。”国家包括“它的物的部分、它的等级制度（按阶梯那样建成的人的组织）、它的系统化的观念（各种规范：法律、命令等等）”。④ 美国学者也认为，“民主国家的目标是自由协调各种团体的利益”，“通过法律程序调解群体差异并有效地和切实可行地实现经济和谐及社会和解”，而“为实现这种目标，有必要发展名副其实的行政机制。”⑤ 就公共利益与个人利益间的冲突来说，是由行政法来消除、平衡和恢复一致的。在行政法规范的制定中，国家应平衡利益冲突，并加以确认。在行政法的执行中，国家通过认定社会成员

---

① 毛泽东：《关于正确处理人民内部矛盾的问题》，载《毛泽东著作选读》（下册），人民出版社1986年版，第758页。

② 〔英〕米尔恩：《人的权利与人的多样性——人权哲学》，夏勇等译，中国大百科全书出版社1995年版，第51页。

③ 同上书，第51—52页。

④ 〔苏〕布哈林：《历史唯物主义理论》，李光谟等译，人民出版社1983年版，第171、175页。

⑤ 〔美〕彭德尔顿·赫林：《公共行政和公共利益》，载彭和平等编译：《国外公共行政理论精选》，中共中央党校出版社1997年版，第54—55页。

追求个人利益的行为是否符合行政法规范，并对违反者予以制裁来解决冲突。在行政法的适用中，国家通过对行政行为是否真正符合行政法规范，并对违反者予以撤销和变更及赔偿来消除冲突。因此，利益冲突关系的存在，并没有改变行政法的目标，而只能说明行政法得以存在和发展的必要。如果要激化利益冲突，就根本不需要行政法，只需要政治和斗争。

二、公共利益本位

在公共利益与个人利益这一矛盾体中，公共利益是矛盾的主要方面，居于支配地位；个人利益是矛盾的次要方面，居于受支配地位。

早在提倡个人自由的近代，资产阶级启蒙思想家就已论述了这一思想。格劳秀斯认为，国家为了公共利益，比财产主人更有权支配私人财产。[①] 孟德斯鸠说，共和政体“要求人们不断的把公共的利益置于个人利益之上”。[②] 霍尔巴赫也指出：“一个真正自由的国度里，每一个公民都在法律保护下享有为自己福利或个人利益而劳动的权利，不容许任何人违反共同利益。”[③] 卢梭在《社会契约论》中也论述了个人利益应服从公共利益的思想。

自由资本主义向垄断资本主义转变后，承认公共利益支配个人利益的西方学者已越来越多。法国学者马里旦(Jacques Maritain)说：“我们不认为社会的目的是个体利益或每一个组成这个社会的人的个体利益的简单合成。这样的公式会分解社会，如同说为社会各个部分服务一样，会导致‘原子混乱’。它相当于暴露无遗的无政府主义观念或陈旧伪装了的资产阶级唯物主义的无政府概念。根据资产阶级唯物主义的概念，社会的全部职责在于确保个人自由受到尊重，从而使强者能自由地压迫弱者。”“公共利益超过个人利益”[④]。勒内·达维也认为，“把公共利益和私人利益放到同一个天平上是无法保持平衡的。”[⑤] 美国学者博登海默认为，公共利益和个人利益

---

① 参见〔荷〕格劳秀斯：《战争与和平的权利》，载黄楠森、沈宗灵主编：《西方人权学说》(上册)，四川人民出版社 1994 年版，第 34 页。

② 〔法〕孟德斯鸠：《论法的精神》(上册)，张雁深译，商务印书馆 1982 年版，第 34 页。

③ 〔法〕霍尔巴赫：《社会体系》，黄太庆译，载黄楠森、沈宗灵主编：《西方人权学说》(上册)，四川人民出版社 1994 年版，第 142 页。

④ 〔法〕马里旦：《人权和自然法》，倪建民译，载法学教材编辑部：《西方法律思想史资料选编》，北京大学出版社 1983 年版，第 670—671、672 页。

⑤ 〔法〕勒内·达维：《英国法与法国法》，舒扬等译，西南政法学院法制史教研室 1984 年版，第 94 页。

并不是"位于同一水平上的",公共利益优于个人利益。[①] 英国学者米尔恩指出:"共同体的每个成员所负有的一项义务就是使共同体的利益优先于他的自我利益,不论两者在什么时候发生冲突都一样。"[②] 日本学者浦部法穗也说,日本公认的见解和判例是"所有人权都受到公共福利的制约"。[③]

社会主义者一致认为,个人利益应服从公共利益。布哈林指出:"个人的眼前利益要服从集团的利益"[④]。列宁指出:"使私人利益服从共同利益"[⑤]。周恩来指出:"如果个人或少数人利益与大多数人不冲突时,则大多数加少数;如果少数人或个人利益与大多数人发生根本冲突时,则抛弃少数而顾大多数。"[⑥] 刘少奇指出:"个人利益服从党的利益,地方党组织的利益服从全党的利益,局部的利益服从整体的利益,暂时的利益服从长远的利益,这是共产党员必须遵循的马克思列宁主义的原则。"[⑦] 邓小平则反复强调了个人利益服从公共利益的原则。他指出,社会主义承认个人利益,并且承认个人的物质利益,实行按劳分配,否则就是唯心主义[⑧]。但是,"我们提倡按劳分配,承认物质利益,是要为全体人民的物质利益奋斗。每个人都应该有他一定的物质利益,但是这绝不是提倡个人抛开国家、集体和别人,专门为自己的物质利益奋斗,绝不是提倡各人都向'钱'看。要是那样,社会主义和资本主义还有什么区别? 我们从来主张,在社会主义社会中,国家、集体和个人的利益在根本上是一致的,如果有矛盾,个人的利益要服从国家和集体的利益,为了人民大众的利益,一切有革命觉悟的先进分子必要时都应当牺牲自己的利益。"[⑨] "在社会主义制度之下,个人利益要服从集体利益,局部利益要服从整体利益,暂时利益要服从长远利益,或者叫做小局服从大

---

① 〔美〕E.博登海默:《法理学——法哲学及其方法》,邓正来等译,华夏出版社 1987 年版,第 384—385 页。

② 〔英〕米尔恩:《人的权利与人的多样性——人权哲学》,夏勇等译,中国大百科全书出版社 1995 年版,第 52 页。

③ 〔日〕浦部法穗:《宪法学教室Ⅰ》,武树臣译,载沈宗灵、黄楠森主编:《西方人权学说》(下册),四川人民出版社 1994 年版,第 100 页。

④ 〔苏〕尼·布哈林:《历史唯物主义理论》,李光谟等译,人民出版社 1983 年版,第 179 页。

⑤ 列宁:《论合作制》,载《列宁选集》,第 4 卷,人民出版社 1972 年版,第 682 页。

⑥ 周恩来:《新民主主义的经济建设》,载《周恩来选集》,上卷,人民出版社 1980 年版,第 305 页。

⑦ 刘少奇:《论共产党员的修养》,载《刘少奇选集》,上卷,人民出版社 1981 年版,第 129 页。

⑧ 邓小平:《答意大利记者奥林埃娜·拉法奇问》,载《邓小平文选》,人民出版社 1983 年版,第 311 页;邓小平:《解放思想,实事求是,团结一致向前看》,载前引《邓小平文选》,第 136、142 页。

⑨ 邓小平:《党和国家领导制度的改革》,载前引《邓小平文选》,第 297 页。

局，小道理服从大道理。我们提倡和实行这些原则，绝不是说可以不注意个人利益，不注意局部利益，不注意暂时利益，而是因为在社会主义制度之下，归根结底"，个人利益和公共利益是统一的。在目前，我们要特别强调这一原则。否则，"就必然会造成极端民主化和无政府主义的严重泛滥，造成安定团结政治局面的彻底破坏，造成四个现代化的彻底失败。那样，我们同林彪、'四人帮'的十年斗争就等于白费，中国就将重新陷于混乱、分裂、倒退和黑暗，中国人民就将失去一切希望。这不但是全国各族人民所极为关心的问题，也是全世界一切愿意中国强大的人们，甚至仅仅愿意同中国发展贸易的人们所极为关心的问题。"①

公共利益本位说明，行政法对公共利益与个人利益之间冲突的消除，是通过个人利益服从公共利益的方式来实现的。但这种冲突的消除，并不是通过消灭个人利益来实现的，如果消灭了个人利益就无所谓公共利益了，而只是使个人利益与公共利益保持一致。这种冲突的消除，也并不能阻止新的利益冲突的发生，而只是使冲突保持在秩序的范围内。行政法规范的制定，已经是现有利益关系的协调一致，但并不意味现实中不再存在利益冲突或在行政法规范实施中不会再发生行政纠纷。行政法的存在，仅仅为利益冲突提供了所允许的空间，为行政主体或相对人的相互"进攻"提供了一种和平手段。也就是说，行政主体应按行政法规范的规定来制裁或强制相对人，制止相对人违反行政法规范追求个人利益的行为；相对人应通过行政复议或行政诉讼来反对公共行政。这种机制要求双方主体对现代民主和文明充满理解和尊重，要求双方主体都回到利益一致的目标上来或为寻找利益一致的目标而努力。因此，行政法机制的本意，并不是促使双方展开相互斗争和对抗，而是增进双方之间的服务与合作。公共利益本位还说明了行政主体在平衡单个社会成员与其他所有社会成员间的利益冲突中所具有的地位、权力和手段，即行政主体的优位、行政权的强制性和支配性及行政行为的先定力和公定力。

三、公共利益本位的根据

个人利益应服从公共利益，公共利益是矛盾的主要方面，公共利益与个人利益关系是一种以公共利益为本位的利益关系。那么，公共利益本位的

---

① 邓小平：《坚持四项基本原则》，载前引《邓小平文选》，第161—163页。另参见前引《邓小平文选》，第127、136、220—221、235—236、322、326—328页。

根据是什么呢?

卢梭在《社会契约论》中以公共利益与个人利益的一致性为出发点,认为公共利益是始终正确的利益,是公民自己的利益。公民一般都会以公共利益为依归或指导来谋求个人利益,但有时却缺乏理性。“因而,为了使社会公约不至于成为一纸空文,它就默默地包含着这样一种规定,——唯有这一规定才能使其他规定具有力量,——即任何人拒不服从公意的,全体就要迫使他服从公意。这恰好就是说,人们要迫使他自由”。[①] 也就是说,个人利益服从公共利益,只不过是公民服从自己理性的利益而已,或者是公民在得到全体成员服务的利益后为全体作出同等的贡献而已。但是,这一学说受到了密尔和狄骥等人的批评。密尔认为,个人利益服从公共利益,“若说为了那人自己的好处,不论是物质上的或者是精神上的好处,那不成为充足的理由。”[②] 狄骥认为,各人的意志都是平等的。大多数人的意志仍是个人的意志而不可能形成所谓的团体意志或公共意志,因而同样不能强加于少数人。“人们证明不出,也不可能证明出大多数人可以合法地把自己的意志强加于他人身上。”“我认为国家这种公共权力之所以绝对能把它的意志强加于人,是因为这种意志具有高于人民的性质的这种概念是想像的,丝毫没有根据的,而且这种所谓国家主权既不能以神权来说明,也不能用人民的意志来解释,因为前者是一种超自然的信仰,后者则是毫无根据、未经证明、也不可能的假设。”[③]

德国行政法学家拉耶尔(M. Layer)在1920年出版的经典之作《公益征收之原则》一书中指出,个人利益在与公共利益相冲突时,应服从公共利益。这是因为:第一,公共利益是“团体的利益”。团体是一个由“多数人”组成的单位,高于个人。这种团体,可能是一个具有人格的组织体,如乡、镇等“公法团体”;也可能是“无人格”的组织体,如居住于某些市区的居民等。第二,公共利益具有持续性。他认为,个人利益的享有时间最久也不会超过个人的一生,但公共利益的存在并不因团体成员的变更而受影响,存续时间比个人利益更为久远。持续性短的利益应服从持续性久的利益。[④]

当代英国学者米尔恩把公共利益称为“社会共同体的利益”,把个人利

① 〔法〕卢梭:《社会契约论》,何兆武译,商务印书馆1982年版,第29页。

② 〔英〕密尔:《论自由》,程崇华译,商务印书馆1982年版,第10页。

③ 〔法〕狄骥:《宪法论》,钱克新译,商务印书馆1962年版,第416页、“第二版序言”第8页。

④ 参见陈新民:《宪法基本权利之基本理论》(上册),台湾省三民书局1992年版,第166—167页。

益称为社会共同体成员的“自我利益”。他认为，社会共同体的利益是“建立和维持一种内外部条件，使所有共同体成员能够基于那些确定他的成员身份的条件，尽可能好地生活。”“一个人的自我利益”，就是“对他来说是最好的东西”①。他认为，个人利益与公共利益之间的关系，是一种某个成员与其他多数成员之间的利益关系；个人利益服从公共利益，就是该成员的自我利益应服从大多数成员的共同利益。这是“实践理性原则”的要求。“实践理性原则要求，同样的情况应该受到同样的对待，只有存在着相应差别的地方，才应该区别对待。……因此，任何人成为不道德的利己主义者都是不合理的。”如果某个成员可以不承担公共负担而只享受共同体利益，或少承担公共负担而多占有共同体利益的份额，则意味着“他在要求一种专横的特权，之所以说是专横的，是因为它没有任何合理的根据。”② 在他看来，实践理性原则是由社会关系决定的。他认为，人们之间存在着某种必然的社会联系，而不是彼此孤立的个人。这种社会联系是一种“伙伴关系”，即某一社会成员为其他社会成员提供服务和其他社会成员为该社会成员提供服务的关系。这种“伙伴关系”是社会成员的自我利益得以存续的条件。虽然该社会成员为其他社会成员提供服务并不构成他的自我利益，但却可以获得其他成员的相应服务，避免其他成员对他已有的自我利益制造麻烦或构成威胁，从而构成了他的自我利益③。总之，在米尔恩看来，每一成员都应使“共同体的利益优先于他个人的自我利益”；只有这样，才能最终保全他的自我利益。

我们认为，公共利益能成为该矛盾的主要方面，是由公共利益的质和量决定的。第一，公共利益决定着矛盾的质。矛盾的质，是指该矛盾是一种对抗性矛盾还是一种非对抗性矛盾。在生产资料公有制的社会里，公共利益是实质上的全体社会成员或大多数社会成员的共同利益，尽管因外在的社会分工而与个人利益相矛盾，但却是一种非对抗性矛盾。在私有制社会里，从全体或大多数社会成员的个人利益中分离、独立出来的公共利益，被统治阶级占为己有或绝大部分份额为它所夺取，实质上成了统治阶级的共同利益或整体利益，只是仍保留着全体或大多数社会成员共同利益的形式而已。

---

① 〔英〕米尔恩：《人的权利与人的多样性——人权哲学》，夏勇等译，中国大百科全书出版社1995年版，第47、49页。

② 同上书，第53—54页。

③ 同上书，第49页。

于是,公共利益与个人利益的矛盾,首先表现为统治阶级的共同利益与被统治阶级的个人利益间的矛盾。这种矛盾是阶级矛盾和对抗的表现之一,是不可调和的对抗性矛盾。其次,公共利益与个人利益的矛盾,还表现为统治阶级的整体利益与统治阶级成员的个人利益间的矛盾。这种矛盾是非对抗性的,但却不是公共利益与个人利益矛盾中的主要表现形式或主要矛盾,而是从属于阶级矛盾和阶级对抗的。因此,私有制社会里公共利益与个人利益的矛盾,从总体上说是一种对抗性矛盾。由此可见,公共利益与个人利益这一矛盾的质,是由公共利益决定的,而不是由个人利益决定的。决定矛盾性质的矛盾方面,就是矛盾的主要方面。第二,公共利益的总量超过了个人利益的总量。公共利益是“全体”社会成员的共同利益,个人利益是单个社会成员的利益。个人利益与公共利益之间的关系,就是单个社会成员的利益与有组织的“全体”社会成员的共同利益之间的关系,是个别社会成员与整个社会的所有其他社会成员之间的一种关系。所有社会成员的个人利益的总和,总是大于公共利益之和的,因而宪法学上的人民主权学说是合乎逻辑的。但在任何社会里,单个社会成员的个人利益总量都是远远无法与公共利益的总量相比拟的,不可能大于或等于公共利益的总量;相反,公共利益永远大于个人利益。因此,个人利益只能服从公共利益。第三,个人利益有必要和可能服从公共利益。社会之所以要从个人利益中分离出公共利益,就是为了保障个人利益的安全,调节各社会成员所占有的利益,促进个人利益的进一步发展,而不是要剥夺或消灭个人利益。只有公共利益发展了,可供分配的总量丰富了,各社会成员才能享受到更多的利益。如果没有公共利益的调节,社会成员的利益将在相互冲突中被无谓地消耗,更难以得到发展。特别是在现代社会里,许多利益如果不按公共利益来组织,社会成员个人是无法实现的。资本主义从自由竞争到垄断统治的发展,也证明了这一道理。如果个人利益可以不服从公共利益,社会将陷于无政府状态,国家和法也就失去了存在的基础。因此,公共利益是个人利益得以存在和发展的前提,个人利益有必要服从公共利益。当然,公共利益与个人利益是统一的,公共利益也是以个人利益为前提的。它们是互为前提的。它们之间的统一性,使得个人利益具有服从公共利益的可能性,也使得国家具有要求、强制个人利益服从公共利益的权力和正当理由。总之,在公共利益与个人利益这一矛盾体中,公共利益是矛盾的主要方面;公共利益与个人利益关系,是一种以公共利益为本位的利益关系。在任何社会里,统治阶级都不可能让本阶级成员的个人利益高于其整体利益,更不可能让被统治阶级成员的个人利益高于统治阶级的整体利益。

四、关于“个人本位论”

在理论上,有人主张“个人本位论”或“个人利益中心论”。他们认为,资本主义社会,尤其是自由资本主义阶段,是以保障个人利益为价值取向的;我国在推行市场经济体制后,也应以个人利益的保障为政治、经济体制改革和法制建设的出发点和归宿。[①] 笔者认为,这种观点是不科学的,甚至是错误的。

总的说来,利益关系可分为三种,即公共利益与个人利益关系、整体利益与整体利益关系、个人利益与个人利益关系。在公共利益与个人利益关系上,如前所述,只能是一种以公共利益为本位的利益关系,而不可能是以个人利益为本位的利益关系。在这里,我们来分析一下个人利益关系和整体利益关系。

(一)关于个人利益关系

个人利益与个人利益关系,是一种社会成员相互间的利益关系。从个人利益关系的内部来看,它是以个人利益为内容的利益关系。也就是说,每个个人都是以自己的个人利益为出发点和归宿的;在不涉及公共利益的前提下,对个人利益的追求是自由的,是不受干涉的。否则,社会的发展就会缺乏动力和活力。并且,个人利益关系是一种以平等、有偿、自愿、协商一致为原则,以个人利益为内容的利益关系。从这一意义上说,个人利益关系是一种以个人利益为“中心”、“本位”的利益关系。但这种说法是没有任何意义的。当人们说以什么为本位或中心时,都是指在矛盾着的双方中哪一方是矛盾的主要方面,人们以哪一方为价值取向的问题。对这种利益关系,国家社会在形式(或法律)上既不能以这一方社会成员的个人利益为本位,也不能以另一方的个人利益为本位,不能以保护某一方社会成员的个人利益为国家社会的价值取向。因此,在形式上,个人利益关系不存在以谁为本位或以个人利益为本位的问题。当然,在事实上,任何国家社会都是以属于统治阶级的社会成员的个人利益为本位的。如果是这样,就不能简单地说“以

---

① 参见刘军宁:《勿忘‘我’》,载《读书》1995年第12期;周成名:《道德建设不能超越经济发展的现实》,载《探索与争鸣》1996年第1期;郑永流:《商品经济与计划经济中主要法律价值的对比》,载《中南政法学院学报》1991年第4期;张钢成:《社会主义市场经济与法的个人权利本位》,载《法制与社会发展》1995年第3期。

个人利益为本位”、“以个人利益为中心”了。

从个人利益关系的外部来看，它是一种独立于其他利益关系的利益关系。这就是说，社会成员的个人利益在不涉及公共利益时是独立的、自由的，在与任何其他社会成员的关系中都是以自我为中心的，也是不受国家干预的。在这种情况下，作为公共利益代表的国家也没有必要去干预社会成员的个人利益。资本主义社会、尤其是自由资本主义阶段的个人自由，其实就是这一意义上的自由。但从这一意义上说，个人利益并未与公共利益发生矛盾、关系或联系，因而并不存在以谁为矛盾的主要方面的问题，更不存在“以个人利益为本位”的利益关系或“以个人权利为本位”的法律问题。当某一社会成员与另一社会成员就个人利益发生关系而涉及公共利益时，则除了这种个人利益关系外又形成了另一种性质的利益关系即公共利益与个人利益关系。这时，个人利益就是不“自由”的，是受公共利益制约的。

(二) 关于整体利益关系

整体利益与整体利益关系，包括不同区域、不同民族、不同行业和不同内容之间的整体利益关系，长远的整体利益与眼前的整体利益关系、整体利益与局部利益关系等，尤其包括不同阶级间的整体利益关系。

对阶级利益关系来说，最主要的就是统治阶级与被统治阶级间的利益关系。在这一利益关系中，一般是以统治阶级的利益为本位的。当然，矛盾的双方是可以互相转化的。被统治阶级的利益份额虽然较小，但人数占绝大多数，利益总量往往会超过统治阶级的利益总量。当属于被统治阶级的个人被组织为一个阶级时，被统治阶级的利益在阶级利益关系中就成了矛盾的主要方面或第一位的矛盾方面。于是，革命暴发了，被统治阶级就上升为统治阶级，其利益也上升为“全社会”的公共利益。但在革命胜利后，革命阶级的利益重新分化为统治阶级的利益与被统治阶级的利益。在这种新的阶级利益关系中，新的统治阶级利益就成了矛盾的主要方面。因此，被统治阶级的利益在阶级利益关系中超过统治阶级的利益即“全社会”的公共利益，“人民”的利益高于一切，即通常所说的“主权在民”或人民主权，在革命阶段是可能和真实的；在和平时期，当统治阶级已是绝大多数人时或人民当家作主的社会里也是可能和真实的，但当统治阶级还是少数人时却是不可能和虚假的。

阶级利益关系只不过是一种整体利益与整体利益关系。在这一关系中，“人民”的利益高于一切，以“主权在民”或人民主权为原则，具有历史进步性和科学性。然而，这里的“人民”是一个集合概念，是整体意义上的“个人”,而不是指单个的人。整体利益与整体利益关系的主体,是一定的社会组织或单个社会成员的集合,而不是单个的社会成员。“主权在民”或人民主权的权力或权利,尽管属于一定阶级或人民中的每一个成员,但权力或权利的主体却是阶级或人民而不是其中的单个成员。行使这种权力或权利的方式是革命或选举。单个的成员只有加入革命或参加选举,才能行使这种权力或权利,才能享受本阶级的共同利益。因此,在整体利益与整体利益关系中,不存在“个人利益本位”的问题;在人民与国家的关系中,并不存在“个人权利本位”的问题。

总之,从理论上说,没有任何一种利益关系是以个人利益为本位的利益关系。“个人利益本位论”的错误,就在于没有理清各种不同的利益关系及其利益主体,甚至把个人利益看成全社会各个社会成员的利益的总和,并把这一意义上的“个人利益”与国家作为一个抽象人格主体所具有的利益进行比较。这种理论上的错误,在实践中是非常有害的。我们认为,国家作为公共利益的总代表,宪政关系中的人民主权必将转换成行政法关系上的公共利益本位。行政主体作为公共利益的代表者和国家的组成部分,在宪政关系上的从属地位,在行政法关系上必然表现为支配地位。由此可见,行政法对公共利益与个人利益冲突的解决并不是通过使公共利益服从个人利益来实现的,利益一致的实现并不是以牺牲公共利益为代价的,行政法治的存在并不是以限制、削弱行政权或增强个人权利来体现的。因此,在行政法上,“控权论”是缺乏科学性的。

第五章　服务与合作

——新的人文精神

第一节　服务与合作精神

一、行为关系的价值取向

(一)行为关系

马克思指出:“社会——不管其形式如何——究竟是什么呢?是人们交互作用的产物。”① 布哈林也认为,“社会是相互作用着的人们的最广泛的、包含他们的一切持续性相互作用、建立在他们的劳动联系之上的体系。”② 因此,利益关系是因人们有意识的交互行为,即追求利益的行为而形成的一种社会联系,是一种交互行为关系。

没有主体的交互行为就不可能有主体间的社会关系或利益关系。为了说明社会的起源,霍布斯等资产阶级启蒙思想家描绘了自然状态。在这种自然状态里,人只有对自然的孤立行为,没有人与人之间的交互行为,没有相互间的联系和社会。“霍布斯哲学的‘自然状态’的意义,在于它描绘了在缺乏信任的情况下,各种事物会是什么样。在这种情况下,每个人注定要过一种孤独、贫困的生活,因为不会有任何的合作。没有人会想要与其他任何人发生关系,因此根本不会有社会存在,也根本不可能有产业、宽敞的建筑、艺术和文学的存在。”③ 在第二次世界大战后的冷战时期,从某种意义上说,也是资本主义与社会主义之间不发生交互行为的时期。尽管有战争但基本上是局部的、暂时的,尽管有一定联系但并未发展成为广泛、直接的合作。

与利益关系的一致和冲突一样,主体的行为有合作行为和斗争行为。利益的一致和冲突,既是合作和斗争的原因又是合作和斗争的结果。合作中有斗争,斗争中有合作。主体之间这种合作和斗争的行为关系,是利益关

---

① 马克思:《致巴·瓦·安年柯夫》,载前引《马克思恩格斯选集》,第四卷,第320页。

② 〔苏〕布哈林:《历史唯物主义理论》,李光谟等译,人民出版社1983年版,第96页。

③ 〔英〕米尔恩:《人的权利与人的多样性——人权哲学》,夏勇等译,中国大百科全书出版社1995年版,第44页。

系对立和统一的直接表现。

（二）行为的价值取向

主体的行为作为一种意志行为，是受主体的道德标准或价值取向支配的。这种价值取向表现为利己和利他两种价值观念。有的认为，利益是很多的，利益的众多属性也能同时满足各不同主体的需要。因此，“过去关于人性中利己和利他何者比较重要这个问题的辩论，是毫无用处的。……利己主义变成这种愚笨的假定：一种利益永远是某人的利益。利他主义变成愚笨地找寻一种没有人关心的利益。”[①] 我们认为，在社会的特定发展阶段，利益总是有限的，利益的丰富程度难以超过人们的需要。当一个主体占有某种利益时，该利益即使可由多人利用，他人也是难以利用的。利己或利他仍然是社会中的主体不得不作的选择。当然，利己并不意味完全排除他人，但其范围被限于那些与他笔者有紧密或经常联系的人，即以主体笔者为中心来追求利益。利他也并不意味主体完全不关心自己的利益，而是在自己获取利益的同时考虑他人的正当利益，或者说在满足他人利益的同时来获取自己的利益。利己的个人主义，将支配主体所作的行为成为一种掠夺性的斗争行为，行为关系是一种斗争或对抗关系。利他的集体主义，将支配主体所作的行为成为一种互惠互利的合作行为，行为关系是一种合作或协作关系。

然而，利己或者利他这种道德标准却取决于主体对利益关系的价值判断。资产阶级启蒙思想家所处的时代是一个专制与反专制的斗争时代，因而所描绘的社会是一个人人彼此独立、各自为战或者互不关心的社会。18世纪中叶的英国思想家葛德文就认为，“为了使人类的认识能力得到顺利地培养，人们的精神活动必须是互相独立的。我们应该避免这种旨在把我们的见解融而为一的做法。”[②] 模仿和合作都有损人类的个性。“通常被人称作合作的一切事物，在一定程度上，都是一种弊端。……如果迫使人去考虑他人的方便，那就更糟一些。如果要我同一个别人一起吃饭或一起工作，其时间不是对他方便，就是对我方便，或者对谁都不方便。我们是不可能像钟表机件那样和谐一致的。”同样，“共同劳动大概要比分忧解困有害得多”。因此，“所有职务以外的合作都应小心加以避免”。当然，在现实社会里的某

---

① 〔英〕萨柏恩等：“英译者序”，载〔荷〕克拉勃：《近代国家观念》，王检译，商务印书馆1957年版，第47页。

② 〔英〕葛德文：《政治正义论》，第二、三卷，何慕李译，商务印书馆1982年版，第644页。

些合作是不可避免的。但是,随着科学技术的发展和进步,这种原本必不可少但却“荒唐而可恶的合作”也将被摧毁。到那时,“我们还会有音乐的合奏吗?”“我们还会有舞台表演吗?”① 总之,当时社会对利益关系的基本、总体估价为冲突和斗争关系,鼓动革命、提倡人权、主张自由、宣扬独立。这种个人主义的人文精神一直支配着19世纪,并在行为上表现为资本主义社会经济上的自由竞争、尔虞我诈和政治上的权力分立、制约平衡。

马克思、恩格斯和列宁等所处的时代是无产阶级革命的时代,所负的历史使命是埋葬人剥削人的制度,因而所强调的也是利益关系的冲突和斗争的一面,表现在行为上就是武装斗争和夺取政权。这种人文精神在我们夺取政权时,无疑是一种有力的思想武器。

二、当今社会的选择

斗争和对抗并不是主体对行为的惟一选择,也并不是社会交往的主流。而且,当本阶级取得政权后,如果继续强调利益关系的冲突性及行为关系上的斗争性,必将导致社会的动荡和政局不稳。因此,在和平建设时期对利益关系应有不同于革命时代的价值判断,对行为关系需要有新的指导思想,那就是利益关系的一致性及行为关系上的相互合作。正是基于这种考虑,在资本主义进入垄断阶段后,狄骥提出了社会连带主义法学。他认为,人们之间具有共同利益关系,因而要求在行动上必须共同协作;人们之间具有不同但却一致的利益关系,因而要求在行动上必须相互合作。②

马克思和恩格斯虽然处于无产阶级革命时代,但仍然指出:“社会关系的含义是指许多个人的合作,至于这种合作是在什么条件下,用什么方式和为了什么目的进行的,则是无关紧要的”。③ 而且,经典作家所强调的斗争精神主要是针对阶级利益关系而言的。至于本阶级内部关系及和平建设时期相互之间的合作仍为经典作家所重视。十月革命胜利后,列宁就适时地提出了合作制主张。他指出:“在我国,既然国家政权操在工人阶级手中,既然全部生产资料又属于这个国家政权,我们要解决的任务的确就只有居民的合作化了。”“实际上,在新经济政策时期,使俄国居民充分广泛而深入地合作化,这就是我们所需要的一切,因为现在我们已经找到了私人利益、私人

① 〔英〕葛德文:《政治正义论》,第二、三卷,何慕李译,商务印书馆1982年版,第641—642页。
② 〔法〕狄骥:《宪法论》,钱克新译,商务印书馆1962年版,第64页。
③ 马克思、恩格斯:《德意志意识形态》,载前引《马克思恩格斯选集》,第一卷,第34页。

买卖的利益与国家对这种利益的检查监督相结合的尺度，找到了使私人利益服从公共利益的尺度，而这是过去许许多多社会主义者解决不了的难题。”[①] 毛泽东同志在革命战争时期的《湖南农民运动考察报告》一文中就提出了“组织起来”的号召[②]，在和平时代又对农村合作社倾注了满腔热情。

我们认为，人类社会正是在这种合作下得以发展的，现代文明正是在这种合作下取得的。随着第二次世界大战及此后冷战的结束，人与人之间、组织与组织之间及国与国之间利益上的一致和行为上的合作，已成为社会发展的主流和人类的共识。“现代科学技术已经使我们的时代成为全球性相互依存的时代，各种传统的封闭自足已一去不返，它们之间的联系持续不断，既有合作，也有冲突。”但是，“无论处于什么样的关系中，人类成员在任何时候、任何地方至少都应该彼此作为人类同胞来相互尊重”，“为增进人类合作、减少人类冲突作出至少是智识上的贡献。”[③] 因此，“不论是国内问题还是国际问题，我认为我们现在就应当唤起‘为他人、为社会’的利他的伦理观和价值观，并根据它来行动和思考。”[④] 于是，人与人之间应当成为一种合作伙伴关系，就成了当今社会的选择。当代资本主义社会尽管仍然奉行个人主义的价值观念，但已不再是19世纪的个人主义，而已经是一种新的个人主义。对此，美国实用主义哲学大师杜威在其《新旧个人主义》一书中早有详尽论述。

合作，意味着对他人的实际关心和真诚照顾，意味着对其他社会成员的让利或互惠互利。“近代资本主义是以‘追求利润’为主题而获得发展的。……我并不认为追求利润就是坏事。但是现在所追求的资本主义中，我认为最大的问题是如何把获得的利益用出去。我想那大概是为了社会、为了家庭、为了人吧。但首先第一步是为了从业人员和股东，同时把利益分给顾客也是很重要的。做了这些事之后，如果还有利润的话，那就应当作为更广泛意义上的为文化、社会作贡献和进行援助之用。”[⑤] 合作，意味着人与人之间的相互尊重和平等相处。“在决定合作时，他们成了联合事业的合伙人，

---

① 列宁：《论合作制》，载《列宁选集》，第四卷，人民出版社1972年版，第681—682页。

② 毛泽东：《湖南农民运动考察报告》，载《毛泽东著作选读》（上册），人民出版社1986年版，第12页。

③ 〔英〕米尔恩：《人的权利与人的多样性——人权哲学》，夏勇等译，中国大百科全书出版社1995年版，第44页。

④ 〔日〕稻盛和夫等：《回归哲学——探求资本主义的新精神》，卞立强译，学林出版社1996年版，第14页。

⑤ 同上书，第19页。

并且必须以此相互对待。这不仅意味着不得互相损害,而且意味着互相提供帮助和支持。不论他们为之合作的目的是好是坏,这一点都是适用的。”[1]

人与人之间相互合作的实现,构成了主体之间的相互尊重和平等对话、人们之间的团结互助和同心协力、民族的凝聚力和社会的持续发展,即主体间的伙伴关系。尽管冲突和敌对关系仍然存在,但人们却开始尽可能抛弃意识形态上的分歧而携手共创人类文明,把社会发展和人类努力的目标定位于建立和发展人们之间的合作伙伴关系,冲突和对立已不再是人们的选择。由此可见,人生是一个斗争的历程、人生的价值在于自我奋斗的古训已经过时。今天的座右铭应当是:人生的价值在于在合作中发展和完善自己。

三、法的精神

我们已经指出,法的目标是实现利益一致关系。法对利益一致关系的实现,是通过对主体行为的规范来进行的。法对主体行为的规范,就必须有相应的价值观念或精神作为指导思想。

早在1748年,孟德斯鸠就已作《论法的精神》。以他为代表的启蒙思想家及以后的理论家,基于利益冲突、人的扩张本能及权力的滥用本性这一基本估价,为资本主义法律设计了个人主义的人文精神,即通过主体行为进行相互制约以保障个人自由的法理念。于是,权力应分立、相互牵制并保持平衡,法律行为是双方主体所作的一种相反的意思表示,诉讼也是双方主体所进行的一种合法对抗。然而,20世纪以来、尤其是第二次世界大战以来,与人们对利益关系的基本估价相一致,法所体现的精神却是集体主义和相互合作精神。狄骥认为,法的惟一任务或目标就是实现社会连带关系即利益一致关系,即“确保文化的发展,并协力促进物质、精神和道德的发展……为实现社会连带关系的合作,恰恰就是文化的合作,文明进步的协作。”可是,实现利益一致关系与增进相互合作是同一意义的概念。合作是为实现利益一致关系而进行的合作,利益一致关系的实现需要合作、也意味着合作。[2]庞德也指出:“今后法学思想的道路”,“似乎是一条通向合作理想而不是通向相互竞争的自我主张理想的道路”。“这种关于合作的观念远比我们用以衡量事物的竞争性的自由自我主张的观念,更接近于今天的城市生活的现

① 〔英〕米尔恩:《人的权利与人的多样性——人权哲学》,夏勇等译,中国大百科全书出版社1995年版,第44页。

② 〔法〕狄骥:《宪法论》,钱克新译,商务印书馆1962年版,第483页。

实情况。”“我愿意设想，承认合作和在各方面重新加以强调，是走向某种理想的一个步骤，这种理想在包括自由、自发的个人主动精神的同时也包括人类有组织的努力；而且我似乎看到这一理想就寓于文明的观念之中。”①

法无论本质如何，总是以国家意志的形式而存在的。只要国家还存在，法也将始终存在。法所要实现的合作，不仅仅是统治阶级内部成员之间、统治阶级成员与统治阶级整体之间或政权组织之间的相互合作，而且要实现全社会成员之间、不同阶级之间的全面合作。只有在现有的国家政权不能继续存在或不需要法的时候，才能提倡和号召斗争或革命。阶级之间的合作总是有利于统治阶级的，在资本主义社会和社会主义社会里都是如此。资本主义法律所要求的合作，有利于资产阶级的内部团结及资本家对工人剩余价值的剥削，旨在反对内部分裂和外部反抗。在社会主义初级阶段，人们仍处于不同的阶层，私有企业主仍将存在。社会主义法也要实现各阶层之间、私有企业主与工人之间的合作，实现私有经济与公有经济之间的合作，对破坏这种合作关系的都要予以法律制裁。这种合作，将有利于社会总财富的增长，有利于人民生活水平的提高，有利于社会主义事业的发展。

这里的合作不仅指社会成员间的合作，而且包括国家机关之间的合作。各国家机关都享有相应的权力，它们间的权力分工是必要的。但是，分工不等于分离或分立。在它们的权力间划出一条明确界限的企图已证明是徒劳的，也是没有必要的。它们在行使权力中应相互尊重和彼此合作，而不能互相制约、彼此平衡，否则只能导致权力摩擦和效率低下。“分权原则的极端形式不能作为任何具体政治组织的基础。”因为，实际政治的需要要求国家意志的表达（立法）与执行（行政和司法）之间协调一致。“法律与执行法律之间缺乏协调就会导致政治的瘫痪。”② 实际上，早在上世纪末本世纪初，即使在作为分权典型的美国，三权分立就已经崩溃，取而代之的是分工合作。③国家机关之间的合作，构成了政权的统一、政府的权威和职能的效率。

四、行政法的精神

法的一般精神也是行政法的精神。然而，公共利益与个人利益关系、行

---

① 〔美〕庞德：《通过法律的社会控制·法律的任务》，沈宗灵等译，商务印书馆 1984 年版，第 67、69 页。

② 〔美〕古德诺：《政治与行政》，王元译，华夏出版社 1987 年版，第 14 页。

③ 参见〔美〕庞德：《通过法律的社会控制·法律的任务》，沈宗灵等译，商务印书馆 1984 年版，第 67 页以下；〔美〕梅里亚姆：《美国政治思想》，朱曾汶译，商务印书馆 1984 年版，第 85、104、114 页。

政主体与相对人交互行为的特殊性,又决定了行政法精神的特殊性。近代个人主义的人文精神在行政法上的体现,就是行政主体与相对人之间的命令与服从、权力与控制的对抗关系。现代集体主义的人文精神,在法中体现为合作精神并旨在建立主体之间的合作伙伴关系。在公共利益与个人利益之间,即行政主体与相对人之间也是如此。"无论如何对公共行政和私营行政进行比较,人们总是有一个印象:认为它们是互相对立的,各自属于一个独立的、性质截然不同的领域。实际上,公共行政的许多工作是通过为数众多的私人团体和个人的协作完成的。'私营'和'公共'之间的界限现在确实已变得模糊不清,人们难以说清政府的界限在哪里终止而私营企业的界限又从哪里开始。"政府与私营企业和个人之间的关系也应当是一种合作伙伴关系。① "公共行政是属于行政属类的一种,这个属类反过来又是我们称为'人类合作行为'家族中的一员。'合作'这个词在这里可以按照结果来限定:人类有影响的行为都是合作产生的,如果没有合作,也就不会有任何成果。"② 然而,行政主体对相对人的合作是通过为相对人提供服务来实现的,相对人对行政主体的合作则主要表现为配合和参与。因此,法的现代精神即合作在行政法中就具体表现为行政主体与相对人之间的服务与合作的信任关系。也就是说,行政法在规范主体行为时所应贯彻的精神,就表现为服务与合作了。现代行政法所倡导的服务与合作关系的形成,意味着公共利益与个人利益关系的一致,意味着政府与公众之间的相互信任、支持和尊重。也许,现代行政法所体现的人文精神多种多样,如行为主义、经济分析主义和存在主义等等。但从本体论上说,现代行政法的精神就是这里所提倡的服务与合作精神。

其实,行政主体的服务就是行政。我们用"服务"来代替"行政",是运用企业服务精神对政府活动的一种改造。当然,这种改造不仅仅是名称上的变换,而是一种精神上的改造。这种精神改造,并不是将某种精神输入原有的躯体,而是根据新精神所进行的运行机制的脱胎换骨。最近,戴维·奥斯本等美国学者详细阐述了这种改造。③ 但是,这种改造也并不是要把政府改

① 〔美〕尼格罗等:《公共行政学简明教程》,郭晓来等译,中共中央党校出版社 1997 年版,第 11 页。

② 〔美〕德怀特·沃尔多:《什么是公共行政学》,载彭和平等编译:《国外公共行政理论精选》,中共中央党校出版社 1997 年版,第 187 页。

③ 参见〔美〕戴维·奥斯本等:《改革政府——企业精神如何改革着公营部门》,周敦仁等译,上海译文出版社 1996 年版。

造成为私人公司。与私人的服务不同,行政主体的服务是一种公共服务。这种服务的主体是行政主体即公共社会组织,是公共利益的代表者。这种服务的对象是社会公众,是公共利益的享有者。这种服务的内容,原则上是无偿地集合、维护和分配公共利益。“由于政府计划的目标是为公众需要服务,并非是在赚钱的意义上盈利,甚至像美国邮政服务局等政府企业单位也不能严格地按企业方式经营。……虽然这种政策要增加成本,但是要保证提供服务。而私人公司在需要增加较多成本时通常不会提供这种服务。”①我们之所以应作这种改造,是为了更好地说明行政的双向性及行政范围不断扩大的合理性,使我们的观念能够与行为上的相互合作、利益关系上的一致性相一致。

公共服务也可简称为公务,一般认为最早源于法国权限争议法庭在1873年2月8日对布朗戈(Blanco)案件的判决。② 但是,对公务观念的系统的逻辑论证,却是由法国法学家狄骥完成的。20世纪以来,它一直是法国行政和行政法学的一种基本观念,并在第二次世界大战以后为各国所普遍接受。现在,它已深入到行政实践的各个方面,如“公务员”、“公务组织”、“执行公务”和“公务协助”等。在法国,通说所称的公共服务有两层意思:“一是组织意义上或形式意义上的公共服务,指的是所有隶属于行政法人的机关和组织,它是承担行使这一法人职能的人员和物质手段的有机整体。……二是功能意义上的或实质意义上的公共服务,主要指的是行政法人的活动。”③ 我们认为,公共服务或公务是一种非物质的观念形态,是对政府及其活动的各种纷繁复杂的具体现象的理论抽象和概括。然后,我们才能用这种观念来说明和界定具体的现象,如服务主体和服务对象、服务职责(或权限)和服务合作、服务行为和服务参与、服务效果和服务分享。

与行政主体的服务相对应的范畴,就是相对人的合作。这就意味着,行政相对人不再是行政的客体而是行政的主体即行政的合作伙伴,不再是权力的服从者而是服务的享受者。相对人对行政主体的服务既有配合的义务,又有参与和分享服务的权利(详见本章第三节)。

服务与合作是一种同公共利益与个人利益关系相对应的行为关系。在

---

① 〔美〕尼格罗等:《公共行政学简明教程》,郭晓来等译,中共中央党校出版社1997年版,第11页。

② 参见王名扬:《法国行政法》,中国政法大学出版社1989年版,第23页。

③ 潘小娟:《法国行政体制》,中国法制出版社1997年版,第5页。

这种行为关系中，行政主体的服务是第一位的。没有行政主体的主动服务，就没有相对人的积极配合、参与和享受。为了使行政主体能够提供更多更好的服务，法律赋予了行政主体相应的权力和手段。服务第一、合作第二，也正是我们强调公共利益本位的逻辑归宿。公共利益本位，并非公共利益的代表者（国家公职人员）的个人利益本位，而是为了说明服务与合作关系中的服务本位。我们必须尽快确立这种正确的行政法治观念，即行政机关的职责是为相对人提供服务，而相对人对这种服务应给予配合和合作；行政机关应信任相对人的配合和合作，相对人应信任行政机关的服务。只有这样，政权才能巩固，社会才能稳定。然而，在 20 世纪即将过去的今天，在理论上却仍然固守着 19 世纪的行政法治观念，把行政机关看成是行政管理机关或“天生”的不讲法、不守法和专横、武断的代表，从而形成了行政法学上所谓的“管理论”或“控权论”等。这必须尽快予以转变。在实践中，也确实存在着行政主体与相对人之间的冲突。因此，“今天，一般认为，行政法改革的重要目的是要取得两个方面变革的成果……首先，有必要逐步给行政部门灌输一些新的精神，因为行政部门已表现出某种倾向，它们对历史传统抱残守缺，始终认为自己是一个实行统治的权力机关，它们对待国家的公民总有点像皇帝对待臣民的味道。……另一种变革也是不可缺少的，即公民们自身必须抛弃那种认为行政事务是公共官员权力范围内的事，认为行政官员注定就是来为他们提供服务的，因而公民可以对行政事务不闻不问的陈旧观念。”①

第二节　服　　务

一、行政主体

（一）执法机关

多数行政主体是行政机关。在前苏联法学上，人们习惯地把行政机关称为“国家管理机关”，即“由管理机关组成、通过管理这一种国家活动来实现国家的任务和行使其职能的苏维埃国家机关”②。这种观点一直影响着原东欧社会主义国家和我国的行政法学。原民主德国学者指出：“在法学著作

---

① 〔法〕勒内·达维：《英国法与法国法》，舒扬等译，西南政法学院法制史教研室 1984 年版，第 109—110 页。

② 〔苏〕马诺辛等：《苏维埃行政法》，黄道秀译，群众出版社 1983 年版，第 74 页。

以及规范性文件中,部长会议及其机关,地方委员会及其专门机关总的称作国家管理机关或管理机构"。[①] 我国学者也认为:"国家行政机关又称国家管理机关"。[②] 我们认为,如果不是从与国家权力机关和国家检察、审判机关相比较的角度,即不是把国家权力机关称为立法机关、把国家检察机关和国家审判机关称为司法机关的话,把国家行政机关说成是从事国家行政管理的国家机关,则似乎是无可非议的。但如果从与国家权力机关、国家检察机关和国家审判机关相比较的角度来看,把国家行政机关说成是进行国家行政管理的机关则是不正确的。这种不正确的说法,也是导致"管理论"或"控权论"等陈旧或不正确观念的因素。其实,国家行政机关在本质上是执法机关。

从理论上说,行政机关就是执法机关。较早倡导分权学说的洛克认为,国家权力可以分为立法权和执行权(可包括对外权),享有和行使执行权的组织就是"执行机关"。他认为,执行权是指"执行被制定和继续有效的法律"的国家权力。[③] 因此,他所说的"执行机关"就是执法机关。分权学说的集大成者孟德斯鸠把国家权力分为立法权、行政权和司法权,并相应地把国家机关分为立法机关、行政机关和法院。他认为,立法权是指"制定临时的或永久的法律,并修正或废止已制定的法律"的权力;行政权是指"媾和或宣战,派遣或接受使节,维护公共安全,防御侵略"的权力。"一种权力不过是国家的一般意志,另一种权力不过是这种意志的执行而已"。[④] 因此,孟德斯鸠所说的行政机关也是指执法机关。社会主义经典作家同样把行政机关解释为执法机关而没有解释为管理机关。马克思曾经引用过黑格尔的一句话:"执行和实施国王的决定,一般说来就是贯彻和维护已经决定了的东西,即现行的法律、制度和公益设施等等,这和做决定这件事本身是不同的。这种使特殊从属于普遍的事务由行政权来执行。"马克思认为,这是"关于行政权的一般说明"[⑤]。"经典作家,特别是 B.N.列宁使用的是'行政'、'国家行政活动'、'行政机关'的表述法,而没有使用'国家管理'、'管理机关'或'国

---

① 《德意志民主共和国行政法》,寅生译,载《行政法研究资料》,中国政法大学出版社 1985 年印,第 614 页以下。

② 张尚鷟主编:《行政法学》,北京大学出版社 1990 年版,第 67 页。

③ 〔英〕洛克:《政府论》(下册),叶启芳等译,商务印书馆 1983 年版,第 94 页。

④ 〔法〕孟德斯鸠:《论法的精神》(上册),张雁深译,商务印书馆 1982 年版,第 155、157 页。

⑤ 马克思:《黑格尔法哲学批判》,载《马克思恩格斯全集》,第一卷,人民出版社 1965 年版,第 294—295 页。

家管理机关'这些词。"①

从实定法上说,行政机关也是执法机关。我国《宪法》第85、105条明文规定,我国的最高行政机关即国务院是最高国家权力机关的"执行机关";地方国家行政机关是地方国家权力机关的"执行机关"。执行机关,就是执行国家权力机关的法律、法规和决议的国家机关,也就是执法机关。行政机关的任务,就是主动、持续地去执行法律规范,调整各种利益关系,实现立法的意图或法律规范的目的。这不同于司法。司法的任务在于适用法律,即运用法律处理各种利益纠纷,具有被动性,以"不告不理"为原则(如果没有纠纷或没有告发,就不能去"挖掘"纠纷或动员告发,因此目前所谓的"司法提前介入"是不正确的)。行政机关作为一种执法机关,只能以"效率优先,兼顾公正"为原则;而国家权力机关作为一种立法机关或表达意志的机关、法院作为一种司法机关,则只能以"公正优先,兼顾效率"为原则。

我们之所以把行政机关解释成为执法机关,是为了使之与法治、依法行政观念相适应,同服务与合作精神相符合,充分说明行政机关的法律属性及对法律的从属性。如果将行政机关解释为管理机关,则相对人成了管理对象或被管理者,行政机关与相对人的关系就成了管理与被管理的关系。我们认为,这是已被抛弃了的命令与服从、权力与控制观念的体现,这种解释不符合现代行政法的精神。

(二)服务机关

行政机关在本质上是公众的服务者。在理论上,法国的狄骥在《宪法论》中和德国的福斯多夫在《当成服务主体之行政》一文中及我国学者应松年教授在《行政法学理论基础问题初探》一文中都早已论证过这一点。我们认为,行政机关是全社会成员的共同利益的代表者和各社会成员个人利益的维护者,与公众之间的利益关系是代表与被代表、公共利益与个人利益之间的关系。行政机关所代表的公共利益,不是供其本身或其工作人员享受的特殊利益,而是分配给公众来享受的利益,是用于保障个人利益的利益。公共利益的集合、维护和分配,是因为单个的社会成员无法或难以实现自己的这种利益。因此,社会成员需要这样的服务机关,行政机关只能是服务机关。社会主义国家的行政机关,应当是真正为公众服务的国家机关。因为,它是在共产党领导下的行政机关,共产党人"没有任何同整个无产阶级的利

① 〔保〕斯泰诺夫等:《行政法学的基本概念》,姜明安译,载《行政法研究资料》,中国政法大学出版社1985年版,第636页。

益不同的利益”[1]，“完全是为着解放人民的，是彻底地为人民的利益工作的”。[2] 应当指出的是，尽管长期以来，我们一直强调为人民服务，但似乎是指社会成员为他人服务。也就是说，所强调的服务主体是社会成员个人。我们认为，服务的主体应当是人民或社会成员的代表即国家及其行政机关，为人民服务的本意应当是人民的代表者即国家为人民服务。明确这一点是非常重要的，否则会造成许多偏差。从实定法规范上说，我国宪法典明文规定了行政机关的服务性质。《宪法》第27条规定：“一切国家机关实行精简的原则，实行工作责任制，实行工作人员的培训和考核制度，不断提高工作质量和工作效率，反对官僚主义。”“一切国家机关和国家工作人员必须依靠人民的支持，经常保持同人民的密切联系，倾听人民的意见和建议，接受人民的监督，努力为人民服务。”第22条规定：“国家发展为人民服务、为社会主义服务的文学艺术事业、新闻广播电视事业、出版发行事业、图书馆博物馆文化馆和其他文化事业，开展群众性的文化活动。”类似的实定法规范还有很多。总的精神就是，“人民委托行政机关管理国家行政事务，目的就是要使行政机关为自己服务”。[3]

总之，行政机关在本质上既是执法机关又是服务机关，是通过执法为公众提供服务的国家机关。我们由此也可以要求行政主体及其公职人员必须确立服务观念，并提高服务能力(执法能力)。现在，我们的行政主体及其公职人员不仅服务观念有待加强，而且服务能力也有待提高。目前不少公职人员只具有阅读通俗小说的水平，对法律的基本原理知之甚少，反而呼吁“法律的可操作性”，或者说“法律不仅是给教授看的，而且是给老百姓用的”。

二、行政权

同行政机关的性质一样，无论从理论上看还是从实定法规范上说，行政权都是一种执法权和服务权，即执法服务权。“所以公务概念就代替了公共权力的概念；国家变成了一个劳动集团，不复是一种发号施令的权力，而握有公共权力的人们只有为了确保共同的合作才能使这种权力合法的动作起

---

① 马克思、恩格斯：《共产党宣言》，载前引《马克思恩格斯选集》，第一卷，第264页。
② 毛泽东：《为人民服务》，载《毛泽东著作选读》(下册)，人民出版社1986年版，第587页。
③ 应松年等：《行政法学理论基础问题初探》，载《中国政法大学学报》1983年第2期。

来。”①

(一) 服务权

行政权作为一种服务权,不同于 19 世纪的命令权,并不以相对人的服从为目的,而应以为相对人提供服务为目的。行政主体及其公职人员对自己所具有的行政权,必须确立这种服务观念,必须将其运用于服务这一目的。行政权也只有被运用于服务,才能被认为合法和正当,否则就属于权力滥用。正像狄骥所说的:“这种公共权力绝不能因它的起源而被认为合法,而只能因它依照法律规则所作的服务而被认为合法”②。这就要求我们的立法和执法,应当体现服务权观念,应当与这种观念保持一致。目前,我国在这方面的工作并未完成。例如,宪法典第一条第一款规定,中华人民共和国是“人民民主专政”的社会主义国家。根据这一规定,行政机关就是实现人民民主专政的国家机关,行政权就是进行人民民主专政的国家权力。尽管这一规定揭示了国家的本质,但却是以利益冲突和行为对抗为价值取向的。如果我们将“人民民主专政”修正为“人民当家作主”,或者将“人民民主专政的社会主义国家”修正为“社会主义民主共和国”,则既能揭示国家的本质又能体现利益一致及服务与合作的观念。此外,将行政权解释成为管理权的现象,则更普遍了。

行政权既是一种服务权,又是一种服务职责。行政主体的服务,就是对公共利益的集合、维护和分配。行政主体不能不致力于公共利益的集合,因为没有一定量的公共利益的存在,行政主体本身就无法存在。行政主体必须致力于公共利益的维护,即保护公共利益,组织社会成员有序地追求个人利益,否则其自身同样难以存在。行政主体也必须将公共利益予以再分配,平衡各社会成员的利益,实现社会公正。这是因为,一方面行政主体作为一种抽象的人格主体并不需要特殊利益,另一方面国家及行政主体得以成立及存在的目的就是进行再分配和实现社会公正。由此可见,服务既是一种权利又是一种职责或义务,行政权是权利和义务的融合,从而具有不可抛弃和转让的属性。抛弃行政权,就意味着没有履行义务或职责,就意味着没有提供服务;转让行政权,就意味着没有亲自履行义务或职责,没有亲自提供

① 〔法〕狄骥:《宪法论》,钱克新译,商务印书馆 1962 年版,“第二版序言”第 8 页。
② 同上。

服务。因此,“完成职务,是统治阶级的义务,也是公务的目的”①。

行政权作为一种服务权,并不以强制为必要的、本质的属性。公共利益与个人利益是一致的。行政主体的服务往往是相对人乐于接受的,往往能得到相对人的积极配合。随着公共利益与个人利益关系一致性的不断增强,行政权的强制属性也将日益减弱。因此,在立法上并不需要将强制作为行政权的必要、本质属性。即使法律上赋予了行政权以强制性,只要服务能得以顺利实现或相对人愿意配合和接受这种服务,行政主体在执法中也可以不运用这种行政权。这并不构成行政权行使的违法或权力的滥用。相反,行政权必须体现相对人对服务的可接受性,因为“只有当我们正确地表现人民所意识到的东西时,我们才能管理”②。因此,“管理应尽可能少用强制的方法”③,“我们必须首先说服,然后再强制。我们无论如何必须先说服,然后再强制”④。毛泽东同志也指出:对人民内部矛盾的解决,应当尽可能采用讨论、批评和说服教育的方法。即使是“为着维持社会秩序的目的而发布的行政命令,也要伴之以说服教育,单靠行政命令,在许多情况下就行不通。”⑤ 在行政领域,这也就是说,行政指导权的运用将日益广泛和重要。同时,为了增强服务的可接受性,借鉴某些私法形式来实现行政权也是必要的。这样,尽管“公权力仍然是公权力,而逐渐摆脱与特殊利益站在敌对立场之角色”⑥。当然,行政权作为一种国家权力,仍然具有物质上、精神上、宗教上和数量上的支配力或强制力。尽管行政指导或行政合同形式的服务并未表现为外在的强制,但潜在的强制力却并未受到影响。并且,在服务得不到配合的情况下,行政权的强制性将最终得以表现。文明执法并不意味着不能运用行政强制而只能一而再、再而三的向违法相对人敬礼。但是,这种强制本身并不是目的,而只是提供服务和进行执法的一种必要手段。

行政权作为一种服务权,就必须注重服务效率。社会公正意味着效率,

---

① 〔法〕狄骥:《公法的变迁》,转引自王绎亭等:《狄骥的社会连带主义反动国家观》,载《政法研究》1965年第4期。

② 《列宁全集》,第33卷,人民出版社1957年版,第269—270页。

③ 〔苏〕加里宁:《苏维埃建设问题》,莫斯科1958年俄文版,第184页。转引自马诺辛等:《苏维埃行政法》,黄道秀译,群众出版社1983年版,第186页。

④ 列宁:《列宁全集》,第32卷,人民出版社1957年版,第200页。

⑤ 毛泽东:《关于正确处理人民内部矛盾的问题》,载《毛泽东著作选读》(下册),人民出版社1986年版,第762页。

⑥ 〔德〕福斯多夫:《当作服务主体之行政》,载陈新民:《公法学札记》,台湾省三民书局1993年版,第66页。

行政公正意味着个别公正。行政权的运行或服务的实现，无疑应体现效率原则。“拿着公众的酬金为公众服务的公务员”并没有提供高效率的服务，“行政部门动作缓慢、手续繁杂、态度又常常不近人情”[①]，往往是行政权受到批评的世界性话题。无疑，这是需要在运行中加以改进的。然而，批评也应当引起我们对行政权设计的反思，即行政权在设计上是否已经体现了“效率优先、兼顾公正”的原则。从外部环境看，为了服务效率，行政权就必须得到立法权和司法权的尊重、支持和合作，分权制约应走向分工合作。马克思指出：“黑格尔的独到之处是在于他使行政、警察、审判三权协调一致，而通常总是把行政权和审判权看成对立的东西。”[②] 从内部组织上看，为了服务效率，更需要行政权的统一性和各行政部门之间的合作精神。在分权思想根深蒂固的“美国，官僚制因缺少一种等级制的组织和靠和谐的国家服务观念统一起来的工作人员而遭受恶果”[③]。从服务范围和效率上说，行政权的发展趋势是不断扩大。这也就是说，服务和效率需要多大的行政权，法律就应给予多大的行政权。因为，现代社会已经大大不同于19世纪的社会。在现代社会里，人们的“生活空间”日益扩大，但“有效空间”和“掌握空间”却日益狭窄，“社会依赖性”日益增强，对利益的“取用”日益困难，越来越广泛地依赖于行政主体的服务。[④] 在我国政治体制改革中，有的认为对我国政府的设计应采用“小政府、大社会”即“守夜政府”的方案。我们认为，政府确实应退回到自己的服务范围内来，但却不应后退到19世纪去扮演“守夜人”的角色。

行政主体的服务权，既由行政法的本质所决定，又反映行政法的本质。但行政法是国家的法，而不是政党的纪律。因此，行政主体的服务对象应当是全社会成员，而不是部分社会成员。最近，北京市人事局已经突破旧规定，将解决夫妻两地分居的服务范围和对象延伸到非国有单位的民营科技企业中的流动人才。[⑤] 这应该成为各行政主体的努力目标。

---

① 〔法〕古尔内：《行政学》，江振霄译，商务印书馆1995年版，第78页。

② 马克思：《黑格尔法哲学批判》，载《马克思恩格斯全集》，第一卷，人民出版社1965年版，第295页。

③ 〔美〕彭德尔顿·赫林：《公共行政和公共利益》，载彭和平等编译：《国外公共行政理论精选》，中共中央党校出版社1997年版，第55页。

④ 参见〔德〕福斯多夫：《当成服务主体之行政》，载陈新民：《公法学札记》，台湾省三民书局1993年版，第57页以下。

⑤ 参见《民营科技企业‘牛郎织女’有望团聚》，载《报刊文摘》1997年11月20日第二版。

（二）执法权

行政权是一种服务权。服务是行政主体通过对法律的执行来体现和实现的。行政主体对公共利益的集合、维护和分配都必须依法进行。这种执法服务，在行政法上有各种各样的表现形式，如行政给付、行政许可、行政奖励、行政制裁和行政裁决等。因此，行政主体的服务是一种职务服务，即法定职责的履行，而不是职责以外的服务。职责以外的服务既不应该，又会导致超越职权。

行政权作为一种执法权，意味着行政权对法律具有从属性。行政权的来源并不是天或神，也不是集合的人民或抽象的国家，而只能与公民的权利一样源于至高无上的法律。[①] "依照近代国家观念——它不承认法律权力以外的其他权力，并且对于自以为是的主权者不留余地——行政法和私法间在原则上没有区别。"[②] 如果没有法律依据，则"我认为国家这种公共权力之所以绝对能把它的意志强加于人，是因为这种意志具有高于人民的性质的这种概念是想像的，丝毫没有根据的，而且这种所谓国家主权既不能以神权来说明，也不能用人民的意志来解释，因为前者是一种超自然的信仰，后者则是毫无根据、未经证明、也不可能的假设。"[③] 如果行政权源于法律以外的人、神或物，就不可能服从法律，就缺乏受法律约束的基本的逻辑前提。既然行政权源于法律，除了法律以外没有别的来源，则必须服从法律或从属于法律，接受法律的全面、全程监控，而不能站在或游离于法律之外，更不能凌驾于法律之上。否则，就不可能有法治和依法行政。当然，19 世纪的"法治国家学说产生了主权者也要服从法律的观念。但是这种观念给政治学说带来了一种极度的混乱，因为现在有两种权力——法律和主权者——互相冲突。倘使我们保持整个主权观念，换句话说，法以外的权力来源的观念，那么就无法解释主权者的服从法律了。倘使我们承认法律是权力的原始来源，那么便不许保持主权观念。"[④] 并且，19 世纪的法治学说认为，"法律是

---

① 叶必丰：《国家权力的直接来源：法律》，载《长江日报》1998 年 6 月 8 日。

② 〔荷〕克拉勃：《近代国家观念》，王检译，商务印书馆 1957 年版，第 90 页。

③ 〔法〕狄骥：《宪法论》，钱克新译，商务印书馆 1962 年版，"第二版序言"第 8 页。

④ 〔荷〕克拉勃：《近代国家观念》，王检译，商务印书馆 1957 年版，第 91 页。参见〔日〕村杉敏正：《论行政处分之公定力》，载城仲模：《行政法之基础理论》，台湾省三民书局 1988 年版，第 175 页以下。19 世纪的德国学说尤其强调这种法外的行政权。克拉勃也正是针对德国的学说所作的批判。

经由国会辩论之程序而产生的一种假设性、且具有持续效力的‘理性’规定”[1] 或者主权者(统治者)单方面意志的体现。当代法治学说却认为,法律是“反映社会所有参与者利益的一种妥协性质产物”或“技术规定”[2],即法律是利益一致关系或利益对比关系的体现。因此,当代行政法治要求行政权从属于法律,与19世纪行政法治要求行政权从属法律的理念和精神是完全不同的。

行政权对法律的从属性,说明行政主体的服务是一种“依照法律规则所作的服务”[3],即依法行政。在19世纪,依法行政是以立法权、司法权与行政权的对抗,以牺牲效率为代价来实现的。在当代,依法行政则将在立法和司法的支持下及相对人的合作下得以实现。

三、行政行为

(一)行政行为的性质

“行政行为”这一法学范畴,是德国“潘德克顿法学”在行政法学界的代表奥托·迈耶于1895年提出的。他认为,行政行为是指行政机关运用公共权力,对具体行政事务适用法律、作出决定的单方行为。[4] 从技术层面上说,这一定义无论在理论上还是在实践中,都具有重要的价值。然而,将行政行为界定为主权者的命令,毕竟是19世纪命令与服从理念的体现,并导致了行政主体高高在上、公民屈服于行政主体之下的“高权行政”[5],及只注重行政行为的结果而轻视行政行为的实施过程(尤其是相对人的合作与参与过程)的形式法治。因此,这一界定已不符合现代社会的人文精神。我们认为,行政行为在本质上是一种为相对人或者公众提供服务的执法行为。狄骥认为,国家机关的执法行为就是公共服务行为即公务行为,是为满足公众需要而组织和促进物质、文化、精神和道德发展的服务活动。美国实用主义法学的创始人荷姆斯(O. W. Holmers)则认为,“警察权力遍及于一切重大的公共需要。它可以用来帮助着为习俗所认可,或被流行的道德或强大的、

---

① 〔德〕巴杜拉:《在自由法治国与社会法治国中的行政法》,载陈新民:《公法学札记》,台湾省三民书局1993年版,第115页。

② 同上。

③ 〔法〕狄骥:《宪法论》,钱克新译,商务印书馆1962年版,“第二版序言”第8页。

④ 奥托·迈耶的原文可参见翁岳生:《行政法与现代法治国家》,台湾省祥新印刷公司1979年版,第3页,注10。

⑤ 参见〔德〕巴杜拉:《在自由法治国与社会法治国中的行政法》,陈新民译,载陈新民:《公法学札记》,台湾省三民书局1993年版,第115页以下。

占优势的意见所认为对公共福利大大地、直接地必要的东西。”[①] 福斯多夫则指出，行政行为的实质是对个人给予“生存照顾”。巴杜拉对福斯多夫的理论进行分析和概括后指出，行政行为的惟一内涵就是“服务”。现代“行政法使行政与个人或团体产生了一种‘指导与服务性’的法律关系，来保障个人的福祉。依社会法治国的理念，行政必须提供满足个人生活所需的‘引导’及‘服务’行为。”[②] 我们认为，如果抛开上述论述的价值性认识不论，而仅仅从科学性认识上看，将服务作为行政行为的本质是正确的，是符合社会发展趋势的。服务作为行政行为的新理念，并不是将这一理念输入原行政行为及其理念之中，而是行政行为及其理念的根本性和实质性嬗变。[③] 根据这一理念，行政行为是一种执法行为，其内容和目的都是服务。其中，行政处罚行为是为了给公众提供一个良好的社会秩序，行政征收行为是为了给公众提供公共设施服务的需要，行政许可行为则是对资源和机会的一种分配，等等。

（二）公共服务的范围

服务观念给行政行为带来的嬗变，不仅表现在其法理念即其内涵上，而且也表现在其外延上。随着行政法调整范围的扩大，行政行为的范围也正在日益扩大。与19世纪相比，教育行政行为、卫生行政行为和环境行政行为等等的出现就是这种扩大的表现。同时，非行政行为的公共服务手段，如行政契约(行政私法行为)、行政事实行为和行政指导行为也已日显重要。

行政合同是指行政机关为了履行服务职责而与公民、法人或其他组织订立的合同。它的订立与民事合同的订立一样，是以自愿、诚实信用和意思表示一致为原则的。因此，这种服务方式有利于公众的接受、信任与合作，从而有利于服务职责的圆满实现，增强行政效益。但它的订立又与民事合同的订立不同，并不都是以等价、有偿为原则的；它的履行也与民事合同的履行不同，行政机关作为公共利益的代表者有权单方面解除或变更该合同(当然，这种变更和解除权也是有条件的，并应承担损失补偿责任)。

行政事实行为是指行政主体运用行政权实施的，仅产生事实效果的行为，包括执行行为、通知行为、协商行为及公共设施的建设和维护行为。“事

---

① 转引自〔美〕威尔斯：《荷姆斯——实用主义法学的代言人》，允怀译，载《政法研究》1955年第1期。

② 〔德〕巴杜拉：《在自由法治国与社会法治国中的行政法》，载陈新民：《公法学札记》，台湾省三民书局1993年版，第126、112页。

③ 同上书，第113页。

实行为所造成的事实效果，亦可能形成违法之效果（最明显的是侵权效果）”[①]，因而被纳入行政行为的范围。我国《国家赔偿法》已采纳这一学说，将行政事实行为纳入了行政赔偿的范围。

行政指导是行政机关以号召、倡导、鼓励、引导、劝导、告诫、建议、说服教育等形式来实施法律、实现服务的一种手段。它不具有强制性，不能直接产生法律效果，但对沟通政府与公众之间的关系，取得公众对实现行政职责的配合与信任，具有重要的价值。并且，这种服务方式符合我党全心全意为人民服务的宗旨和密切联系群众、走群众路线的工作方法。同时，这种服务方式也为我国《宪法》所确认。《宪法》第8、11条分别规定："国家保护城乡集体经济组织的合法的权利和利益，鼓励、指导和帮助集体经济的发展"；"国家对个体经济、私营经济实行引导、监督和管理"。在单行法律、法规中，有关行政指导的规定更多。因此，行政指导的广泛运用是合法和可行的。

上述三种行政作用与行政行为相比，有两个重要特点：一是强制性较弱，服务性较明显；二是并不具有法律效力，主要是设法取得公民、法人或其他组织的自觉合作，并且当事人在事后仍可予以推翻。从法学上说，行政指导等手段即使不是法律手段，由于并没有强制规定公民等的权利义务，是允许由行政机关实施的，基于相对人的自愿并不构成违法。在西方国家，之所以广泛采用这类手段，是为了骗取公众对政府的信任与合作，树立自己良好的"服务"形象，巩固其统治。这些手段在我国也是可以采用的，以便政府与人民间建立起真正的信任与合作关系，增进相互之间的沟通。于是，传统意义上的行政行为即单方行政行为，在当代行政作用体系中已丧失其绝对优势，公共服务的范围得以不断拓宽。

（三）行政行为的无偿性

行政行为实质上表现为行政主体对公共利益的集合、维护和分配。行政主体对公共利益的集合，主要表现为对不属于社会成员的利益确认为公共利益和行政征收两类。显然，将不属于社会成员的利益确认为公共利益是无偿的。至于行政征收，又表现为税收、劳役和财物的征收。其中，税收和劳役的征收往往具有普遍性，是实现社会公正的一种途径，一般都是无偿的。财物的征收往往是针对具体事件中的个别社会成员的，并非针对普遍的社会成员，根据公共负担平等的原则对所有权人一般应给予补偿。因此，我们可以这么说，公共利益的集合原则上是无偿的。正因为如此，行政主体

---

① 陈新民：《行政法学总论》，台湾省三民书局1995年版，第314页。

对公共利益的维护和分配，原则上也应当是无偿的。行政主体对良好社会秩序的提供，对社会成员从事相应职业的许可，对教育和环境等公共设施的营建和维护等等，都是供公众普遍享受的服务，应当是无偿的。但是，行政主体对个别社会成员的特殊服务，却应当是有偿的。例如，行政主体对矿产资源的分配，对污染物排放的许可，对娱乐性公共设施的提供，高等教育的服务等等，服务对象往往只是一小部分社会成员。这部分社会成员在比其他社会成员享受更多服务的同时，理应为公共利益作出更多的贡献，否则就不足以保持社会公正。总之，行政行为尽管被解释为服务行为，但却是一种公共服务，不同于私人服务，原则上具有无偿性。我国目前大量存在的行政事业性收费，很多都是不合理的。在个别地方和部门出现的“保护费”和“盖章费”，更是一种奇怪现象。这是我国转型期所必须解决的问题，也是有待行政法学作专门研究的重要课题。

（四）行政行为的合法性

行政行为尽管被解释为服务行为，行政主体可以不以单方行政行为来为相对人提供各种服务，但行政合法性即依法行政的总原则却没有变。以奥地利学者埃利希（E. Ehrlich，又译艾尔力许）为代表的自由法学和以美国学者卢埃林（K. N. Llewellyn）和弗兰克（Jerome Frank）为代表的现实主义法学认为，行政行为的实施不必以成文法或判例为依据，而应以活的法律即现实的利益关系为依据，甚至应以公职人员的个性和情绪为依据，行政行为本身就是法律的最终表现或者说行政行为本身就是法。① 这种理论在德国曾“为共和国的夭折和希特勒的胜利奉献了犬马之劳”②，在当代社会里必将导致行政专横，是与行政行为的服务理念格格不入的，连弗兰克和卢埃林笔者后来也不得不承认“犯了严重的错误”，“充其量是对真相的很片面的叙述”③。

服务理念对行政行为的实施所发生的变化只是依法行政的内容。20世纪以来，尤其是第二次世界大战以来，各国纷纷抛弃了行政主体的一举一

① 〔奥〕埃利希：《法律的自由发现和自由法学》，转引自张宏生等：《艾尔力许的社会学法学、自由法学的反动实质》，载《政法研究》1963年第4期；吕世伦：《论社会学法学》，载《学习与探索》1981年第2期；〔美〕E. 博登海默：《法理学——法哲学及其方法》，邓正来等译，华夏出版社1987年版，第149页；王愚：《对美国实在主义法学的“法院判决即法律”的批判》，载《政法研究》1964年第2期；张文显：《二十世纪西方法哲学思潮研究》，法律出版社1996年版，第332页。

② 〔美〕埃尔曼：《比较法律文化》，贺卫方等译，三联书店1990年版，第219页。

③ 转引自沈宗灵：《现代西方法律哲学》，法律出版社1983年版，第107页。

动都要有法律依据的形式法治理论，而奉行实质法治理论。实质法治理论认为，只要行政机关实质上为相对人提供了服务，服务形式或程序上的不足可以忽略不计。也就是说，只要行政行为具备实质要件，即使具有形式或程序上的某些违法情形或瑕疵，也不必予以撤销，而可予以补正或转换，以避免因同一反复而形成的不合理和效率低下。① 我们认为，在我们这个法治程度、法治素质还不够高的大国里，要求行政机关有较高的服务效率，就更应坚持实质行政法治，相对人对此应该予以合作。遗憾的是，我们现在的立法和理论并没有走出形式法治的误区。当然，实质法治并不意味容忍行政行为在程序和形式上的违法。相反，强调行政行为的程序和形式正是当代行政法所取得的最重要的成就。实质法治只是寻找到了既能弥补行政行为在程序和形式上的违法性，又能保障行政效率的结合点。

实质法治理念的确立，为行政法对行政行为的规范提供了新形式。田中二郎教授在《依法行政之原理》中对依法行政的含义进行了分析，指出："(1) 最初谓一切行政行为，均须依据法律，始合于依法行政之本义。(2) 其后谓仅系侵害人民权利，或使人民负担义务之行为，必须有法律之根据，其余行为，可听由行政机关自由决定，其解释已较前为广泛。(3) 迨于最近，学者谓依法行政一词，仅有消极之界限，即指在不违反法律范围内，允许行政机关自由决定而言，非谓行政机关一举一动，均须有法律根据之意，其解释与前更不相同。"② 也就是说，最初行政法对行政行为的规范同对相对人行为的规范是不同的。相对人的行为只要不违反行政法规范的规定就视为合法，但行政行为只有在具有明确的法律根据时才能被认定为合法。当代行政法对行政行为和相对人行为则采取了相同的规范形式，即不论相对人行为还是行政行为，只要不违反行政法规范的规定都应视为合法。这是与行政行为的服务理念相适应的。

行政行为的合法性或从属法律性，仅仅意味着一种应然性，而并不意味

---

① 参见《联邦德国行政程序法》第42、45、46、47条；《西班牙行政程序法》第53条；《意大利行政程序法草案》第51、52条；澳门地区《行政程序法典》第118条；我国《行政复议条例》第42条第2项。参见〔印〕赛夫：《德国行政法》，周伟译，台湾省五南图书出版有限公司1991年版，第107—110页；〔日〕南博方：《日本行政法》，杨建顺等译，中国人民大学出版社1988年版，第46页；〔日〕室井力主编：《日本现代行政法》，吴微译，中国政法大学出版社1995年版，第109—110页；林纪东：《行政法》，台湾省三民书局1988年版，第49、51、331页；〔英〕丹宁：《法律的训诫》，杨百揆等译，群众出版社1985年版，第9页以下；〔德〕格奥尔格·诺尔特：《德国和欧洲行政法的一般原则》，于安译，载《行政法学研究》1994年第4期。

② 林纪东：《行政法》，台湾省三民书局1988年版，第49页。

其实然性，与行政行为概念的界定无关。这也就是说，行政行为的合法性，并不意味只有合法的行为才是行政行为。理论上曾有过、现在又有以合法性来界定行政行为的主张[①]，这是我们不能同意的，也是与《行政复议条例》、《行政诉讼法》和《国家赔偿法》等实定法的规定不一致的。

第三节　合　　作

一、合作的思想渊源

在20世纪以前，人与人之间的关系被解释为冲突关系，政府与个人之间的关系也是如此。因此，与权力相对应的范畴通常认为是服从。这在行政法学上的表现，就是流行于大陆法系国家的公共权力论和流行于英美法系国家的控权论。但是，政治哲学"是人类不会放弃的永久关心的论题之一，无论它是'科学的'或者非科学的"。[②] 尽管对权力的对立面，"人们都发现这一向是个特别的难题，不论是关于服从的标准和程度，还是关于服从这种义务的来源"[③]，但人们始终没有放弃对它的探索。

早在18世纪中叶，英国学者边沁就对政府与公众间的关系进行过反思。他认为，"一个服从行为，就是任何遵循某些上级所表示的意志去做的行为"。"一个政治上的服从行为，就是任何遵循一个统治者所表示的意志去做的行为。"然而，臣民对权力的服从有自愿和被迫两种。"当这种服从被认为是被统治者的意愿或他们的愉快（这样说更合适）的自然结果时，我们用'顺从'这个词；当它被认为是统治者意志或愿望的结果时，我们用'屈服'这个词。因此，这个词不能不加解释的运用，除非加上一种不赞成的注解。特别是在我国，人们已经习惯于这样一种看法，亦即认为在这种或那种意义上，所有合法的或值得称赞的政府都包含着被统治者的同意，这种看法已经根深蒂固了。因此，由于'屈服'这个词排除了，至少是不包括这种同意，通常在所谓坏的意义上使用它。"不论作为臣民的那些人对统治者处于顺从还

---

① 姜明安：《行政法与行政诉讼》，中国卓越出版公司1990年版，第236页；刘勉义：《论行政行为与行政机关事实行为的界分》，载刘莘等主编：《中国行政法学新理念》，中国方正出版社1997年版，第118页。

② 〔英〕萨柏恩等："英译者序"，载〔荷〕克拉勃：《近代国家观念》，王检译，商务印书馆1957年版，第1页。

③ 〔英〕威廉·葛德文：《政治正义论》，第二、三卷，何慕李译，商务印书馆1982年版，第710页。

是屈从状态，作为统治者的那些人对臣民来说都处于一种权威状态。[①] 边沁在这里已经为后人指出，与权力相对应的范畴不是一般意义上的服从，更不是慑于外在压迫下的屈从，而是基于同意、接受和自愿的顺从。

另一位英国学者葛德文稍后作了进一步的研究。他尽管否认人与人之间的合作，但却认为公众对政府应予以合作。第一，“服从并不是权力的相应对立面。已经证明，政权目的在于实现暴力。我们永远不能把暴力看作是可以诉之于理智的；而服从是以认识和意愿为根据的行为，所以就不能同权力有任何正当的关联。”“在任何情况下，一个人对世界上任何另一个人或一群人都没有服从的义务，没有什么真理比这更加简明的了，同时也没有什么真理由于受到自私的人们的浮夸虚饰比这更加模糊不清。”[②] 因此，权力不能强迫公众服从错误。当然，公众对这种错误的强制服从也只能屈从。但这“就同我服从一个野兽一样，野兽可以在我的判断和意向促使我向南走的时候，强迫我向北跑。”[③] 第二，与权力相对应的范畴是合作。公众对正当的权力具有合作的义务，因为“我有义务屈从于正义和真理”[④]。第三，合作是公众的意愿。以合作为内涵的“服从似乎不如说是包含着思想上的不受强迫的选择和判断上的同意。”[⑤] 也就是说，权力是否正当有赖于公众的自行判断，对非正当权力的合作则有赖于公众的自行选择。“我接受正义的原则，因为我看到这些原则是本质地和不可变更地正确的。我接受非正义，只是因为两害相权取其轻。”[⑥] 第四，政府对合作要求的正当性具有证明的义务。“你对我提出某个命题，要求我同意。如果你能随着命题提出证据，证明命题所包含的各项之间的一致，你就可能得到我的同意。”未经证明和公众所不了解的要求，往往会导致公众对错误要求的合作。“我也许被说服认为应该对一种要求表示服从，而这种要求的正义性是我所看不到的；我也许被说服对一种要求表示服从，而我知道这个要求是非正义的。严格说来，这两种要求都不是服从的恰当对象。”[⑦] 第五，信任和委托学说的有限性。“要表示我们对于我们任命来处理我们的事务的监工者的义务，使用‘服从’一

---

① 〔英〕边沁：《政府片论》，沈叔平等译，商务印书馆 1996 年版，第 134 页，注 1。

② 〔英〕威廉·葛德文：《政治正义论》，第二、三卷，何慕李译，商务印书馆 1982 年版，第 710—711 页。

③ 同上书，第 712 页。

④ 同上书，第 710 页。

⑤ 同上书，第 712 页。

⑥ 同上书，第 711 页。

⑦ 同上书，第 712 页。

词是再恰当没有的了。""然而，这种有局限的服从的学说，或者更正确一点说，也可以称作信赖和委托的学说，是应该尽可能地少加以运用。"因为，"这种信赖学说的滥用比起人类其他一切认识上的错误，给人类带来了更多的灾祸，"导致了盲目信仰和消极服从及独立判断力的丧失。①第六，个人并不是政权的"臣属"。他认为，"没有任何政权是有臣属的"。如果非要说某人是"臣属"，则应对它作新的解释，即"政权有责任保护他，或者可以正当地约束他"。也就是说，"一方面是政权有条件保护他，另一方面由于他的暴行，因为必须用强力来阻止他扰乱那个社会"。②

20世纪以前的上述合作思想是非常宝贵的。但是，受社会发展阶段的限制，这种合作思想并未成为当时社会所普遍接受的人文精神。同时，这种合作思想也完全是以抽象的理性为基础进行演绎的，缺乏相应的社会基础和统一的哲学基础。葛德文对公众相互间合作的否认与对政府权力给予合作的论证，就是一个矛盾。并且，上述合作思想主要表现为配合的义务即同意、接受和选择，仍然是一种消极的合作；而不包括参与的权利，还没有成为一种积极的合作。当代资本主义社会的合作精神，是由以狄骥为代表的社会法学来完成论证的。

狄骥根据社会学家埃米尔·杜尔克姆的社会连带主义详尽地论证了个人对服务的合作义务。他认为，人与人之间具有社会连带关系，政府与个人之间也是一种社会连带关系。任何人一旦离开这种社会连带关系就无法生存和发展，因此都具有服从社会连带关系的义务。社会连带关系在行为上表现为人们之间的相互合作关系。任何人在这种合作关系中都只负有义务而不具有权利。同样，在政府与个人的合作关系中，政府只有服务义务而没有任何公共权力，个人只具有合作义务而没有任何个人权利。因此，配合或协助服务，也就是被统治者即个人基于社会连带关系所具有的义务。他认为，凡属于人都"没有毫无动作而懒惰的权利，统治者可以干涉而使他工作，并且可以规定他工作。因为统治者就是在迫使他完成他的社会职务的义务。"③ "事实上这种最大的强力往往是，而且多半是被迫服从的较弱的人们甘愿接受的；这些较弱的人们往往认为他们自动地、恭顺地服从强者的命令

① 〔英〕威廉·葛德文：《政治正义论》，第二、三卷，何慕李译，商务印书馆1982年版，第713—714页。

② 同上书，第714页。

③ 〔法〕狄骥：《拿破仑法典以来私法的变迁》，转引自王绎亭等：《狄骥的社会连带主义反动国家观》，载《政法研究》1965年第4期。

是会有种种好处的。”[①] 也就是说，政府即统治者的强力虽然是一种服务，但被统治者并不能任意拒绝服务，而应当、并且也能够配合或协助统治者的服务。

狄骥否认权利的学说受到了众多批评，但关于个人对社会的责任感思想却得以广泛接受，其服务学说也被发展为个人在程序上的参与。庞德认为，“合作是一个过程”。[②] 福斯多夫认为，依“生存照顾”即服务观念，服务关系具有双方性，相对人对此服务关系具有依赖性及对服务具有“分享权”。“这个‘分享权’的问题，也就成了在国家公权力范围下个人参与的方式了。”[③]

二、配合的义务

与服务既表现为一种权利又表现为一种义务一样，合作也既是一种权利又是一种义务。作为义务的合作就是对服务的配合，作为权利的合作是对服务的参与。

（一）配合的根据

公众对服务具有配合的义务。公共利益与个人利益是一致的。相对人为了实现个人利益，就必须维护公共利益。公共利益与个人利益关系一致性的实现和维护，不仅需要确立服务观念并由行政主体提供服务，而且还需要确立配合观念并由相对人提供配合。仅有服务没有配合，这种利益一致关系是无法实现和难以维护的。相对人对行政主体的服务不予配合，反而进行抵制，不仅不利于公共利益的发展，而且也不利于个人利益的实现。一般说来，相对人能够充分认识到公共利益与个人利益关系的这种一致性，能够自觉地履行配合义务，对行政主体的服务表示理解、支持、尊重、接受和同意。但是作为一种义务，配合又具有强制性。当公共利益与个人利益存在冲突时，是以公共利益为本位的，是以个人利益服从公共利益来恢复利益一致关系的。因而当相对人对服务没有自觉的配合时，行政主体就可以强制相对人配合，相对人只能对此表示忍受。

---

① 〔法〕狄骥：《宪法论》，钱克新译，商务印书馆 1962 年版，第 469 页。

② 〔美〕庞德：《通过法律的社会控制·法律的任务》，沈宗灵等译，商务印书馆 1984 年版，第 67 页。

③ 〔德〕福斯多夫：《当成服务主体之行政》，陈新民译，载陈新民：《公法学札记》，台湾省三民书局 1993 年版，第 89 页。

（二）配合的表现

相对人的配合，首先表现为对行政主体即服务主体的承认。这种承认主要是宪政关系上的意思表示，即公众集体的意思表示，原则上具有不可撤销性。只要政府继续存在，就意味着政府仍然是公众所承认或支持的政府，就可以推定政府与公众之间的关系是一种利益一致关系，而不是一种利益对立关系。相对人只有与其他公众重新所作的共同意思表示，才能否定原先已作的承认和支持。在行政法上，相对人及其他公众的配合主要是对行政行为即服务的配合。

相对人对非强制性行为的配合，具有重要意义。行政合同和行政指导等非强制性行为，是行政主体直接为相对人提供的服务，其效果如何完全取决于相对人的自愿配合。只有相对人接受和同意行政主体的意思表示，行政合同才能有效成立。只有相对人支持、接受和选择行政主体的服务，行政主体所提供的行政指导才能发挥效用。行政合同和行政指导等服务大多是有利于相对人的，这种服务形式本身就意味着行政主体对相对人的尊重。相对人应充分认识到自己的利益所在，并给予行政主体以相应的理解和尊重。否则，尽管行政主体愿意用行政合同来代替具有强制性的行政行为，则行政合同也无法成立，该意思表示或行政目的就无法得以实现；即使行政主体提供了行政指导，则服务的效果和行政指导的目的并未达到。因此，相对人的不配合，将不利于行政效率的提高，不利于服务效能的充分发挥，严重浪费本来将属于自己的公共利益。

行政主体对特定公众的服务，往往表现为设定特定相对人义务的单方、强制性行政行为。尽管行政主体有权直接予以强制，但服务观念要求行政主体在作出这种行政行为之前，做好对相对人的说服教育工作，充分尊重相对人。同时，合作观念也要求相对人充分尊重行政主体，主动配合行政主体的服务，即自觉履行所负的义务。只要相对人自觉履行了其义务，行政主体就不必再作出原本应作的行政行为。相对人对税收的自觉缴纳，对财物征用的支持，对计划生育的理解，对公共设施的爱护等，都有助于建立和增进与行政主体之间的和谐与信任，避免与行政主体的摩擦和冲突及避免行政强制的发生和实施。

相对人对行政主体为自己所提供的服务，既可享受也可拒绝。尽管这种拒绝可能造成公共利益的浪费，但并不损害公共利益，并不影响他人对服务的享受。因此，这种拒绝除了道义上的责任外，一般不需要负法律上的责任。但是，相对人对行政主体为他人提供的服务不予主动配合的，有损公共利益和他人对服务的享受，将引起行政强制。也就是说，当相对人对行政主体的说服教育无动于衷、不予积极响应时，行政主体只能放弃非强制的服务形式，依法实施单方、强制性行政行为。依服务与合作精神，这种行政行为并不是主权者的命令，而仍然是服务；相对人不需要服从主权命令，但应配合服务。这种行政行为只不过是行政主体强制取得相对人配合的服务方式。这时，相对人的配合就表现为对行政强制的忍受义务，即依征税决定缴纳税款、依征用决定给付财物及依节育决定控制生育等。相对人不能继续对行政行为置之不理，否则将被强制执行；更不能对抗行政行为，否则有可能构成妨害公务。相对人对行政行为只能作"合法性反对"，即申请行政复议或提起行政诉讼。

行政行为的第三人对行政主体的服务也有配合的义务，其原理与相对人的配合义务基本相同。相对人和第三人以外的个人，对行政主体的服务具有一定的配合义务，即应表示尊重和理解，而不能构成对服务的妨害。这在行政法学上，为行政行为的公定力原理所确认和要求。

(三) 配合的要求

配合主要是针对服务结果而言的，是相对人对服务结果的支持、理解、尊重、接受和同意，因而具有被动性。也就是说，如果没有行政主体的真诚服务，没有对公众的充分尊重，缺乏对公众的应有信任，也就不可能有公众积极主动的自觉配合。同时，如果公众缺乏对行政主体的尊重和信任，也不可能对行政主体的服务给予自觉的配合。因此，公众的配合是以行政主体的服务为前提的，是以服务者值得信任和尊重为前提的。行政主体要取得相对人的积极配合，必须首先履行自己所负的义务。这在英美法系国家有很悠久的历史，最早可以追溯到1066年诺曼人征服大不列颠后，威廉为博得原有居民的信任而所作"对原有的法律、制度与习惯准予保持"的承诺[①]，并且到爱德华一世时代形成了"凡涉及大家的事就应让大家同意"的习惯和传统。[②] 然而，在大陆法系国家及我国，却缺乏这种传统，更需要服务与合作观念的洗涤和培植。当然，尽管相对人具有被动性，但仍应当给予主动的配合。这不仅有利于在特定关系中实现服务，而且持之以恒将成为促进服务与合作观念普遍确立的基本力量。"这样就要求大多数市民改变他们的态度。当各种团体谴责国家普遍侵犯私人事务时，它们却要求联邦政府对它

① 张金鉴:《欧洲各国政府》，台湾省三民书局1976年版，第3页。
② 〔英〕F.E.霍利迪:《简明英国史》，洪永珊译，江西人民出版社1985年版，第26页。

们自己作特殊考虑。”[①]在指责行政主体缺乏服务观念的同时,相对人却对行政主体的服务未予以积极配合。如此反复,只能导致观念上的怀疑、行动上的对抗和利益上的冲突这样一种恶性循环。

配合一般必须基于相对人的自愿,意味着相对人对服务的充分认识和高度理性。只有自愿的配合,才是服务与合作精神的真正体现,才能形成现实的服务与合作关系。但是,服务与合作并不是可要可不要的,而是必须维持的。配合作为义务不仅仅是道义上,也是法律上的,往往是以潜在的强制为后盾的。因此,除了自愿的合作外,“对抗性合作”也是必不可少的。也就是说,当相对人不愿提供配合时,通过法律上的威慑力强制相对人接受和尊重也不失为一种配合。“如果这两个人中的一个人在对另一个人实行肉体损害的威吓上借用了另一个非自愿的努力,那么这还是合作吗?这是合作,是一种计划意义上的合作。”[②]

(四)配合与服从

“‘服从’这个词常常暗示遵从权威,而不仅仅是服从以威胁为后盾的命令。”“服从的习惯是每个臣民与国君之间的个人关系,即每个人(及所有其他人)有规律地做着国君命令他去做的事情。”[③] 因此,尽管配合在表面上具有被动性,尽管配合往往是相对人对行政主体所作服务的最终决定的认同,也尽管配合在有时是被迫的,但与服从有着本质上的区别。第一,配合是以行政主体的服务、对相对人的尊重和信任为前提的。相对人在承担配合义务的同时,行政主体承担着服务义务。因此,配合本身就包含着行政主体应尽的义务和更大的责任;服从往往是无条件和不对等的,意味着暴力和强制。第二,配合意味着行政的双方性和相对人的主体地位(即服务的配合者),包含着对服务者的信任和对服务行为的支持,意味着一种法治状态;服从则意味着行政的单方性和相对人的客体地位,包含着对命令的无奈和对抗。第三,配合仅仅是合作的一个方面。它不仅与服务相对应,而且是与合作的另一方面即参与相联系的。也就是说,相对人在承担配合义务的同时享有参与权,在享受参与权的同时应履行配合义务,体现了权利义务的一致性。因此,服务与合作精神下的配合,是一种积极主动的配合;服从几乎仅

① 〔美〕彭德尔顿·赫林:《公共行政和公共利益》,载彭和平等编译:《国外公共行政理论精选》,中共中央党校出版社1997年版,第56页。

② 〔美〕德怀特·沃尔多:《什么是公共行政学》,载彭和平等编译:《国外公共行政理论精选》,中共中央党校出版社1997年版,第187页。

③ 〔英〕哈特:《法律的概念》,张文显等译,中国大百科全书出版社1996年版,第53、54页。

仅意味着义务。总之,配合是服务与合作精神支持下的一个范畴,服从则是命令与服从观念所支持的一个范畴,反映了不同的人文精神。

三、参与的权利

(一) 政治参与与行政参与

行政法上的参与(简称行政参与)是一种政治参与,但政治参与并非都是行政参与。政治参与除了行政参与外,还包括宪政上的参与和政党事务的参与。“政治参与乃谓一国的公民为了从政府获得某种产出,而设法参与或影响政府决策制定,所作的输入行为。‘输入’乃系公民为影响政府的决策所采取的某种行动;而‘产出’乃是个人想从政府所获得的东西,如民权的保障,提供就业机会,自由的保障等皆是。”[①]政治参与可以有各种各样的形式。“在美国,一般说来,公民参与行政管理采取了三种形式:作为顾问小组的公民委员会;作为特别政策领域的管理小组的公民委员会;邻里管理机构的思想,即公民在一些政策领域负有直接的责任。”[②] 我们认为,这种被称为“代议制”的公民间接参与,是一种宪政参与,可以作为行政法上的一种沟通机制,但不是行政参与。行政法律关系,是一种以行政主体和相对人为双方当事人的权利义务关系。相对人是直接作为行政法律关系的一方当事人而参与其中的,并且是为了自己独立的权利义务而参与其中的。尽管相对人可以委托他人代为意思表示,但所作意思表示的法律效果仍归相对人所有。因此,行政参与只能是一种个人在法律上的直接参与。

政治参与具有较长的历史。早在英国资产阶级革命中,政治参与就已经产生,并随着政党政治的发展而发展。但行政参与基本上是从第二次世界大战后,随着服务与合作精神的确立和各国行政程序法的制定而发展起来的,从而使相对人从行政的客体成为行政的参与者。在第二次世界大战前,尤其在本世纪到来之前,尽管存在着自然公正原则,但行政行为仍被作为一种主权命令,仍然是单方面的、是不存在相对人参与的。相对人只能得到这个命令的最后通知。在理论上,受命令与服从精神支配的概念法学或形式主义法学也往往“仅止于对行政行为过程中的最后阶段之产物,即对最后之行政处分、行政契约、法规命令、行政规则或自治章程等作研究。对于

---

① 罗传贤:《行政程序法基础理论》,台湾省五南图书出版公司 1993 年版,第 21 页。

② 〔美〕克里斯罗夫等:《代议官僚制和美国的政治体制》,载彭和平等编译:《国外公共行政理论精选》,中共中央党校出版社 1997 年版,第 366 页。

在最后决定(或最终结晶)产生前所发生之协商、当事人参与、讨论、听证……行政过程则缺乏研究。"[①] 有的学者将行政参与与政治参与、民主政治相混同,将行政参与的历史追溯到本世纪以前、甚至古希腊[②],我们是不敢苟同的。

(二) 参与权

参与权,也可以称为参政权,是"公权"的一种。一般认为,公权理论是由德国学者盖勃(C.F. v.Gerber)于1852年率先提出并进行研究的。他认为,公权是个人作为集体或"共同体"的一分子对国家所具有的权利。他认为,公权来源于集体并应与集体的其他成员结合起来才能予以行使;并不是一种法律上的权利,而是一种政治上的权利。约半个世纪后,杰列内克(G. Jellinek)发表了《主观公权体系》,运用自由主义价值观对公权作了进一步的研究。他认为,公权的实质是"能为个人利益变动法律规范之能力"[③],是基于个人在与国家间法律关系中的主体地位而具有的对国家的一种请求权,包括自由权、受益权和参政权。他认为,"所谓参政权系指人民参与国家意思之形成,并由此而取得对国家之请求权,此种请求权与积极之身份或地位即自由权不同,并非请求国家权力之不行使或排除国家权力之侵害,而是'请求国家承认能为国家活动'之权利。"[④]此后,德国和日本的学者又提出了一些修正意见。但是,希特勒法西斯专政及其舆论工具否定了公权理论。直至第二次世界大战后,学者们才从宪政上公民的基本权利重新推导出公权及参政权,并扩及第三人。在战前,理论上并不存在"第三人"及其参政权。相对人以外的个人,对国家只具有"反射利益"。日本学者认为,所谓"反射利益"是指国家实施法律,维护公共利益,从而产生的对个人有利的结果;个人对这种利益的享受完全取决于实定法规范的规定,并且对国家不具有请求权即不受法律保护。[⑤] 我们认为,行政法上的参与权是相对人基于行政法主体的地位,在行政主体为其设定权利义务时参与意思表示,从而形成、变更和消灭行政法律关系的权利,是一种个人参与权、直接参与权和法

① 林明锵:《论型式化之行政行为与未型式化之行政行为》,载《当代公法理论》,台湾省月旦出版公司1993年版,第351页。

② 参见罗传贤:《行政程序法基础理论》,台湾省五南图书出版公司1993年版,第30页;章剑生:《行政程序法比较研究》,杭州大学出版社1997年版,第27页。

③ 转引自王和雄:《论行政不作为之权利保护》,台湾省三民书局1994年版,第47页。

④ 同上。

⑤ 同上书,第124页,注135。

律上的参与权。其他个人在与行政主体的意思表示有法律上的利害关系时构成第三人,与相对人一样具有参与权。

(三)参与权的根据

现代社会的参与权,有着不同于以往社会的理论根据和实定法根据。

参与权的理论根据,源于公共利益与个人利益关系。行政行为是行政主体对公共利益的集合、维护和分配行为。公共利益是个人利益的集合,是各社会成员的共同利益。尽管公共利益的代表者是行政主体,但对公共利益的集合、维护和分配,相对人不能不予以密切关注,不能不表示自己的意见、要求和愿望。这就要求,相对人必须得到行政主体的充分尊重,在涉及自身利益时具有发表和被听取意见、要求和愿望的机会,对合理的要求有被接受的权利。它同时又要求,行政主体必须用与"公众讨论的方法来说服对方",现代政府及行政必须成为"一个非武断的政治体系"[①],使最终的决定既符合公共利益又符合相对人的个人利益,使旨在趋向社会公正的集合、维护和分配等服务行为本身具有公正性、准确性和可接受性。只有这样,公共利益与个人利益关系才能达成一致,行政主体的服务才能取得相对人的合作,行政主体与相对人之间和平共处的信任关系才能得以持续。因此,相对人有权参与、也应该参与公共利益的集合、维护和分配。这样,"人民群众在文明社会史上破天荒第一次站起来了,不仅自己来参加投票和选举,而且自己来参加日常管理"[②]。

参与权的实定法根据,在英国主要表现为自然公正规则,在美国有"正当法律程序"的宪法条款,但一般却是以确保行政主体与相对人间"合意"的形成为目的的行政程序法[③]。各国的行政程序法都规定了以听证为核心的参与机制。我国《宪法》第2条第3款规定:"人民依照法律规定,通过各种途径和形式,管理国家事务,管理经济和文化事业,管理社会事务。"第27条第2款规定:"一切国家机关和国家工作人员必须依靠人民的支持,经常保持同人民的密切联系,倾听人民的意见和建议,接受人民的监督,努力为人民服务。"这就为我国相对人的行政参与提供了宪政基础。尽管我国目前尚未制定统一的行政程序法典,还缺乏行政参与的统一的实定法根据,但在某些单行法中已作了规定。例如,《行政处罚法》第32条规定:"当事人有权进

---

① 罗传贤:《行政程序法基础理论》,台湾省五南图书出版公司1993年版,第21页。
② 列宁:《国家与革命》,载《列宁选集》,第三卷,人民出版社1972年版,第272页。
③ 〔日〕盐野宏:《行政程序法典总则规定的几个问题》,载《外国法学译丛》1986年第3期。

行陈述和申辩。行政机关必须充分听取当事人的意见,对当事人提出的事实、理由和证据,应当进行复核;当事人提出的事实、理由或者证据成立的,行政机关应当采纳。”第 42 条和第 43 条则专门规定了行政处罚中的听证制度。这些规定,为相对人在行政处罚中的参与提供了具体的实定法根据。

(四)参与意思表示

行政主体与相对人之间的关系是服务与合作的关系,即双方相互合作的关系。“合作是一个过程。它必须是导向某种东西的合作。”① 行政主体的最终意志或决定,应当在相对人的充分合作下作出。相对人的合作,不仅表现为对最终决定的接受和认可,而且还表现为对形成和作出决定的参与。因此,行政行为是行政主体与相对人服务与参与并最终作出法律上意思表示的完整过程。“从一个行政行为决定的作出、发展到完成,包含一系列的行为环节、程序,表现为一段时间上的持续过程和期间。”② 它尽管在法律上被视为行政主体的一种意思表示,但不仅是指最终所表示的意志或最终决定。作为合作过程的行政行为,必然为相对人参与意思表示,即发表自己的意见、要求和愿望提供机会,必然包含相对人对意思表示的参与。

相对人的参与对行政主体的意思表示起着两方面的作用。第一,行政主体有义务向相对人证明其意志的正确性。这就是说,行政主体对已形成而尚未作出的集合、维护和分配公共利益的意志,应向相对人证明是公共利益与个人利益关系一致性的体现、是符合行政法规范规定的。相对人也有权要求得到这种证明,并对证明表示认同或反对。通过证明,可以使行政意志符合相对人的意愿。第二,行政主体有义务听取相对人的意见。相对人对行政主体的证明有权进行反驳,对公共利益的集合、维护和分配提出自己的意见和愿望,要求行政主体采纳并对其原有意志进行修正,从而使行政意志体现相对人意志或使相对人意志吸收为行政意志,符合利益关系一致性和行政法规范规定的要求。总之,相对人的参与,使行政主体与相对人的意志得以沟通和交流。这种反复沟通和交流,可以将行政意志融化为相对人意志,也可以将相对人意志吸收到行政意志中,从而使行政法关系真正具有双方性,使相对人真正成为行政法关系的主体。

---

① 〔美〕庞德:《通过法律的社会控制·法律的任务》,沈宗灵等译,商务印书馆 1984 年版,第 67 页。

② 胡卫列:《略论行政行为的过程性》,载刘莘等主编:《中国行政法学新理念》,中国方正出版社 1997 年版,第 136 页。

相对人对意思表示的参与，影响着行政主体的意志形成，使行政意志不仅仅是行政主体的意志，但这并没有改变行政行为的先定力即行政意志对相对人意志的支配力原理。对行政意志是否符合公共利益与个人利益关系的一致性，是否符合行政法规范的规定的判断权，仍属于行政主体。对相对人的反驳意见，提出的要求和愿望是否予以采纳，决定权也属于行政主体。相对人仅仅是意思表示的参与者。这是因为，“首先是政府活动涉及技术的复杂性以及为理解这些复杂性需要越来越专门的知识。”“再者，公众对许多政治问题非常隔膜，以致普通公民在领导人作出决定时很难介入其中。”① 因此，如果将相对人的行政参与说成是控制行政权的法律机制，则不仅仅不符合服务与合作的人文精神，而且只能是一种“由来已久的民主制度的神话”。②

（五）参与的价值

参与的价值可以从很多方面加以说明，但从服务与合作精神上说，参与的价值体现在以下三个方面。

首先，参与是民主的标志。综观社会发展史，从对权力的绝对服从到集体参与，从宪政参与到行政参与，从政治参与到法律参与，都标志着一个新时代的到来、民主的进步和社会的文明。行政是集权的传统领域和最后阵地。行政参与则是对集权的最后洗涤，是政治参与或民主参与的最高表现和具体落实，是行政民主或民主行政的主要标志。“所谓‘民主行政’，是在行政上对国民的意见加以反映，亦即以为民服务并依民意为主的行政。其特质包括：(1) 人民参与行政；(2) 行政的公开化；(3) 行政过程的民主化；(4) 行政的公益性；(5) 公平的对待。”③ 其中，行政参与是行政民主的出发点和归宿。它意味着政府的开放性和服务性，行政的非武断性和协商性，目的和手段的统一性和正当性，相对人的主体性和自尊性。因此，公法学者普遍认为，参与是民主政治的基石和裁量决定之工具理性，协商是民主行政的中心。

其次，参与是合作的本质。合作包括配合和参与两个方面。参与是合作的本质内容和必然要求。只有积极的参与，才能“确保‘人民的意愿’能不

---

① 〔美〕阿尔孟德等：《比较政治学》，曹沛霖等译，上海译文出版社 1987 年版，第 185 页。
② 同上书，第 183 页。
③ 罗传贤：《行政程序法基础理论》，台湾省五南图书出版公司 1993 年版，第 20 页。

断地传递给领导者"[①],才会存在与行政间的民主协商。没有参与只有配合的合作,仍然只是一种消极被动的合作。这样的合作,不足以体现权利义务的一致性,不足以确保民意的体现和服务的正确,不足以激发相对人的自觉配合精神。历史也已经证明,只强调配合的"团体主义思想"在德国最终走向了"领袖制"学说,为法西斯专政提供了理论论证或为法西斯专政所利用。[②] 因此,行政法应以不断完善相对人的参与机制为己任,相对人应以积极参与为自豪。

再次,参与是服务与配合的前提。相对人的参与有助于行政主体与相对人之间的沟通与信任,从而确立对政府及服务的正确观念。尽管在参与具体行政行为的实施中,相对人的态度和意见对最终决定的影响可能微乎其微,但从整体上说政府及其服务最终都必须得到公众的信任和支持。专断及显失公正的行政决定,不仅使该行政行为本身丧失可接受性或可配合性,而且这种现象的泛滥和持续必然会破坏公众对政府及服务的信任及配合其服务的自觉性。相对人的参与,与行政主体之间的协商讨论,不仅该机制本身具有公正性和民主性,而且还有利于塑造公众的民主意识、营造社会的民主氛围,也有利于促进意思表示即服务内容的准确性和公正性。尽管相对人的这种事前参与,可能会以相应利益的牺牲为代价,但却可以避免因相对人请求行政救济而导致的行政行为的反复,有利于行政决定的事后执行和行政目的的实现,从而最终提高服务效率。[③]

---

① 〔美〕阿尔孟德等:《比较政治学》,曹沛霖等译,上海译文出版社 1987 年版,第 183 页。

② 参见陈新民:《公法学札记》,台湾省三民书局 1993 年版,第 68—68、94 页。

③ 参见〔美〕盖尔洪(Ernest Gellhorn)等:《行政法和行政程序》,美国西方出版公司 1990 年英文版,第 5、163 页。

第六章　信任与沟通

——行政法治的必由之路

第一节　信　　任

一、相互信任

（一）意志关系

人的行为是一种受意志或思想支配的行为即意志行为。主体在作出某个行为前，首先就要有该行为的概念或者思想。“一种动作只是在动作的人先有思想而知道如何行动之后才能完成。这就是行为的想像本身，人们自己具有的思想决定了行为的产生，行为的想像越加明确和强烈，则行为便产生得越加迅速和猛烈。”“在行为概念之后，表现出第二种要素：就是引向选择和决定的考虑。……‘意志的表现就是行动的选择’。”因为主体要作出某个行为，在其观念和想像中往往“有很多自相矛盾的思想，有很多对立的动作的想像。那时就有考虑的必要了，自觉意识就要在行动之前作出判断。注意力就注意到对象和目的：注意到对象，即注意到我们将作为或不作为；注意到目的，即注意到我们为什么将作为或不作为。”①

法律行为是法律主体旨在取得某种利益并获得法律保护的一种意思表示，也是一种意志行为。“一切有故意参与的意志行为，在其产生时就对存在的法律命令起有变化，或将对未来一定时期内存在的法律命令起变化，则这种意志行为就是法律行为。”② 并且，这种利益关系的变化是主体意志作用的结果和体现，是主体所希望和追求的。“在法律的范围内，在一个意志行为之后，会产生一种变化；如果在这种行为实施的时候，行为人不在法律范围内持有故意，以便产生变化，那么这种意志行为就不是法律行为。”③

既然主体的行为是一种意志行为，则行为关系也可以说是一种意志关系或思想关系。例如，法律关系是主体间因一定法律事实而形成的一种意

---

① 〔法〕狄骥：《宪法论》，钱克新译，商务印书馆 1962 年版，第 228—230 页。
② 同上书，第 234 页。
③ 同上书，第 235 页。

志关系。这样,利益关系、行为关系和意志关系三者间就相通了。利益关系是一种客观事实或客观存在,构成一种状态即社会状态。但是这种状态只有通过主体有意志的行为才能形成,即状态的形成具有一定的过程。意志关系是由利益关系决定的,是利益关系在主体观念上的存在和反映,并决定着行为关系。而沟通客观存在与主观意志之间的桥梁,就是行为。主体的行为既可以使客观主观化,也可以使主观客观化。主体的交互行为,构成了行为关系。行为关系既受利益关系决定,又是主体意志关系的外在表现,并从而形成新的利益关系和意志关系。这三种关系的联结,构成了一个过程,也表明它们各自所处的阶段和地位。

(二) 意志关系的发展

尽管人们普遍认识到意志关系的存在,但基于不同时代的人们对利益关系的不同价值取向,意志关系时而表现为信任关系,时而表现为怀疑或猜忌关系。

早在古罗马时代,源于亚里士多德哲学的道德上的善的"诚实信用贯穿了整个私法的实体法和程序法的全部"。[①] 这种诚实信用原则,就是以信任为价值取向的意志关系在法律上的体现。尽管公法在当时尚未发展起来,信任关系在公法上尚未获得充分表现,但意志关系在总体上却被视为一种信任关系。当然,从世界范围看,这种信任关系并未获得主导地位,人性恶还是性本善基本上处于相持状态。

然而,到了 16 至 19 世纪,人性恶成了主流学说。意志关系被解释成为意志怀疑或猜忌关系,人与人之间的信任被否定或被视为祸害。18 世纪英国思想家葛德文就认为,"为了使人类的认识能力得到顺利地培养,人们的精神活动必须是互相独立的。"[②] 信任或信赖会使人们丧失意志的独立性。因此,"信赖学说的滥用比起人类其他一切认识上的错误,给人类带来了更多的灾祸。"[③] "在一切情形下,信任都是无知的产物。……信任一定会随着智慧和道德的增长而有所减少。"[④] 这种自由主义的人文精神成了当时社会的普遍价值观念。于是,"自然法学的道德法理论受到了自由主义法理学的彻底抛弃。与此同时,源于道德的善的诚实信用在私法中的地位也遭到了

---

① 傅静坤:《二十世纪契约法》,法律出版社 1997 年版,第 38 页。
② 〔英〕威廉·葛德文:《政治正义论》,第二、三卷,何慕李译,商务印书馆 1982 年版,第 644 页。
③ 同上书,第 714 页。
④ 〔英〕威廉·葛德文:《政治正义论》,第一卷,何慕李译,商务印书馆 1982 年版,第 160 页。

根本的打击，意思自治成为私法的基本原则。而如果说诚实信用在私法中一息尚存的话，那就是守信履约仍然是契约法的原则要求。但就是这一点也受到契约自由原则的限制。”① 不过，这种价值观念最明显的表现，是关于公众与政府之间的意志关系的阐释。葛德文认为，政权的存在是以公众的信任为前提的。但是，这种现象是少数人的错误和邪恶，以及多数人的幼稚和盲目的结果。一个有觉悟有道德的人是不会由于信任而遵照政府的规章办事的，“因为他自己已经按照他的义务研究过这一行动的得失；他并没有对一种骗局失于觉察，这种骗局想要使我们相信政权有一种局外人不应该认为可以洞察的奥秘。”现在，这样的人还太少。不过，“人类会不会有一天从现在的屈从和半开化状态中解放出来，”这一问题本身在某种程度上也是值得怀疑的。② 洛克、孟德斯鸠等启蒙思想家所提倡的都是上述观念。这种观念支持着政府与公众之间在行为上的命令与服从、权力与制约的对抗关系。

20世纪以来，尤其是第二次世界大战以来，随着社会连带主义的兴起和社会法学的流行，社会本位的观念战胜了个人本位的观念，人与人之间的合作和信任关系成了社会的价值取向。这种观念的转变既是缓慢和激烈的，也是以痛苦和牺牲为代价的。狄骥甚至认为，第一次世界大战“实际上不是两个国家集团的冲突，而是两种观念的冲突。这次战争是发号施令的权力或主权的国家观念和同一民族集团中各个成员为实现正义和幸福生活而共同劳动合作的国家观念之间的斗争。德国全体的公法学家和法学家所肯定的权力国家观念，同以法国为先驱的合作国家观念发生了冲突，而前一种观念已在马恩河畔和凡尔登山峡中被战败了。法国虽然面临困难并且愚蠢和罪恶暂时有了抬头，但它明明知道，一定能完全实现它那种观念。”③ 现在，人们深信：“没有信任这样的东西，人类社会就根本不会存在，就此而言，信任是社会生活的一个必不可少的先决条件。”“在缺乏信任的情况下，人类关系就将为猜疑所支配。每一个人都将把任何其他人作为一个潜在的敌人，一旦有机会，这种潜在的敌人就会‘使他栽跟斗’。”④ 这一价值取向在民商法上所导致的变革，就是“关系契约说”和信任关系说在世界范围内的确

① 傅静坤：《二十世纪契约法》，法律出版社1997年版，第38页。

② 〔英〕威廉·葛德文：《政治正义论》，第一卷，何慕李译，商务印书馆1982年版，第160—161页。

③ 〔法〕狄骥：《宪法论》，钱克新译，商务印书馆1962年版，“第二版序言”第9页。

④ 〔英〕米尔恩：《人的权利与人的多样性——人权哲学》，夏勇等译，中国大百科全书出版社1995年版，第16、44页。

立和兴起，及以1911年《瑞士民法典》为代表的诚实信用原则的光大。我们认为，相互信任不仅是私法的要求，而且也是公法的精神。

（三）政府与公众之间的信任

人民是政府获得力量的源泉。只有获得人民的信任，政府才具有合法性，政府才能持续存在和不断巩固。美国学者古德诺指出："整体意义上的人民所不信任的政党必须退出对政府的实际控制；而同样丧失了党的信任的政党领袖，也应退出对党的实际控制。"[①] 我国《宪法》第27条第2款也规定，"一切国家机关和国家工作人员必须依靠人民的支持"。人民只有对政府具有信任感，才会在行动上予以支持。同样，政府也应当信任自己的人民，信任人民的知识、智慧、能力、道德和觉悟。只有对人民表示信任，政府才能在行动上经常保持同人民的密切联系，倾听人民的意见和建议，接受人民的监督，努力为人民服务。政府与人民间的这种相互信任，主要是双方在国家生活中的地位或资格的相互信任，因而基本上是一种宪政上的相互信任，是宪政民主的重要标志和评价标准。这种相互信任为行政主体与相对人之间在行政法上的相互信任提供了宪政基础。

行政主体与相对人在行政法上的相互信任，是宪政上信任关系的具体化，集中表现为双方在行为上的相互信任。行政主体在实施行政行为时只有充分信任相对人，才能在行政上向相对人开放，才能使行政民主化，相对人才能获得参与机会，才能获得相对人的自觉配合。"苟无诚信原则，则民主宪政将无法实行，故诚信为行使一切行政权之准则，亦为其限界。"[②] 同样，相对人只有充分信任行政主体，才能获得行政主体更多的服务，才能维持自己与行政主体间的和谐关系，才能保障行政的权威和效率。尽管在现实的个案中，怀疑和猜忌不可避免，但不能因此而怀疑对方的其他所有行为的合法性，不能破坏双方整体上的信任关系。因此，"诚实信用原则，如今亦被视为公法上之重要原则，不仅行政机关于执行职务时应予注意，而且人民在行使或保护其权利时，亦应予以正视。"[③]

价值观念对主体的行为具有重要的意义。"'价值观……涉及在情感上深深信奉对某种价值对象的认识；它们是理性的社会行为的后盾，就社会活动的范围内来说，它们是人类活动的动力来源。'价值观指导着行政目标，影

---

① 〔美〕古德诺：《政治与行政》，王元译，华夏出版社1987年版，第80—81页。
② 参见罗传贤：《行政程序法基础理论》，台湾省五南图书出版公司1993年版，第65页。
③ 同上。

响着对组织方法的选择，因此，它们实际上是所有行政活动中的基本的、根深蒂固的因素。当价值观念转化为行动时，对人们自身的、心理的、社会的生活性质和质量有重要的、有时甚至是关键性的影响。”① 信任作为一种观念或价值观，就能起到这样的作用。并且，它与怀疑、猜忌的价值观念相比，还能起到增进行政主体与相对人之间的服务与合作，减少相互间的对抗和摩擦。因此，我们可以说，相互信任是服务与合作的观念基础。

尽管行政主体与相对人之间的服务与合作，具有公共利益与个人利益一致关系这一现实基础，但仍然必须以相互信任为观念基础。“人们可能认为，信任并不是合作(指主体双方的相互合作，在行政法上即为服务与合作，而不仅指行政法上相对人的合作。下同。——本书作者)必不可少的先决条件。共同的利益才是合作的充分理由。”“然而，单就共同利益而言，它只是合作的一个不稳固的基础。除非所有的人都值得信任，否则就存在着其中一人为获得更多而可能‘欺骗’他人的危险。”② 也就是说，公共利益与个人利益的一致性，及行政主体与相对人之间的相互信任，都是服务与合作必不可少的基础和条件。相互信任，可以为行为上的服务与合作提供观念上的有效支持，增强服务与合作的积极性。它本身就是公共利益与个人利益关系一致性在主体观念上的反映。并且，公共利益与个人利益关系的一致性，也往往是人们在观念上的一种价值取向和道德追求。总之，在现代行政法上，事实状态上的利益关系一致性，行为过程上的服务与合作，观念形态上的相互信任，是一致的，而且也必须一致起来。

二、信任的要求

(一) 信任的道德性

信任意味着道德上的诚实，“是一个以道德的存在为先决条件的概念”。“不论社会生活采取什么样的特殊方式，都存在某些为社会生活本身所必需的道德要素。由于文化和文明的传统必定延续在所有的社会生活方式之中，这些道德要素就成了每种传统的一部分。诚实的美德就是一个这样的要素。共同生活的人们至少绝大部分要能相互信赖。”③ 没有诚实，就不可

---

① 〔美〕菲利克斯·A. 尼格罗等：《公共行政学简明教程》，郭晓来等译，中共中央党校出版社1997年版，第36页。

② 〔英〕米尔恩：《人的权利与人的多样性——人权哲学》，夏勇等译，中国大百科全书出版社1995年版，第45—46页。

③ 同上书，第43、Ⅱ页。

能有信任，既不可能取得他人的信任也不可能信任他人。"假如没有道德，也就不会有义务，不会有'做正当的事'的概念，从而信任也就毫无基础。"因此，诚实是一项不以主体的决定为条件的绝对命令。人们不管利益和爱好如何，都必须诚实。①

信任作为一种以诚实为基础的道德要求，是人自身的一种价值观念，是人自身发展和完善的必然结果。社会的发展不仅是物质的丰富，而且也是精神的文明。人自身的发展，同样不仅是种的繁衍和生命的成长，而且也是人的觉悟和道德的进步。信任和诚实，就是现代文明社会里人们所应奉行的道德准则。这种道德上的义务，如公务员的廉洁奉公义务，在当代社会里已逐渐上升为特定条件下的法律义务。

诚实作为主体的一种道德品质，不仅仅体现在主体的一次性行为中，而表现在主体长期的各种行为中，表现为主体通过长期行为而建立起来的良好信誉。这种信誉同主体的身份相联系，因而在民商法上有着现代契约从行为到身份的说法。在行政法上也是如此。它不仅要求行政行为的实施应以信任和诚实为基础，而且要求政府具有廉洁高效、取信于民等信任和诚实的品质和形象。也就是说，政府"不仅必须干得很好，而且必须让公众相信它干得很好"②；行政民主不仅应当真正存在，而且要通过良好的形象让人相信这种行政民主的存在。为此，公务员必须奉公勤政、品德高尚，不得有任意提供或接受利益、兼职或经商办企业、甚至私人债权债务纠纷等导致影响政府信誉或使政府良好信誉受到怀疑的言行。同时，诚实也要求相对人讲信誉守法律，与人为善，恪守诺言，诚实坦白，分担社会责任，在不损害他人利益和公共利益的前提下追求自己的利益。

尽管信任与被信任者的道德品质和身份相关，但信任与人格的信仰和个人的崇拜是不同的。对人格的信仰和对个人的崇拜往往是盲目的，而信任却是以理性为基础的。

（二）信任的具体性

信任在内容上是对主体意思表示自由的一种限制。这种限制规则不仅是一种抽象的道德说教，而且是具体的法律义务。

---

① 〔英〕米尔恩：《人的权利与人的多样性——人权哲学》，夏勇等译，中国大百科全书出版社1995年版，第43、39页。

② 〔美〕詹姆斯·福里斯特尔语，转引自〔美〕菲利克斯·A.尼格罗等：《公共行政学简明教程》，郭晓来等译，中共中央党校出版社1997年版，第10页。

信任和诚实要求行政主体的服务行为即行政行为必须真实并具有诚意。行政主体受欺诈、胁迫、威胁、贿赂或因公务员认识的局限性、精神上的不正常等而未认识到客观情况或事实所作的意思表示就是不真实的意思表示。真实还要求完整。行政主体以部分客观情况或事实为基础所作的部分意思表示,尽管该部分意思表示具有真实性,但却是一种不完整的意思表示。不完整的意思表示,没有反映客观事实的全部,从总体上看也是一种不真实的意思表示。意思表示不仅要真实,而且要诚心诚意。行政主体欺诈、胁迫和引诱相对人作为或不作为的意思表示,尽管是其真实的意思表示,但却是缺乏诚意的意思表示。这种不真诚的意思表示,都不能作为有效的意思表示。

信任和诚实要求主体切实履行告知义务。诚实,意味着坦诚相告,不隐瞒事实真相。一方当事人的告知义务也就是另一方当事人的了解权,“即一个人在无过失的情况下不知道自己是否享有某项权利,或不知道自己权利的范围时,可以要求对方当事人提供这方面的情况,条件是对方能够很容易地提供有关的信息。”[①] 这在行政法上的要求,就是行政法律关系的一方当事人不得以自己所拥有的信息,使对方陷于错误。因此,在听证等行政程序中,双方当事人都应当将自己所拥有的事实证据和法律根据提交对质,将自己的理由和意见提交辩论。当事人在听证程序中故意隐瞒的证据和根据,不能作为作出行政行为的证据和根据,也不能作为行政复议和行政诉讼的有效证据和根据。行政主体尤其不能以保密为理由,拒绝履行告知义务。对已作出的行政行为,行政主体必须将所依据的事实和法律,所设定的权利和义务,请求行政救济的途径和时效告知相对人。对此,各国的法律已有所规定,但还没有完全体现信任和诚实的要求。[②]

信任和诚实也要求主体切实履行保密义务。告知并不等于公开。坦诚并不意味将所有的信息向任何公众公布。行政法律关系中的当事人,都负有保守对方秘密的义务,不得任意将对方的秘密公之于众,使对方当事人处于不利的地位。案情的公开和曝光,应以不涉及秘密、不发生告知障碍、不发生信任危机为限。当然,对秘密的范围,法律应有所规定,当事人双方也

---

① 〔德〕罗伯特·霍恩等:《德国民商法导论》,楚建译,中国大百科全书出版社 1996 年版,第152 页。

② 参见最高人民法院《关于贯彻执行〈中华人民共和国行政诉讼法〉若干问题的意见(试行)》第 35 条。

可予约定。对此,《美国联邦行政程序法》和我国《行政处罚法》等法律的规定已作出表率。[①]

信任和诚实要求双方的通力合作,在行政法上即为行政主体与相对人之间的服务与合作。“信任一个人指的是愿意同他一道做事,相信他总是全力以赴地去履行其义务”。“不信任一个人则是指不愿意同他一道做事,原因是怀疑他的道德品质。”“一个不值得信任的人就是一个人们要谨慎地、不同他发生任何关系的人,如果做不到这一点,那也要尽可能少与他往来。”[②]只有对行政主体具有足够的信任,相对人才会对行政主体的公务或服务给予积极的合作。只有对相对人具有足够的信任,行政主体才能选择该相对人作为合作伙伴。并且,双方只有始终保持这种信任,服务与合作才能成功,事业才会兴旺发达。

(三)信任的双向性

价值观念不应当是单方的,而应当为人们所共识。美国学者罗斯切尔德(J. Rothschild)指出,政府与公众之间拥有一套广泛的价值共识,是维持其相互间正当关系的为世人所接受的三个基本条件之一。[③] 信任和诚实这种价值观念,同样必须是主体相互间的一种共识。米尔恩也指出,“诚实是共同道德的一个要素,因此,每个人都负有始终诚实待人的义务,同时也享有与这项义务相关联的始终获得诚实对待的权利。”然而,“这种相互信任只有在其中每一个人都承认如此行事是正确的并相信其他人也承认这一点的人们中间,才有可能。也就是说,他们必须是一些有道德的主体,对于正当和非正当的行为,他们具有共同的观念,并意识到这一点。”[④] 如果一方主体只要求他方诚实,而自己并不分担诚实义务,千方百计地获取不公平利益,那么信任就会丧失。

在行政法上,信任就是对行政法律关系双方当事人的共同要求,即行政主体与相对人都必须以诚相待。例如,行政主体未告知相对人救济时效的,应按相对人实际知道之时予以认定。错误告知使相对人发生信任的,应按所告知并发生信任的内容予以认定。但相对人也具有告知义务。相对人发

① 参见《美国联邦行政程序法》第2条第3项;《中华人民共和国行政处罚法》第43条第3项。

② 〔英〕米尔恩:《人的权利与人的多样性——人权哲学》,夏勇等译,中国大百科全书出版社1995年版,第43页。

③ 参见林水波等:《公共政策》,台湾省五南图书出版公司1982年版,第194页。

④ 〔英〕米尔恩:《人的权利与人的多样性——人权哲学》,夏勇等译,中国大百科全书出版社1995年版,第Ⅲ、45页。

现错误告知而不告知告知方(行政主体)、甚至对错误加以利用的,不得主张信任,法律也不能按所告知的错误内容予以认定。行政主体对相对人的服务必须"全心全意",但相对人也不能以欺诈手段来骗取行政主体的信任和真诚。

信任在主体上并不限于行政主体与相对人之间,而应扩及第三人及其他公民、法人或组织。行政主体的服务,不仅应得到相对人的信任,而且也应得到第三人及其他公众的信任和合作。例如,行政听证不仅是行政主体和相对人的事,而且也是第三人和其他公众的事,因为行政主体是否公正地集合和分配公共利益必将涉及他们的利益。第三人参与听证,其他公众出席作证,既是作为权利的一种参与又是作为义务的一种配合。没有第三人和其他公众的信任和诚实,行政主体与相对人之间的相互信任和诚实就会丧失社会基础,他们之间的服务与合作就不见得能取得成功,行政行为的公定力也难以得到说明。因此,信任观念要求不断扩大公众对行政的参与范围,并要求参与的公众保证自己的信任和诚实。

(四) 信任的程序性

民法学者认为,"现代契约法中的诚实信用原则有两个基本特征,一是具有漏洞补充的普遍功效,二是与缔约过失责任紧密联系。"其中,无论是哪一种缔约过失责任,"根本原因都在于缔约过程中的行为违背了诚实信用。所以,缔约过程中的诚实信用义务可以统称为前契约义务。"也就是说,"契约之债的关系不仅限于当事人所订立的合同的约定,而且还包括当事人正在为订立契约进行谈判时的前契约关系。正如耶林所说,在契约成立之前,于特定要件下当事人已经进入了一个具体的、可以产生权利义务关系之债的关系,其责任标准应依当事人所订立的或所应订立的契约决定之。"①

在行政法上,我们提倡信任和诚实,不只是为了说明行政行为作出及生效后双方主体的观念状态,更重要的是为了说明行政行为作出过程中双方主体所应持的价值观念,说明在行政行为作出前双方主体的权利义务关系。它要求行政主体和相对人双方意志的形成和表示,都必须符合公共利益与个人利益关系的一致性及行政法规范的规定,为此必须符合相应的规则和承担相应的义务。因此,信任观念是对古典行政法的发展。根据古典行政法,行政主体与相对人之间的关系是基于行政主体的行政行为而形成的,即成立于行政行为作出之后,而信任观念将行政法关系追溯到行政行为开始

① 傅静坤:《二十世纪契约法》,法律出版社 1997 年版,第 40、41、53 页。

实施之时，即从行政行为开始实施之时起双方主体已处于现实的行政法关系之中并已具有相应的权利义务。我们之所以对行政法关系作这样的追溯，是为了保证所作出的行政行为具有合法性，促进利益关系的一致性，增强行政行为的公正性、准确性、民主性和可接受性，避免已作行政行为因不合法而导致的不断反复，提高行政效能。

行政法主体之间在行政行为作出前的关系基本上是一种程序上的权利义务关系。信任观念要求将行政法关系追溯到行政行为作出之前，实际上是要求行政主体在相对人的参与下严格按行政程序来作意思表示，要求行政行为程序化。信任观念在内容上所具体要求的义务，也主要是针对行政行为作出前的情况而言的，是为了保证行政行为的顺利作出，保证在行政行为作出后双方主体实质上信任关系的确立。当然，信任观念对程序的要求是全面的要求，即包括事前程序和事后程序的要求。

三、信任的保护

(一) 信任的程序保护

美国学者弗里德曼指出："感到程序上的合法性最终导致实质上赞同规则或我们所谓的信任。"① 这也就是说，只有按法定程序所作的行政行为，双方主体、尤其是相对人才能对该行为所设定的权利义务表示信服。

行政程序是行政主体在相对人的合作下作成、变更或消灭有效行政行为所必须遵守的，由互相衔接的先后阶段所组成的法律程序。② 现代行政程序源于自然公正原则。"自然公正原则是一个非常古老的原则。……在古代和中世纪，它是自然法、万民法和神法的基本内容。在英国普通法上，它包括两个最基本的程序规则：(一) 任何人或团体在行使权利可能使别人受到不利影响时必须听取对方意见，每一个人都有为自己辩护和防卫的权利。(二) 任何人或团体不能作为自己案件的法官。"③ 这一原则起初只适用于司法领域。由于英美法系国家公、私法不分，在对行政行为的司法审查制度确立以后，自然公正原则也适用于法院对行政案件的审理。法院在司法审查中以自然公正为标准对行政行为进行评价的结果，最终促使行政机关在实施行政行为时也接受了自然公正原则，并以此为核心建立起了行政程序。

---

① 〔美〕弗里德曼：《法律制度》，李琼英等译，中国政法大学出版社 1994 年版，第 134 页。

② 参见叶必丰：《公共利益本位论与行政程序》，载《政治与法律》1997 年第 4 期。

③ 王名扬：《英国行政法》，中国政法大学出版社 1987 年版，第 152 页。

但是，促使自然公正原则与行政行为结缘，并兴起建立行政程序的世界性潮流的法理念，却是20世纪以来所提倡的服务与合作、信任与沟通。

行政程序对信任有直接的保护作用。行政程序有利于培植行政法主体的信任意识。诚实信任本身只是一种抽象的道德观念。但是，行政程序这种意思表示规则使之具体化了，为行政法主体间的相互信任提供了现实的操作规则。只要行政主体按行政程序实施行政行为，只要相对人按行政程序参与实施行政行为，就可以充分感受法律对诚实信任的要求，就可以直接观察诚实信任的法律实践，就可以切身体会自己得到对方信任后的人格尊严。长此以往，必将有利于行政法主体养成相互信任、以诚相待的高尚品质和良好习惯。同时，行政程序为诚实信任提供了统一的客观标准。行政程序具有客观性和统一性。只要一方当事人严格按行政程序作意思表示，就足以说明自己的诚实和对对方当事人的充分信任，也就足以使对方当事人对自己表示充分信任。例如，听证的举行，足以说明行政主体对事实和法律的坦诚布公，对相对人诚实合作的充分信任。这就是说，一方面，行政程序为自己的意思表示具有诚实性提供了客观标准。行政法主体只要按这一标准作意思表示，自己的诚实信任就可以得到法律的有效承认和保护。另一方面，行政程序也为自己判断对方的意思表示是否具有诚实性提供了客观标准。如果对方主体违反了这种程序规则，就意味着对信任关系的破坏，就应承担相应的法律后果，从而保护自己的诚实信任。

行政程序对信任还具有间接地保护作用。行政程序作为一种意思表示规则，根本作用在于保证双方主体将作的实体上意思表示的诚实性。行政法主体履行程序上的诚实义务，根本目的是为了使自己的实体意思表示得到对方主体的信任。例如，行政主体只有遵守回避、顺序、听证等程序规则，才能表明自己所作实体意思表示的诚意。行政主体只有按一定程序发布信息、统计资料，该行政指导行为才能得到公众的信任，而不会被公众置之不理。同样，相对人在程序上的诚实合作，则可期望的实体利益、所提出的实体要求才能得到行政主体的信任和满足。如果一方主体不履行程序上的诚实义务，那么也意味着对实体上的意思表示缺乏足够的诚意，甚至可能构成对对方主体的欺诈。违反程序上诚实义务的一方主体，对此应承担相应的法律后果，以保护对方主体的诚实信任。由此可见，行政程序通过对程序上诚实义务的要求，对实体上的诚实义务的履行起到了保证作用，对实体上的信任关系起到了一种间接保护作用。

然而，要真正保护双方主体间的信任关系，就必须有相应的行政程序。

首先,行政程序本身必须全面体现信任精神。也就是说,行政程序必须是诚实信任观念的法律化和具体化。只有体现信任精神的行政程序,才能保护现实的、具体的信任关系。如果以怀疑、猜忌为精神来设计行政程序,那么只能导致相互制约、防范和摩擦,就不足以保护和增进行政主体和相对人之间的相互信任。其次,行政程序必须完备。完备的行政程序,要求健全各种行政程序制度,如告知制度、期间制度和回避制度等。同时完备的行政程序,要求将相应的程序适用于应该适用的所有领域。例如,作为行政程序核心的听证制度,不能仅仅适用于部分行政领域,而应当适用于涉及相对人权利义务的所有行政领域。另外,完备的行政程序要求各程序制度之间的衔接和协调,而不能脱节、交叉和矛盾。否则,程序上的真空和冲突就无法保护信任关系。

这里我们还需要说明的是,实质行政法治观念的确立并不意味不需要行政程序。实质行政法治理论认为,实质上合法而程序和形式上有瑕疵的行政行为,无需撤销。然而,这并不是要容忍程序上的违法性,而仍要通过补正来加以消除。并且,不撤销这种行政行为是以不影响实体上的意思表示的诚实性,不影响对实体上的意思表示的信任为前提的。

(二)信任的实体保护

在民商法上,信任的实体保护主要是通过“允诺后不得翻供原理”来实现的。在行政法上,信任的实体保护则是通过行政行为的确定力原理来实现的。

行政行为是一种意思表示,一种承诺。“承诺也是必要的。没有它,社会成员就不能签订并执行协议,就不能从事制度化的合作,而这种合作正是社会生活的要素之一。”[①] 信守承诺是公共利益与个人利益关系一致性的必然要求。任意改变承诺,只能破坏这种利益关系的一致性,导致权利义务的不稳定状态。信守承诺也是信任和诚实这一道德的必然要求。“道德领域中一个简单的例子由承诺制度所提供。必须信守诺言的规则是这项制度的构成性规则,它是使承诺成为可能的必要条件”[②]。“必须信守诺言的规则并没有告诉人们承诺什么或对谁承诺”[③],但却告诉人们承诺一经作出就必须

---

① 〔英〕米尔恩:《人的权利与人的多样性——人权哲学》,夏勇等译,中国大百科全书出版社1995年版,第8页。

② 同上书,第17页。

③ 同上书,第25页。

忠于自己的承诺而不得任意加以改变。在特定条件下,即使行政行为违法,但该行为以金钱或实物给付为内容的话,也不能任意予以撤销,以保护受益的相对人或第三人的信任。[①] 同样,授益性行政行为也不得任意废止或“撤回”。行政主体任意改变自己的诺言,是对自己诚实义务的违反,是对信任关系的破坏,就应承担相应的法律后果。即使违法行政行为得撤销的,行政机关依关系人申请,也应补偿关系人因信任该行政行为而遭受的财产损失,但以在权衡公益之情形下,其信任值得保护者为限。[②] 行政行为作为一种单方面的意思表示,尤其需要信守承诺这一原则来保护诚实信任的实现。

应当指出,这里的承诺是指行政主体的最终承诺,而不是指在行政程序中的承诺。行政程序中的承诺是为了作出最终承诺的形成性、协商性、试探性和部分性承诺,尚未构成一种确定性的承诺。行政程序中的承诺,可以随着程序的发展而改变。这里的诺言,是指诺言的实质性部分,即行政主体基于相应的法律根据和事实根据所设定的权利义务。也就是说,行政行为的确定力“只限于主文所确认之事实,至于理由或教示等”则不具确定力。[③] 因为,只有实质内容的改变才会影响权利义务的稳定性和利益关系的一致性及信任关系,才需要信守诺言原则的保护。这里的改变,既包括对权利义务的变更,也包括宣告无效和撤销等对原行政行为的消灭,及在原权利义务的基础上新设权利义务。

信守诺言是对承诺人而言的。“承认承诺自身是有约束力的——那么,对谁有约束力?当然是对作这种承诺的人有约束力。有什么理由让这个个人所作的承诺,去约束那些从来没有作过这个承诺的人们呢?五十年前,国王对我的曾祖父承诺,依照法律统治他;五十年前,我的曾祖父对国王承诺,他将依照法律服从国王。现在,国王对我的邻居承诺,将依照法律统治他;现在,我的邻居对国王承诺,他将依照法律服从国王。就算是这样,所有这些承诺,或者其中的任何承诺对我来说有什么意义呢?”[④] 行政行为的确定力也是就行政法关系的当事人即行政主体、相对人和第三人而言的。行政行为实质上是行政主体所作的承诺,因此对行政主体具有确定力。这就是

---

① 参见《联邦德国行政程序法》第48条第2款;翁岳生:《法治国家之行政法与司法》,台湾省月旦出版社有限公司1997年版第42页;〔日〕室井力:《日本现代行政法》,吴微译,中国政法大学出版社1995年版,第107页。

② 《联邦德国行政程序法》第48条第3款。

③ 翁岳生:《行政法与现代法治国家》,台湾省祥新印刷公司1976年版,第313页。

④ 〔英〕边沁:《政府片论》,沈叔平等译,商务印书馆1996年版,第157—158页。

行政法学上的实质确定力或一事不再理原理。相对人或第三人在法定期限内没有依法请求改变行政行为的，被视为承诺接受行政主体的意思表示。由于相对人和第三人不能任意改变自己的这种承诺，行政行为对他们也具有确定力。这就是行政法学上的形式确定力或不可争力原理。但是，行政行为对其他人并不具有确定力。

当然，信守诺言原则应受到诚实性或真实性原则的限制。只有诺言出于承诺人的自由意志和真实意志的时候，符合公共利益与个人利益关系一致性的时候，才能适用信守诺言原则。这样，我们就必须把承诺与当时的客观环境相联系。“不论环境如何，承诺的有效性都是以环境为基础的；我认为，很明显，是环境而不是承诺本身必定成为约束力的根源，根据这种约束力，一项诺言一般地便易于兑现。”[①] 从这一前提出发，行政行为的确定力也不是绝对的，而是相对的。尽管在行政行为作出前，相对人或第三人已参与意思表示，作过某种承诺，但在法定期限内仍有权依法要求改变行政行为。行政机关则可随时对行政行为中的书写错误、计算错误以及类似的明显错误进行更正。“行政行为是基于恶意之欺诈、胁迫或贿赂而成立的”，“行政行为是基于重要部分不正确或不完全的报告而成立的”，或者“知悉行政行为的违法性或由于重大疏忽而未知悉的”，即使上述行为在内容上是授益性行为，受益的相对人或第三人不得对该行政行为主张信任。[②] 否则，就意味着受益人的不诚实，意味着对自己诚实义务的违反。并且，对授益性行政行为的信任保护，也应“以此信任在权衡撤销该行政行为的公益下值得保护为限”[③]，即应以不违反重大公共利益为限度，并且还应以不侵害第三人的合法权益为限。[④] 如果对公共利益或他人利益的保护超过对相对人信任利益的保护的，就可予以改变。在行政行为作出后，情势发生变更的，行政行为也可变更或废止。

信任关系除程序保护和确定力保护外，还需要法律不溯及既往原则和司法公正原则的保护。

---

① 〔英〕边沁：《政府片论》，沈叔平等译，商务印书馆 1996 年版，第 157 页。
② 《联邦德国行政程序法》第 42 条、第 48 条第 2 款。
③ 《联邦德国行政程序法》第 48 条第 2 款。
④ 〔日〕室井力：《日本现代行政法》，吴微译，中国政法大学出版社 1995 年版，第 113 页。

第二节 沟 通

一、沟通的价值

沟通的基本涵义是联系，是主体间彼此依存的联系。人们之间的相互联系、相互依存，体现了人的社会性，人才能作为人而存在。从这一前提出发，德国存在主义哲学家雅斯培(Karl Jaspers，又译雅斯贝斯)认为，人只有在交流和沟通中才能作为人而存在，人性只有在交流和沟通中才能得到发现和实现。他说："个人不能依靠其本身而成为人的，'自我存在'只有与另一个'自我存在'相交通时才是实在的。当我孤独时，我便陷入阴沉的孤立状态——只有在与他人相处时，'我'才能在相互发现的活动中被显示出来。如果别人也是自由的时候，我自己的自由才能存在。被孤立或自我孤立的'存有'还只是潜在的状态，或消失于虚无之中。"因此，沟通是"一个基本的哲学问题"。① 在行政法上也是如此。只有行政主体与相对人之间存在某种联系的情况下，才会发生权利与义务、服务与合作、信任和诚实，才会有行政法现象。只有他们相互间发生联系时，行政主体才能作为行政主体、相对人才能作为相对人而存在。如果他们彼此没有任何联系的话，这一切的一切都不可能发生。

沟通不仅是指一般的联系，而且是指持久的开放和积极的交流。雅斯培认为，沟通是指"存在的个人"对他人永久地开放，人与人之间的交流、对话和讨论。② 他认为，"阻碍人与人间交通的来由，存在于我身上，正如存在于他的身上一样。我们所赖以自我熏陶的内在活动必须去照明我的自身隐蔽、专断和固执，更使我奋向一个永远不能完成的启示。"保密和隔离即使是必要的，也应限制在尽可能小的范围内。"在不明白的情况下以及未经允许的范围内，一切使人疏于接触的制度，为了共同存在起见，确为必需的，但是超过这个限度，它们便是有害的了，因为，它们以虚妄的自安掩盖了人之存在的表现方面的真理。"③ 在行政法上，沟通意味着行政的公开化并向公众

① 〔德〕雅斯培：《关于我的哲学》，载〔美〕W.考夫曼：《存在主义》，陈鼓应等译，商务印书馆1995年版，第149—150页。

② 参见米也天：《澳门法制与大陆法系》，中国政法大学出版社1996年版，第205页。

③ 〔德〕雅斯培：《关于我的哲学》，载〔美〕W.考夫曼：《存在主义》，陈鼓应等译，商务印书馆1995年版，第148、150页。

提供广泛的信息。美国政治学者阿尔蒙德等认为,公民"如果对领导人的行动缺乏确切的了解,对这些行动和公众目标之间的关系缺乏认识,那么,要想有意义地表达利益和施加政治影响是不可能的。"他们认为,行政公开的价值具体地说有三个方面:首先,有利于公民掌握足够的事实,以便在一定的情况下作出选择决定。其次,有利于公民知道那些领导人在这些问题上采取各种不同的立场,或者至少要知道前不久是谁掌握领导权的,这样才能传递他们的选择倾向。最后,有利于公民同那些赞同他们立场的人联合在一起,那么他们在影响和控制方面所进行的努力通常就会更加有效。① 我们认为,行政公开的价值也可以概括为以下几个方面:首先,行政公开化有利于实现公民的当家作主权和行政参与权等民主权利。否则,相对人和公众就难以对行政主体的服务提供积极的合作。其次,行政公开化有利于相对人和公众了解各种信息,实现公民在文化、社会和经济方面的权利。最后,行政公开化有利于增长相对人和公众的知识,指导公民的行为。②交流和沟通是双向的,相对人和公众也应向行政主体开放,使行政主体充分了解相对人和公众的愿望、要求和意见,从而使所作的行政行为能体现相对人的意愿、使所作的服务能取得公众的广泛信任。

沟通还是一种民主协商和平等对话机制。雅斯培认为,"对理智而言,与正确的东西相比较,所有其他的东西只能算是感情、主观性、本能而已。在这个分类中,除理智的光辉世界以外,只有非理性的。在非理性的世界中,好的与坏的是混在一起的。……于是,真理便从我们的视野中消失了,代之而起的只是各种不同的意见,而这些意见只是依凭想像上的合理形式。""因此,理智只有在讨论中才能得到明了","人与人之间的交通是达到各种形式的真理之途径"。③ 行政法上的沟通就是这样一种协商机制。"行政沟通乃关于行政事件意见之交换、商洽及协调等作用之概称,其与行政协调之意义相较,学者谓:'沟通是协调之方法,协调是沟通之结果'者。惟实则沟通即是协调,协调即是沟通,二者之意义与作用无殊,均为意见之交换,意识之交流,而为达到行政目的之一种程序与方法。"④ 尽管现代社会以公

---

① 〔美〕加布里埃尔·A.阿尔蒙德等:《比较政治学》,曹沛霖等译,上海译文出版社 1987 年版,第 184 页。

② 参见叶必丰:《论公民的了解权》,载《法学评论》1987 年第 6 期。

③ 〔德〕雅斯培:《关于我的哲学》,载〔美〕W.考夫曼:《存在主义》,陈鼓应等译,商务印书馆 1995 年版,第 150 页。

④ 管欧:《现代行政学》,台湾省永新书局 1978 年版,第 403 页。

共利益与个人利益关系的一致性、服务与合作、彼此信任为价值取向，但公共利益与个人利益之间的冲突并未消失，服务与合作中的地位障碍、地理障碍、语言障碍和心理障碍仍然存在，行政主体的愿望和意见与相对人的要求并不完全相同。在这种情况下，我们就不能通过斗争或强制来实现自己的愿望、意见和要求。也就是说，行政主体不能未经协商而任意强制相对人接受自己的意见，相对人不能用破坏社会秩序或非和平的方式来达到自己的要求。因此，行政主体与相对人之间必须通过协商、对话和讨论即沟通的形式来取得协调一致、彼此信任，避免相互间的误会和摩擦。

沟通又是现代社会消除冲突的一种平衡和补救机制。“在任何社会环境下，解决价值冲突的办法都只有寥寥几种。一种办法是通过地理上的隔绝。另外一种更主动的办法就是退出。弥合个别的或文化上的差异的第三种办法是通过对话，在这种情况下，价值冲突原则上能够表现出一种积极的征象，也就是说，能够成为增进交流和自我理解的手段。最后，价值冲突也可以通过使用武力或暴力来加以解决。在我们今日生活于其间的全球化社会里，这四个选择有两个已经急剧地减少了。”① 在行政法上，如果事前的沟通并未实现，冲突业已发生和存在，则只能通过事后的协商、对话和讨论来沟通行政主体与相对人之间的意见，消除双方主体之间的冲突和纠纷。只有通过沟通，才能实现服务与合作，才能建立相互信任。行政法不能通过隔绝和退出来回避冲突，也不能通过武力或暴力来解决冲突。回避并不能建立相互信任，暴力只能激化冲突，都不可能恢复公共利益与个人利益关系的一致性。同时，对行政主体的违法行为也不能用强制制裁来解决。狄骥指出：“公法是国家法，统治者的法；因此人们就不能想出反对国家行使的一种公法的直接制裁的方式。”“国家是握有强制的主人，不能直接对自己行使强制。”② 因此，当行政行为违法而发生行政主体与相对人之间的冲突时，只能通过协商、对话来沟通，只能通过对行政行为违法性的消除和补救来恢复公共利益与个人利益关系的一致性。

总之，沟通是实现公共利益与个人利益关系一致性，完成服务与合作，建立相互信任的途径和形式。沟通需要相应的代价或成本。我们应尽可能降低这种成本，使沟通的价值保持在较高的水平上。

---

① 转引自〔美〕华勒斯坦等：《开放的社会科学》，刘锋译，生活·读书·新知三联书店 1997 年版，第 75 页。

② 〔法〕狄骥：《宪法论》，钱克新译，商务印书馆 1962 年版，第 504 页。

二、事前沟通

事前沟通可以避免行政主体与相对人之间的误会和摩擦。因此，在行政法上必须完善事前沟通机制。在我国，目前主要应尽快建立和完善行政公开化和行政听证机制及内部行政法上的事前沟通机制。

（一）行政公开化

在西方国家，立法和司法的公开化有较长的历史，但行政公开化却要晚得多，因为行政事务要复杂得多。1989 年，日本《议员资产公开法》议案，就因“公开包括家族名义的资产会带来各种各样的问题”而搁浅。[①] 但行政公开化毕竟是行政民主的必然趋势和行政沟通的重要形式以及取信于民的有效途径，因而受到各国的重视。最早在行政公开化方面进行立法的是美国。美国在 1967 年制定了《情报自由法》，于 1974 年制定了《美国私人秘密法》，又于 1976 年制定了《美国在阳光下的政府法》，建立了比较完善的行政公开法制。[②] 欧洲的瑞士也于 1978 年制定的《瑞士联邦委员会和联邦行政机构组织管理法》第 8 条明文规定：“联邦委员会敦促新闻处经常向公众说明联邦委员会的意图、决定和采取的措施以及联邦行政机构的工作情况。”1987 年，香港立法局议员林钜成也提出了制定行政公开化法的动议，并得到了布政司霍德的支持。[③] 在我国，行政公开化或政务公开化的要求也以这样或那样的形式被提了出来，并随着政治体制改革的深入对此作了许多有益的探索[④]，但至今并未有相应的立法，有待进一步努力。

从服务与合作及相互信任的价值观念出发，行政公开化不仅是行政过程的公开化，而且是行政主体有关情况的公开化。行政公开化的内容应包括：行政主体所举行的会议、所适用的行政法规范、应执行的有关制度、所处理的行政事务及其结果、应遵守的行政程序、应收取的费用标准及其依据、行政主体的基本情况（法定名称和法定代表人姓名、办公地点、联系方法和职责权限等）和承办的行政人员姓名、职责，以及行政主体的财政收支状况、

---

① 《日本〈议员资产公开法〉搁浅》，载《法制日本》1989 年 12 月 23 日第 4 版。

② 参见叶必丰：《美国的行政公开化》，载《国外政治学》1989 年第 5 期。

③ 参见《提高行政透明度》，载《深圳特区报》1987 年 5 月 28 日。

④ 据报道，广东出入境管理部门于 1988 年就决定“公开出境办证条件和手续”，见 1988 年 10 月 18 日《羊城晚报》；山东省昌乐县于 1989 年实行“政务公开”促进了廉政建设，见 1989 年 1 月 21 日《法制日报》；广州市于 1988 年在全市推行“公开办事”制度，见 1988 年 10 月 11 日《羊城晚报》，等等。

公职人员(包括其家属)的财产和品德状况,等等。但是,涉及国家秘密或个人隐私、商业秘密的内容,不得任意公开。行政公开化的范围取决于行政行为的效力范围和应公开的内容。一般说来,公开的范围应与行政行为将发生法律效力的范围相一致,应与有关内容的重要性和特点相一致。同时,行政主体应将有关内容向上级行政主体和监督机关公开。行政主体可以按有关内容采用相应的公开方式,如代表本行政主体的发言人报告、公报刊载和张贴,以及供有关部门和人员观察、查阅、了解等。另外,行政公开化制度应具有相应的法律保障机制。

目前,我国亟待解决的还有行政机关的规范性文件的公开化问题。这些规范性文件基本上属于行政法解释的范畴,主要作用在于沟通行政主体相互之间、公职人员之间对行政法规范的认识,从而对行政法规范的适用保持一致性。因此,规范性文件的存在是必要的。但是,这种规范性文件多数属于行政主体的内部文件,并未向公众公开。为了使公众了解行政主体及其公职人员对行政法规范的认识,并与行政主体及其公职人员对行政法规范有一致或相同的认识,我们认为这种规范性文件也应向公众公开。

(二)行政听证

行政听证是指行政主体在作成行政行为前,允许相对人对将作成的行政行为所涉及的问题提供证据、材料,发表意见或进行辩解、说明的一项基本行政程序制度。

行政听证可以分为辨明性听证和审讯性听证。辨明性听证又称决策性听证,是指行政主体为设定不特定多数人的权利义务,在作出行政行为前所举行的听证,如为建立大型公共设施而举行的听证;审讯性听证又称裁决性听证,是指行政主体为了设定特定人的权利义务,在作出行政行为前所举行的听证,如行政处罚中的听证。行政听证又可以分为书面听证和口头听证。书面听证是指行政主体要求听证参加人在行政行为作出前提供书面意见和材料的听证;口头听证是指行政主体在行政行为作出前举行的,要求听证参加人到会讨论或辩论、论证或质证的听证,又称言词听证。行政听证还可以分为自行听证和委托听证。自行听证又称直接听证,是指行政主体自行派员直接主持听证活动的听证;委托听证又称间接听证,是指行政主体委托他人主持听证活动的听证。

从行政听证在各国的实践来看,涉及相对人权利义务的行政行为在作出前都应举行听证。但是,有下列情形之一的行政行为应规定为免除听证:因情况紧迫或公共利益而有必要立即实施的,如果举行听证将难以遵守对行政行为有重大关系的期限的，对相对人所声明的事实陈述未作不利或不同认定且行政主体把将不举行听证的决定告知相对人后相对人没有异议的，大量的同样行政行为，颁发许可证的行政行为，行政强制执行行为，行政主体有正当理由确实不能举行听证的行为。同时，有下列情形之一的行政行为应规定为不得举行听证：涉及国防和外交等国家安全方面的行政行为，有关国家公职人员的任用、交流和晋升(行政处分除外)等内部行政行为，涉及拨款和福利等方面的行政行为，行政解释行为，执行执政党政策的行为，有关行政主体的组织、程序和工作制度方面的行为。

行政听证的程序一般可分为三个阶段：第一，听证的准备程序。听证的日期和场所、争执点的整理、听证参加人的确定及通知等。第二，听证的进行程序。这主要是口头听证的进行程序。听证主持人应引导听证参加人围绕争执点进行讨论或辩论、论证或质证，弄清事实，核实证据，维持秩序，制作笔录。第三，听证后的处理程序。听证程序终结后，听证主持人是行政首长的，即可依法直接作出决定；如果不是行政首长或虽为行政首长但仍无权决定的，应拟定听证报告，提出建议，呈交有关行政主体。[①]

行政听证通过行政主体与相对人之间的质证和辩论，使双方对事实的认识得以交融、对法律的认识得以沟通，使相对人有机会表达自己的愿望和要求，使行政主体有可能采纳和吸收相对人的意志，从而有利于实现相互信任和服务与合作，并促进公共利益与个人利益关系的一致性。这项制度自第二次世界大战以来，已成为各国行政程序法的核心。在我国，行政听证也已经作为行政处罚和价格调整的一种法定程序。但总的说来，行政听证的适用范围还很狭窄，尚未成为一项普遍性的事前沟通机制。

(三) 内部沟通机制

行政主体与内部相对人即公职人员之间的关系，在古典行政法上被视为特别权利关系，认为公职人员对国家负有特别忠诚义务。但在现代行政法上，行政主体与公职人员的关系，同外部行政法关系一样是一种服务与合作关系，也应遵循民主与法治的原则。因此，行政主体与公职人员之间的沟通也是必要的。并且，这种沟通关系到公职人员服务的积极性和行政主体在外部行政法关系上团体精神的形成，因而显得更为重要[②]。

一般说来，我们在上面所说的沟通机制也是适用于内部行政法关系的。

---

① 参见叶必丰：《行政程序中的听证制度》，载《法学研究》1989 年第 2 期。

② 参见张金鉴：《行政学新论》，台湾省三民书局 1984 年版，第 457—458 页。

当然,内部行政法关系毕竟不同于外部行政法关系,因而还需要相应的特殊沟通机制。从本世纪初开始,英国就设立了由行政主体与公职人员双方代表组成的相互间的专门沟通机制官员协商委员会即"惠特利委员会"。全国官员协商委员会的成员有31人,官方代表由文官事务部任命,员方代表由各公职人员联合会任命。它的主要职能是:交流经验,对公职人员的考选、考核、升迁、工作时间、惩戒、任期以及待遇提供意见,研究改进行政效能的方法,研究鼓励公职人员进修及接受再教育的机会,提出关于人事行政上的立法意见,调和各方的不同意见,谋求解决纠纷的办法。在各部也设有相应的官员协商委员会,总计70余个,其职能与全国官员协商委员会的职能基本相同。除英国外,美国、法国和我国香港特别行政区等也都设有类似的协商沟通机制。[①] 这种沟通机制自建立以来,对协调行政主体与公职人员之间的关系,增进服务与合作,增强相互信任,起到了良好的作用。

在我国,内部行政关系上的法治水平还比较低,法治进程还很缓慢,这种内部沟通机制似乎也还没有被提上议事日程。我们希望这一差距能随着政治体制改革的深入而尽快得以缩小。

三、事后沟通

不论事前的沟通机制如何完善,行政主体与相对人之间的事前沟通如何充分,双方的摩擦和误会仍不可避免。事后沟通机制有利于消除这种摩擦和误会。因此,在行政法上,建立和完善事后沟通机制始终是各国行政法制建设的重点,完善的事后沟通机制也是衡量一国行政法治和行政民主发展水平的主要标志。这种事后沟通机制主要有行政复议和行政诉讼及内部沟通机制。

(一)行政复议

在西方国家,行政体系内部的事后沟通机制起着重要作用。这种沟通机制,在日本称为行政上的不服申诉[②],在美国称为行政法官制度[③],在英国

---

① 参见张金鉴:《各国人事制度》,台湾省三民书局1981年版,第49、139、249页;潘小娟:《法国行政体制》,中国法制出版社1997年版,第188页以下;仝志敏等:《香港现行公务员制度》,中国人民大学出版社1992年版,第168—172页。

② 参见〔日〕室井力主编:《日本现代行政法》,吴徽译,中国政法大学出版社1995年版,第215页以下。

③ 参见刘曙光:《美国的行政法官制度》,载《国外法学》1984年第6期。

则表现为行政裁判所制度。[①] 在社会主义国家，前苏联最高苏维埃主席团也于1968年制定了《关于审理公民建议、申请和控告的程序》。这种制度一直受到这样的批评：上级行政机关为了自己同时也为了下级行政机关就不愿暴露其作为或不作为的非正当性，因此纠正行政行为非正当性的可能性就很小；并且，即使与行政机关的上下级关系无关，任何行政机关一般都由于行政作用的多样性、广泛性和可塑性，也使纠正行政行为非正当性的可能性变得更小。[②] 尽管如此，这种沟通机制的存在价值和相对公正性仍得到世界各国的普遍承认，作为一种事后的沟通机制，也仍为世界各国所沿用。

行政体系内部的事后沟通机制在我国表现为行政复议制度。我国的行政复议是行政复议机关对公民、法人或者其他组织认为侵犯其合法权益的具体行政行为，基于申请而予以受理、审查并作出相应决定，从而解决行政纠纷的一种法律机制。我国的行政复议机制于1991年得以普遍确立。它的全面建立和广泛推行，为行政主体与相对人就已经发生的行政纠纷进行协商和对话提供了良好机会，为双方主体和平解决该行政纠纷进行合作提供了现实途径。它是一种在上级行政主体的主持下双方当事人进行沟通的法律机制，是一种供相对人选择采用的沟通机制[③]，是一种非面对面的即书面形式的间接沟通机制，也是一种简便和廉价的沟通机制。它通过对适用行政法规范正确、事实清楚、符合法定权限和程序的具体行政行为的维持，责令行政主体补正有程序上不足的具体行政行为，责令不履行行政法规范规定职责的行政主体按期履行，对主要事实不清、适用行政法规范错误、违反法定程序影响相对人合法权益、超越职权或者滥用职权及明显不当的具体行政行为的撤销或变更，对具体行政行为侵犯相对人合法权益所造成损害的赔偿，来消除业已存在的纠纷和冲突，恢复公共利益与个人利益关系的一致性。

(二) 行政诉讼

理论上普遍认为，"对行政机关文件合法性的监督，不仅应该由行政机关本身进行，而且，也应该由独立于行政机关的法官来进行"[④]。于是，行政

---

① 参见王名扬：《英国行政法》，中国政法大学出版社1987年版，第129页。

② 参见〔日〕南博方等：《日本行政诉讼法》，蒋永春等译，西南政法学院司法行政教研室1987年版，第22页。

③ 参见叶必丰等：《论选择复议》，载《法治时代》1995年第5、6期。

④ 〔法〕M.列萨日：《法国关于行政机关活动的司法监督》，许佩云译，载《法学译丛》1985年第3期。

诉讼这种事后沟通机制在各国得以纷纷建立。行政诉讼在普通法系国家表现为普通法院对行政行为的司法审查,在大陆法系国家行政案件则是由行政法院统一管辖的。现在,波兰等东欧国家也建立了行政法院或者其他形式的行政诉讼制度。无论是普通法系制度还是大陆法系制度,行政诉讼都被认为是形式上最公正、有效和值得信任的事后沟通机制,是行政法是否已成为一个独立部门法和行政法治是否已走向成熟的主要标志。法国学者韦尔赞叹说:法国"最高行政法院为法国的公共生活创造了自由的空气,并使它经受住了一切政治风暴。即使是在最动乱的时期,在最专制的制度统治之下,它仍竭力捍卫最低限度的自由。"①

我国统一行政诉讼制度的建立始于1990年。我国行政诉讼是在人民法院的主持下,行政主体和相对人及利害关系人平等讨论行政行为所赖以实施的事实根据是否确凿和法律依据是否充分,行政行为是否符合公共利益的事后沟通机制。相对人只要对行政处罚、行政强制措施和行政许可等行政行为的合法性有怀疑,就可以通过人民法院要求行政主体加以证明。行政主体必须用事实和法律来说服相对人和人民法院相信自己所作行政行为的合法性,从而使相对人自觉接受行政行为,使人民法院支持行政主体的意思表示。相对人也可以反驳行政主体的证明,说明事实的真相,讨论法律的真谛,使行政主体认识到其意思表示的错误,使人民法院接受、采纳、信任和支持自己的意见。通过这种面对面的反复沟通和对话,真理得以呈现,正义得以维护,法律得以实施,冲突得以消除,意见得以统一,服务与合作得以实现。因此,行政诉讼不是对抗,而是沟通;不是非秩序的捅乱子,而是和平形式下的协调;不是"民告官",而是分辨是非。②

当前,我国行政诉讼这一事后沟通机制的效能并未得到充分的发挥,起诉到人民法院的行政案件同实际存在的行政纠纷相比还只是一个尾数。这里的原因可能是多方面的,如:公众的法治素质尚未跟上,往往寻求非正当途径解决纠纷;某些司法人员的法律素质也比较低,不能正确地认定行政案件,等等。但主要的原因恐怕有两方面。第一,行政诉讼的成本过高。行政

① 徐鹤林编译:《法国行政法》,载《行政法研究资料》(下),中国政法大学出版社1985年版,第303页。

② "民告官"是一种很流行的说法,作为对行政诉讼的一种形象比喻似乎是无可非议的,但这种说法容易导致行政主体及其公职人员与相对人之间的对立情绪。科学地说,相对人所告的并非行政官员,而是行政机关;所要求的并非惩治行政机关或其公职人员,而是排除行政行为的违法性,即不对"人"只对"事"。

诉讼作为一种直接的沟通机制，与作为间接沟通机制的行政复议相比，自然具有成本较高的特点。但这并不足以影响行政案件的起诉率。影响起诉率的高成本，我认为主要是诉讼投入与所得赔偿相比的高成本，因非法治因素使得违法性得不到及时、有效排除而人为增加的高成本。第二，行政诉讼的公正性不强。公众不愿将行政案件起诉至法院，从某种意义上说，是对司法公正丧失信心和信任的表现。如果这一主张得以证实，那么是很危险的。因为，行政诉讼已经是公众最后可获得的、应值得信任的与政府之间的合作机会和沟通途径，如果再被错过或剥夺则没有什么法治可言了，冲突将通过非和平的形式爆发出来。因此，为了保障司法公正，应实现司法独立。司法独立不仅需要制度，更需要行动。司法受党的领导，但党组织也应当模范地遵守和服从法律。党组织服从法律的形式标志，就是尊重司法审判。只有党组织作到了这点，其他组织和机关才能作到。同时，为了保障司法公正，必须清除司法腐败。司法腐败不论程度多大，性质上比其他腐败更为严重和恶劣，必须尽快得到彻底消除，否则司法公正就无从谈起。总之，要充分发挥行政诉讼的效能，必须营造良好的法治环境。

（三）内部沟通机制

在西方国家，行政复议和行政诉讼这两种事后沟通机制也适用于内部行政关系。在美国，确立司法审查体制的第一个判例即马伯里诉麦迪逊一案，就是对内部行政行为的司法审查。在德国，随着特别权利关系的普通化，行政诉讼同样适用于内部行政行为。然而，我国却仍固守着古典行政法和传统观念，内部行政行为并未纳入行政复议和行政诉讼的审查范围。这是我国行政法治现代化所急需解决的一大任务。除了行政复议和行政诉讼外，内部行政沟通还应该有特殊的事后沟通机制。

第一次世界大战后，随着内部行政纠纷的增多，英国于 1917 年设置了文官仲裁委员会。1919 年，该委员会并入“惠特利委员会”，在劳资仲裁法院内设置文官特别庭。凡是政府与公职人员之间因薪给、津贴、差费、报酬、给假及工作时间等方面的纠纷，经“惠特利委员会”协调而不能解决的，都可以由劳资仲裁法院管辖。劳资仲裁法院自成立以来，处理了大量内部行政纠纷。在 1925 至 1929 年间，它就审理案件 148 起，受理仲裁案件 25 万余起。它对纠纷的处理能做到公正合理，“政府对之固十分满意，即公务员对之亦无何等恶感”，收到了良好的效果。①

---

① 张金鉴：《各国人事制度》，台湾省三民书局 1981 年版，第 45 页。

为了能及时地沟通行政主体和内部相对人之间的关系，公正地协调双方之间的冲突，有效地维护双方的权利，我国人事部于1997年制定和发布了《人事争议处理暂行规定》。根据该规定，我国已在中央设置人事仲裁公正厅，在地方设置各级人事仲裁委员会，管辖行政主体与内部相对人之间因录用、调动、履行聘任合同发生的争议。仲裁庭处理人事争议应先行调解，在查明事实、分清责任的基础上促使当事人双方自愿达成协议。协议内容不得违反法律、法规。调解未达成协议或调解书送达前当事人反悔的，仲裁庭应当及时进行仲裁。仲裁应当公开。当事人在仲裁中有权进行辩论。辩论终结时，首席仲裁员或者独任仲裁员应当在征询当事人的最后意见后，按照多数仲裁员的意见作出裁决。这一规定为我国内部行政法关系上的事后沟通及其法治化，奠定了基础。我们相信，经过不断完善，这种沟通机制对促进服务与合作、增进相互信任将发挥越来越重要的作用。

四、非正式沟通

上述事前沟通和事后沟通都是正式沟通。除了正式沟通外，非正式沟通也是必要的。政治学者指出，作为非正式沟通的“自主的利益集团、政党和大众传播工具交流结构，对确保‘人民的意愿’能不断地传递给领导者是至关重要的。”① 非正式沟通机制“所表现的方式并非固定的，实具有多变性与动态性”②，易为当事人所接受，甚至能够在不知不觉中起到潜移默化的沟通作用。为此，各国在实践中都摸索到了符合本国国情的非正式沟通机制。

(一) 非正式申诉

非正式申诉是相对于行政复议而言的、不能直接消灭或变更违法或不当行政行为的一种制度，是各国广泛采用的一种非正式沟通机制。法国从1973年起设有调解员制度。调解员的职责是受理对国家行政机关、地方行政机关、公共机构以及所有负有公共服务使命的机构的运行的申诉。只要是关于涉及公务的案件，不论是公法案件还是私法案件；不论是违法问题，还是合法而管理不善问题，相对人都可以向调解员提出申诉。调解员可就申诉问题进行调查、调停、提出建议和报告，对某些问题还可以发出命令、进

---

① 〔美〕加布里埃尔·A.阿尔蒙德等：《比较政治学》，曹沛霖等译，上海译文出版社1987年版，第183页。

② 张金鉴：《行政学新论》，台湾省三民书局1984年版，第460页。

行追诉。[1] 在日本,设有由总务厅行政监察局、行政商谈委员、法务省人权保护局、市民商谈室和公听科负责的苦情处理制度。[2] 在我国香港特别行政区,行政立法两局议员的工作之一就是处理市民对政府决策、决定及办事程序所引起的问题的申诉。市民可以通过这项申诉制度,向两局议员表达自己的意见或谋求解决问题的办法。[3]

非正式申诉在我国大陆表现为信访制度。我国的信访制度是根据1957年《国务院关于加强处理人民来信和接待人民来访工作的指示》而正式建立的,具有比正式沟通机制更早的历史,在正式沟通机制建立以前也曾经是我国的主要沟通机制,起过重要的作用,并且在“息讼”观念根深蒂固的我国至今仍然发挥着正式沟通机制所无法替代的作用。我国的信访制度以发扬人民民主,密切联系人民群众,并且遵照国家政策、法律,尽可能满足群众的正当要求为原则,实行专人负责和大家动手相结合的办法。人民群众进行信访不受时空和对象、纠纷性质和大小的限制,因而信访制度是一种低成本的、广泛的沟通机制。我国的信访制度有健全的组织体系,长期的经验积累,并已为广大群众所熟悉和信任,是一种中国特色的非正式沟通机制。随着这一沟通机制在新形势下的健全和完善,它将发挥越来越重要的沟通作用。

(二) 和解

和解是指行政主体与相对人以事实为根据、以法律为准绳,通过协商和协调的方式来化解纠纷的一种非正式沟通机制。我们已经指出过,公共利益必须得到维护,行政权不能放弃和转让,因而对行政纠纷就不能适用调解原则。但是,基于服务与合作、信任和沟通的价值观念及其实质行政法治观念,在不损害公共利益的前提下,即在以事实为根据、以法律为准绳,明辨是非、分清责任的前提下,行政主体可以不运用强制手段而通过与相对人协商、讨论和说服的方式来实现行政目的。不放弃和转让行政权,主要就是不放弃行政目的的实现,而并不要求必须用强制手段来实现。因此,和解不同于调解。调解是双方主体就实体权利义务的互让互谅,而和解则是在不影

---

① 参见王名扬:《法国行政法》,中国政法大学出版社1989年版,第523页以下;潘小娟:《法国行政体制》,中国法制出版社1997年版,第53页以下。

② 参见〔日〕室井力主编:《日本现代行政法》,吴徽译,中国政法大学出版社1995年版,第210页以下。

③ 参见吴燕珊:《香港行政立法两局议员处理申诉制度简介》,载《深圳特区法制》1995年第2期。

响实体权利义务的前提下就实现实体权利义务方式的协商和沟通。调解需要双方当事人以外的第三方的主持,和解则是在双方当事人之间直接实现的。调解协议具有法律效力,和解协议则不具有法律效力,一方当事人履行和解协议前反悔的只能通过正式沟通机制重新解决。现在,和解已成了许多国家行政法上一种重要的非正式的沟通机制。

在美国,由于违法案件及纠纷不断增多,如果都经过诉讼程序则绝大多数行政机关的裁决制度将陷于案件积压之中,为此各机关纷纷建立起各种和解机制,以提高行政效率。当然,如果相对人拒绝和解,则仍应通过正式沟通机制来解决。但由于受管制的产业不得不与行政机关共存,受指控违法的相对人也不愿因抵制而落个不合作的名声,行政机关对相对人也拥有较充分的证据,以及诉讼成本和相对人在公众中的声誉等因素,相对人一般都愿意通过和解来解决。这种和解既可以发生在诉讼之前也可以发生在诉讼之中。现在,美国国会已经在某些领域制定了和解指导方针,以规范和解机制[①]。

我国行政主体与相对人之间的和解,在实践中是非常普遍的。即使行政案件已经起诉到法院,诉讼外的和解也屡见不鲜。我们认为这并不违反《行政诉讼法》的规定。《行政诉讼法》所规定的不适用调解的原则,主要是指人民法院不能将调解作为审理行政案件的必经程序,不能以调解的形式结案。并且,《行政诉讼法》第 51 条规定,“被告改变其所作的具体行政行为,原告同意并申请撤诉的,是否准许,由人民法院裁定”。这一规定意味着法律允许行政主体自行纠正错误,与相对人和解,但这种和解是否合法应得到人民法院的审查。这是因为和解后实体上的权利义务仍然必须合法,并且案件到法院后应置于法院的控制之下。实践证明,这种和解机制对避免矛盾的激化是有积极意义的。

(三) 社会媒体

社会媒体可以分为社会组织和新闻媒体两类。它们可以将行政主体的动态不断的传递给公众,也可以将公众的信息不断的传递给行政主体,所具有的沟通作用历来为各国所重视。

学校和社会团体等社会组织,通过自身的联系途径和所开展的活动,对沟通行政主体与相对人之间的关系具有重要作用。“尽管它们常常不是以政治为主要目的的,……但是这些社团的交流网常常被迫用于政治活动。

① 参见〔美〕盖尔洪等:《行政法和行政程序》,1990 年英文版,第 162 页以下。

一方面,共同的集团利益,意味着一旦这一利益涉及政治领域就可能导致政治参与;另一方面,一个交流网的存在就意味着有某种关心政治的人拥有一种可以为了政治目的而接触和动员他人的现成手段。”① 在我国,相对人许多关于行政主体的信息都是在学校里接受的,有关行政主体的政策动态都是在本单位获得的,自己的要求、意见和愿望也往往是通过本组织反馈给行政主体的。同时,行政主体也往往是通过各种组织来影响相对人的。在计划经济体制下,这种沟通机制起着非常有效和重要的作用,但也有消极的一面。在市场经济体制下,这种沟通机制的某些作用会被其他相应机制所代替,但这种沟通机制本身将更独立自主,所发挥的沟通作用将更积极主动,而并不会退出沟通舞台。

新闻媒体即大众传播工具,包括报纸、电视、电台、杂志和书籍等,对沟通行政主体与相对人之间的关系也发挥着其他沟通机制所无法代替的作用。现代社会在空间上的广泛性,在时间上的迅速性,在内容上的复杂性,行政主体与相对人之间通过服务与合作所进行的直接沟通是有限的,往往需要新闻媒体这一中介来加强双方的沟通。行政公开化需要借助于新闻媒体来实现,公众的愿望和呼声也需要借助于新闻媒体来传递。在某种程度上,政府的良好形象需要通过新闻媒体来确立,公众的批评也需要通过新闻媒体来发表。现在,新闻媒体已经是现代社会“交流结构中最专业化的,它们之所以存在主要是为了交流目的,而不是因为在其他活动过程中要依赖它。在具有适当的技术发展和识字(指文字传播工具方面)的条件下,大众传播工具能够以很小的代价,最少的失真度把信息传递给不计其数的人。”② 我党历来重视新闻媒体的沟通作用,将新闻媒体视为党和政府的喉舌,并且中共中央早在1950年就作出了《关于在报纸刊物上展开批评和自我批评的决定》。同时,《宪法》所确立的言论自由,理论上的百家争鸣,新闻媒体的自主性,也将大大促进新闻媒体对沟通作用的充分发挥。

---

① 〔美〕加布里埃尔·A.阿尔蒙德等:《比较政治学》,曹沛霖等译,上海译文出版社1987年版,第171页。

② 〔美〕加布里埃尔·A.阿尔蒙德等:《比较政治学》,曹沛霖等译,上海译文出版社1987年版,第173页。

第七章　权力·服务·平衡

——行政法人文精神的轨迹

第一节　权　力　论

一、公共权力论

（一）公共权力论的基本观点

该论认为，行政法的基础是公共权力关系。这种关系是作为国家组成部分的行政机关对公民个人行使公共权力而形成的关系，是一种命令与服从关系。这种关系决定着行政法的产生和存在，行政行为的先定力、公定力、确定力、拘束力和执行力，行政法的调整范围和行政法院的管辖范围，以及行政法和民法的界限。该论认为，行政机关对公民个人非行使公共权力而形成的关系，不是命令与服从关系，而是事务管理关系，与公民、法人间的关系一样，构成民法的基础。

公共权力论的一个核心问题是对公共权力的界定。该论认为，公共权力是指国防、财政、税收、公安和外交等国家权力。由于行政法产生于资本主义制度的初期，资本主义的国家制度还没有得到充分发展，因而当时的人们对这种制度也还缺乏足够的认识，十九世纪的学者对公共权力的认识也不得不从前资本主义国家来考察。

在前资本主义社会里，商品经济还没有发展起来，国家或统治者所关心的也并不是市场和交换，而是自己的统治和掠夺。在封建社会的法国，国王虽然有制定一切法律的权力，未经国王批准的习惯不能成为法律。但事实上，国王很少制定民法规范，经济交往基本上是由习惯调整的。英国学者萨柏恩等指出："在法兰西，虽有全面编纂法典的种种计划，但是地方上的习惯，从专制君主政体起到革命止，仍旧大体保全。国王对于私法实际上不过行使极少的立法权。'到旧政府末了为止，法兰西的国王，除在极少场合外，并不干涉私法。这种法律根本上仍旧是一种地方的习惯法。政策、行政和警察任务是公务的主要目的物。而事实上这是国王的行动范围。他的规章和命令，从最初起是属于行政的；它们不是民法……总而言之，主宰历史的主要事实是国王对于私法比较的无能为力。'"[①] 其他大陆法系国家也是如此。由此可见,王权的主要作用对象是"政策、行政和警察"事务,即国防、外交、税收和公共安全事务。

资产阶级启蒙思想家在提出分权学说时,基本上就是以封建制国家的王权为事实基础来界定行政权限或公共权力范围的。资本主义制度确立以后,生产的社会化程度与封建社会相比,已有大大提高,但仍不够发达。只要人身和财产的安全能得以保障,个人就能得以生存和发展。公共利益或公共事务仍只限于社会成员的人身和财产安全方面的事务,至于生存和发展则是个人自己的事即个人利益、个人自由。因此,这就成了界定公共权力范围的事实基础。

(二) 公共权力论的主要流派

公共权力论由法国学者率先提出,后流行于有公法和私法之分的大陆法系国家,是十九世纪大陆法系国家行政法学的主流学说,并为法国等大陆法系国家的行政法院所采用,也影响到了我国。由于各国的社会历史背景不同以及社会的发展变化,学者们解释公共权力的理念和精神也有所不同,因而公共权力论又形成了各种不同流派。

启蒙思想家卢梭认为,公共权力来源于人民按自己的共同意志所相互签订的社会契约即人民的主权;共同意志高于个人意志,因而公共权力优越于个人的权利,但受主权的制约。法国行政法学接受了这一理论。他们认为,作为公共权力一部分的行政权,是不同于公民个人权利的;有关公共权力的行政法也是不同于有关个人权利的民法的。同时,它也是不受同样作为公共权力一部分的司法权的制约的。该说可以称为人民主权说,其代表人物有法国学者弗拉里耶尔等。

在十九世纪的欧洲,君主主权论已没有市场了,于是理论上提出了主权属于一种人格化了的类似于君主的国家的观点。在德国,国家法人学派代表人物拉班德(Laband)认为,"从根据公法把国家看作一个法人的概念看来,国家权力的所有者是国家本身。"他认为,如果不把最高权力归于国家,而归于国王、国会或国家本身以外的任何可以料想得到的有形物,国家的人

---

① 〔英〕萨柏恩等:"英译者序",载〔荷〕克拉勃:《近代国家观念》,王检译,商务印书馆1957年版,第13—14页。

格就会消灭。[①] 莫仑勃莱休则说，国家的权力是不能够反抗的，没有错误的，并且是神圣的。德国行政法学的鼻祖奥托·迈耶(Otto Mayer)也说，国家权力具有无限制的优越性，是“行使法律上最高意志的国家的能力”。[②] 这一学说可以称为国家主权说，在二战前的日本也很流行，并具有君主主权的色彩。例如，织田万就认为，主权属于国家。[③] 多数日本学者则表现为对日本明治宪法天皇“总揽统治权”的辩护。日本学者三潴信三说，对主权，应区分其主体和作用两个方面。“主权之本体，不在于君主，也不在于人民而在于国家；而主权之作用(即统治作用)，君主国则依君主而总揽之，民主国则依人民而活动焉。”他认为，日本天皇所总揽的是统治作用。[④] 美浓布达吉则认为，主权的主体既不是人民也不是国家，而是“国民的自治精神”，天皇则是这种精神的代表。[⑤] 根据人格化的国家主权说，行政权、行政行为和行政法的效力并非都来自议会的法律，而与立法权和司法权一样，都来源于国家本身，对公民具有无限的优越性；依法行政是一种自我约束或主权者“自定的义务”[⑥]，因而仅具有形式上的意义；作为行政组织组成分子的行政官员是天皇的雇佣人，而不是人民的代表，不受议会法律的约束；行政救济是非常有限的，并且往往是主权者的一种恩赐。该学说曾被法西斯主义所利用，在当时就受到了以荷兰学者克拉勃为代表的学者的强烈批评。他说：这种理论的实质是“主权者可以不受法律节制，用任何手段，甚至用限制公民自由的方法，培养公共的利益，因为法律(换句话说，成文法)并不禁止他这样做”。[⑦] 二战以后，对这种学说的批评就更多了。例如，日本学者室井力在其所主编的《日本现代行政法》一书中，从行政组织、依法行政原理和行政救济三个方面批评了这种学说。[⑧]

荷兰学者克拉勃倡导“法律主权说”。他认为，法律是“一切私人权利和政府权力的基础”，“法律——制定的法律——不但是公民的权利和义务的

---

① 〔德〕拉班德：《德意志帝国法律论》，转引自何华辉：《比较宪法》，武汉大学出版社 1988 年版，第 52 页。

② 转引自〔荷〕克拉勃：《近代国家观念》，王检译，商务印书馆 1957 年版，第 3 页。

③ 〔日〕织田万：《法学通论》，第 1 卷，中文版，商务印书馆 1913 年版，第 105 页。

④ 〔日〕三潴信三：《近世法学通论》，中文版，民智书局 1930 年版，第 15 页。

⑤ 〔日〕美浓布达吉：《宪法学原理》，中文版，商务印书馆 1927 年版，第 225—226 页。

⑥ 〔德〕杰烈涅克(Jellinek)，转引自〔荷〕克拉勃：《近代国家观念》，王检译，商务印书馆 1957 年版，第 6 页。

⑦ 〔荷〕克拉勃：《近代国家观念》，王检译，商务印书馆 1957 年版，第 89 页。

⑧ 〔日〕室井力主编：《日本现代行政法》，吴微译，中国政法大学出版社 1995 年版第 1—2、20—21 页。

来源,并且是所谓主权者的权力的或者政府的一切构成权的基础。”。这种“法律的及其规条的拘束力的主要基础,并不存在于人的外部,而是存在于他的内部,特别是存在于他的精神生活内,这种精神生活表现在他的正义感和正义意识内”。“这个观念是和假定法律之外有一种权力的主权观念绝对不相容的。”也就是说,法律和个人的权利不是来源于主权者及其主权。“事实上用主权者这个旧名称粉饰的东西,是法律曾经付托一种事业的一个人或者许多人组织而成的一个会。所以,他们并不赋有一种可以不顾法律但凭他们自己的意志表现的权力。”① 克拉勒的法律主权说得到了英国学者萨柏恩和许派德的大力赞同和宣传。

十九世纪末期,资本主义开始进入垄断阶段,国家权力日益扩大,原来不属于公共权力范围的教育、卫生、环保、交通、公用事业和救济等已成为国家权力不可分割的组成部分。于是,古典公共权力说已经不能适应社会需要了,新公共权力说也就应运而生了。然而,无论在法国还是在其他国家,新公共权力说从未享受过古典公共权力说那样的殊荣,未能发展成为行政法学的主流学说。近年,我国的行政法学者也提出了公共权力论。我国学者武步云教授根据马克思主义的“国家权力学说”,认为行政权力即公共权力,是一种“同人民大众‘分离’的权力”,即既是“人民的、社会的权力”,又是“凌驾于人民大众之上、社会之上”的权力;公共权力的这一内在矛盾,决定了行政法的产生、发展、本质和内容。② 这一观点虽然着重于公共权力本身,但在我们看来,仍属于新公共权力关系说。它与法国等的新公共权力说的不同之处,在于它是以“马克思主义的国家权力学说”为指导的。同时,在这里还有必要指出的是,武步云教授所引用的马克思的原文是“利益”和“公共利益”等,而不是“权力”、“权利”和“公共权力”。武步云教授在引用时根据自己论证的需要作了处理。我们认为,以这样的方式来确立“马克思主义的国家权力学说”并指导研究工作,恐怕是不够严谨的。

二、控权论

(一) 控权论的基本观点

在英美法系国家,也有人接受大陆法系行政法学的观点,认为行政法是

---

① 〔荷〕克拉勒:《近代国家观念》,王检译,商务印书馆1957年版,第25、6页。
② 武步云:《行政法的理论基础——公共权力论》,载《法律科学》1994年第3期。

有关公共行政的公法或由行政机关制定的法。① 但是,行政法学的主流学说却是控权论,即认为行政法是一种控制行政权的程序和方法的法。也就是说,行政法是程序法,即有关立法机关对行政机关的委任立法等进行监督,司法机关对行政机关的行政决定进行司法审查,以及通过立法和判例建立起来的要求行政机关遵守的程序规则。行政法是控权法,即是立法机关和司法机关用来控制行政权防止行政权滥用和行政专横,防止侵犯立法权和司法权,以及当行政权被滥用时予以补救,从而保障个人自由的程序和方法的法。行政机关及其行政权,对公民及其权利并不具有固有的优越性。

英美法系学者阐明了控权论的基本观点。英国学者韦德(H. Wade)指出,"行政法定义的第一个含义就是它是关于控制政府权力的法。无论如何,这是此学科的核心。"他认为,任何权力总是有被滥用的可能,因而它们都应受到法律的限制,没有诸如绝对的或不受限制的权力。"行政法的最初目的就是要保证政府权力在法律的范围内行使,防止政府滥用权力,以保护公民。"并且,"政府不仅有权力也有责任。如果公共权力机关渎职,行政法也要强迫它履行职责"②。英国《不列颠百科全书》指出,行政法的基本原则就是,"一切政府部门的行为和决定是否合法都应受普通法院的检验",即普通法院可以"制约行政部门的权力",但行政部门不得干涉"法官行使审判职责"。③ 与英国行政法学界一样,美国行政法学界也主张控权论。美国行政法学的始祖古德诺(Frank J. Goodnow)指出:行政法是管理政府行政首长与各行政当局,判明各行政当局的能力,并对其侵害个人权利的行为予以补救的法。④ 以后的美国学者多持此观点。福卡士(Ralph F. Fuchs)认为,行政法是为行政机关对私人及其利益作出决定提供依据,并通过司法审查对行政权的实施予以限制的程序或方法的法。⑤《美国百科全书》则指出:"行政法是指以限制政府官员和机构在与私人和私人组织关系中的权力为目的的法。它通常专指规定政府官员和机构的权限的法律,而不是指如'联邦通讯委员会'这样的独立管理机构所发布的各种技术规则和规章。"⑥ 当代美

---

① 〔英〕克拉格(P.P. Craig):《行政法》,1983 年英文版,第 1 页;〔美〕福仁德(Ernest Freund):《行政权对个人与财产的超越性》,1928 年英文版;《布莱克法律辞典》,1979 年英文版,"行政法"条。
② 〔英〕韦德:《行政法》,徐炳等译,中国大百科全书出版社 1997 年版,第 5—6 页。
③ 见上海社科院法学所编译:《宪法》,知识出版社 1982 年版,第 356 页。
④ 〔美〕古德诺:《比较行政法》,1903 年英文版,第 7 页。
⑤ 〔美〕福卡士:《行政法之门径》,载《北卡罗林那法律评论》,1940 年英文版第 18 期。
⑥ 《美国百科全书》,第 1 卷,1980 年英文版,第 172 页。

国学者伯纳德·施瓦茨也认为，美国“行政法是管理行政机关的法，而不是由行政机关制定的法”。[①] 其他英美法系国家的行政法学者基本上持同样的观点。例如，战后的日本学者室井力认为，行政法“是对行政的授权与统治之法，即在宪法下，规定行政组织的地位、权限和责任等，或具体规定行政机关的各种行为，而不问这种行为是权力的还是非权力的，与此同时，广泛规定行政救济的各种方式和程序，据此对行政权加以限制。”他说：“行政权就是行政权，它自身对国民不具有固有的优越性地位”，行政是以不自由为前提的，公法与私法并没有什么区别。他认为，之所以要进行控权，是因为无论行政是权力手段还是非权力手段，都是以权力为背景的；这种权力是一种公权力，不同于私权力，是以人民主权学说和分权学说为理论基础的。[②]

事实上，第二次世界大战前英美法系国家的行政法也确实是一种控权法。作为英国行政法核心的“自然公正程序”和“越权无效原则”，就是议会和普通法院用来控制行政权的工具。作为美国行政法核心内容的《联邦行政程序法》，在起草时所确定的目标就是控制行政权，即“首先，预期中之司法复查应为检查而非取代行政行动，其是保证行政行动不逾越法律授予之权责。其次，预期中之司法复查为‘就宪法及立法观点对法律之解释发表最终定论’。其三，预期中之司法复查可要求行政机构于处置裁决案件时运用公允之程序。其四，预期中之司法复查在防止行政裁决之极度专横及不力。”[③] 另外，它还规定了议会对委任立法、行政公开化等方面的控制权。这种观念虽然在第二次世界大战后由于服务与合作观念的兴起而有较大的转变，但并未完全消失。

（二）控权法的性质

英美法系国家的行政法之所以是一种控权法，有的美国学者认为是由公共行政的实际范围及重要性决定的。[④] 我却认为是由利益关系决定的。也就是说，这种控权法的基础和调整对象是整体利益与整体利益的关系，而不是公共利益与个人利益的关系；是我们所说的宪法，而不是我们所说的行政法。

从英美法系学者的论述看，英美法系行政法属于宪法的组成部分。英

---

① 〔美〕伯纳德·施瓦茨：《行政法》，徐炳译，群众出版社 1986 年版，第 3 页。

② 〔日〕室井力主编：《日本现代行政法》，吴微译，中国政法大学出版社 1995 年版，第 5、3 页。

③ 见美国参议院档案第 8 号第 77 届国会第一会期，第 77—78 页。

④ 参见〔美〕约翰·弥勒特：《美国政府与公共行政》，陈侃伟等译，台湾省黎明文化事业股份有限公司 1974 年版，第 496 页。

国著名行政法学者韦德就认为,“实际上,整个行政法学可以视为宪法学的一个分支,因为它直接来源于法治下的宪法原理、议会主权和司法独立。”① 他们认为,宪法是“静态”的法,行政法是“动态”的法。②《不列颠百科全书》指出:“在宪法和行政法之间很难划分界线;由于许多原因,两者的关系是互为补充的。国家立法机关的组织、法院的结构、内阁的性质和国家元首的作用一般被认为是宪法的任务,而有关中央和地方政府以及对行政机关的司法审查等方面实质性和程序性的规定显然是行政法的职责。但有些事项,如部长们的职责,既不能把它完全归于行政法的范围,也不能把它完全归于宪法的范围。法国和美国的有些法学家们把行政法看作是宪法的组成部分,这是一种避免两难推理的办法。”③ 甚至,英国法学家戴西认为,“英国并不存在行政法这样一个法律部门”④。

从英美法系行政法学的内容上看,行政法也基本上属于宪法的范畴。英美法系国家的学者认为,大陆法系行政法学中的行政组织、公务员、行政财产的取得和管理、公共事务和行政责任(包括合同责任、准合同责任和侵权行为责任)等问题,都是行政学或政治学的研究对象,而不是行政法学的研究对象。在实践中,有关合同和侵权责任的法律问题,是统一按普通法来处理的。他们认为,“行政法并不被认为是有关公共行政的法律”;“行政法的对象仅限于权力和补救,并回答以下问题:1. 行政机关可以被赋予什么权力?2. 这些权力有什么限度?用什么方法把行政机关限制在这个限度内?”因此,“行政法涉及对行政机关的授权;行使行政权力必须遵从的方式(主要强调法定程序规则);以及对行政行为的司法审查。”⑤ 这是因为,英美法系国家的法是一种“补救法”,而不是一种“权利法”;是一种判例法,而不是一种成文法。因此,英美法系行政法学所界定的行政法,仅仅是以“自然公正程序”或“法律的正当程序”为核心的,有关委任立法和对行政决定的司法审查的法律规范。这些法律规范的直接调整对象是行政机关与立法机关、司法机关之间的关系,而不是行政机关与公民个人之间的关系;是以整

---

① 〔英〕威廉·韦德:《行政法》,徐炳等译,中国大百科全书出版社 1997 年版,第 7 页。

② 参见王名扬:《英国行政法》,中国政法大学出版社 1987 年版,第 2、10 页。

③ 《不列颠百科全书》“行政法”条,载上海社科院法学所编译:《宪法》,知识出版社 1982 年版,第 348 页。

④ 〔英〕戴西:《宪法精义》,转引自〔法〕勒内·达维:《英国法与法国法》,舒扬等译,西南政法学院法制史教研室 1984 年版,第 92 页。

⑤ 〔美〕伯纳德·施瓦茨:《行政法》,徐炳译,群众出版社 1986 年版,第 1—2 页。

体利益关系为基础的法，或者说是有关公共利益代表者相互间关系的法，而不是以公共利益与个人利益关系为基础的法；属于三权分立体制下的宪法的范畴，而不属于确定行政机关与公民权利义务关系的行政法的范畴。英美法系学者之所以对行政法的内容作这样的界定，我们认为是由不同于大陆法系的文化和对来自大陆法系的行政法的“误解”而造成的。行政法在法国产生前，作为记载革命胜利成果的宪法，在大陆法系国家已经成为一个独立的部门法。于是，作为调整行政机关与相对人关系的法律规范，因公法和私法的分野而构成了另一独立部门法即行政法。并且，行政法和民法是两种不同性质的法。在法学理论和司法实践中必须解决区分这两种不同性质的法律的标准，否则将导致法律适用的错误。然而，在英国，“法律的概念是和可能提交法院审理的诉讼紧密相连的”①，并且并不存在区分公法和私法的文化传统和法学理论，也没有由此将导致的法律适用错误的危险性。于是，英国人对远从欧洲大陆传来的“行政法”，就从本国的文化即“补救法”而不是从大陆的文化即“权利法”的角度加以理解，认为行政法就是由“行政法院”加以适用的行政程序法或行政诉讼法，并将其套用在英国已有的、控制行政权的程序性法律规范上。这些控制行政权的程序性法律规范，就成了英国的“行政法”；“行政法即程序法”的观念也由此产生。美国是没有独立文化的国家。英国的经验成了美国的实践。

从控权法的产生看，控权法规范属于宪法的范畴。英美法系控权法的产生可以分为五个阶段。第一，诺曼人统治初期。《美国百科全书》将控权法的产生追溯到英国的“大宪章”时代，我认为应追溯到诺曼人统治大不列颠的初期。1066年，诺曼人征服大不列颠后，征服者与被征服者即整体利益与整体利益之间的冲突就发生了。威廉为博得被征服居民的信任，承诺尊重他们的利益，“对原有的法律、制度与习惯准予保持”。② 这种承诺主要是通过司法程序来实现的，即法院可以选择适用原有的惯例或不适用国王的诏令、敕令、条例。这种司法程序在客观上是对王权的一种控制，但还只是诺曼统治者基于巩固统治的长远利益而与被征服居民整体利益的一种妥协，从而在政治上表现出来的对自己权力的一种自我约束。然而，这种做法对英国控权法的发展，却具有重要的历史意义。第二，资产阶级争取统治权

① 〔法〕勒内·达维(Rene David)：《英国法与法国法》，舒扬等译，西南政法学院法制史教研室1984年版，第83页。

② 张金鉴：《欧洲各国政府》，台湾省三民书局1976年版，第3页。

的阶段。资产阶级整体利益的形成和逐渐增长，与以公共利益自居的封建主阶级的整体利益发生了严重对抗。1215年，资产阶级迫使约翰王签署了大宪章，取得了保护人身自由权的程序权；到爱德华一世时又取得了征税的同意权即听证程序权，并形成了“涉及大家的事就应让大家同意”的格言和传统。[①] 这一阶段的控权法是资产阶级领导其他被统治阶级战胜封建主阶级利益，逐渐把自己的整体利益上升为公共利益的记载，是被统治阶级用来控制统治权并争取统治权的法。这时的控权，已经是一种积极、主动的控权，而且是一种阶级控权。第三，资本主义制度确立初期。资产阶级的利益在总量上超过了封建主阶级的利益，成了公共利益。但是，资产阶级的利益却并不占绝对优势，因而只能承认封建主阶级的利益作为公共利益继续存在。这在政治上的表现，就是资产阶级夺取了国家的立法权和司法权，但给以国王为代表的封建主阶级保留了国家的行政权。由于封建主阶级的利益随时都有超过资产阶级利益的可能性，封建复辟和行政专制的危险严重存在，资产阶级不得不宣布立法权是国家的最高权力，要求司法权按议会的意志去控制行政权。因此，这一阶段的控权法是实现阶级分权，一个统治阶级运用统治权去控制另一统治阶级统治权的法。它虽然也是阶级控权，但已不同于第二阶段的阶级控权。第四，资本主义制度巩固和发展时期。这一阶段大体上可从十八世纪晚期算起。[②] 在这一阶段，资产阶级的利益已占绝对优势，已成为惟一的公共利益。整体利益与整体利益的矛盾，已分化为资产阶级与无产阶级之间的利益对抗，以及资产阶级内部各集团利益之间的冲突。本来，资产阶级内部各集团利益之间的冲突，只是整体利益矛盾中的次要矛盾，但每一集团为了能使自己的利益战胜其他集团的利益，往往需要利用无产阶级的利益。结果，无产阶级的整体利益被分化，资产阶级利益作为公共利益的地位得以巩固，资产阶级的整体利益继续得以发展。这在政治上的表现就是，资产阶级已完全控制了国家权力；分权体制仍被保留，但已发展成为国家权力的分工制约机制和资产阶级各集团争权夺利的工具，“国民主权国家的权力分立从过去的‘权力分立’，演变成被人们认为是‘职能的分立’”[③]。这时，控权法只具有消极防范的意义，而不是积极控制了；对

---

① 〔英〕霍利迪：《简明英国史》，洪永珊译，江西人民出版社1985年版，第26页。

② 英国的一切都是自然生长而成的，很难确定具体的年月。参见张金鉴：《欧洲各国政府》，台湾省三民书局1976年版，第1页。

③ 〔日〕室井力主编：《现代日本行政法》，吴微译，中国政法大学出版社1995年版，第9页。

资产阶级内部各集团来说控权法仍具有真实性,但对无产阶级来说控权法却具有虚伪性和迷惑性。同时,英国的经验在北美等英属殖民地国家得到了推广。美国宪法确立了法律的正当程序原则,为以后制定《联邦行政程序法》提供了宪政基础。并且,控权法的中心也开始从英国转到美国。第五,一战以后。第一次世界大战以来,无产阶级得到了锻炼,共同利益得以形成和发展,资产阶级利益与无产阶级利益之间的矛盾日趋激化。资产阶级各集团利益在自己共同的对立面前,也趋于一致。同时,为了自己的长远利益,也不得不照顾一下无产阶级的眼前利益。这在政治上的表现就是,在强调制约的同时,又强调统治阶级内部的配合和外部的合作;行政权的迅速扩大被认为是合理的,是为"人民"提供服务的需要。行政法在被认为是控权法的同时,还被认为是福利行政法。总之,英美法系国家的行政法是在资产阶级与封建主阶级、无产阶级的利益对抗中,以及资产阶级内部各集团的利益冲突中产生和发展起来的,即始终是在整体利益与整体利益关系的基础上产生和发展起来的。这种行政法只能属于宪法的范畴,而不是行政法的范畴。

从控权法的理论基础看,控权法应属于宪法的内容。控权法的理论基础有两个,即人民主权学说和分权学说。"行政法对行政权的拘束是处于国民主权与权力分立的原则之下,因此,它本来就不是以行政权的自由为前提的。即在受法治主义强烈支配的行政法下,原则上以行政权的不自由为前提。基于这一原则,才能说行政组织和行政活动的自由和拘束。"① 第一,人民主权学说。资产阶级曾深受封建专制之苦,并被资产阶级学者形容为"非人"的生活。为了将本阶级的利益上升为公共利益,资产阶级学者提出了理论依据。在英国,以"光荣革命"的产儿洛克为代表的资产阶级学者,竭力倡说和宣传"天赋人权"学说。他们认为,人生来就是平等的,人的生命、自由和财产是天赋的不可剥夺的权利,奴役和专制是违反人性的。"天赋人权"学说经卢梭等人的加工,发展成为人民主权学说,认为国家的一切权力都属于当时作为"人民"的资产阶级。以杰佛逊(Thomas Jefferson)为代表的美国资产阶级政治家和思想家,继承了"天赋人权"和"人民主权"理论,并将人权的内容发展成为生命、自由、财产和追求幸福的权利,将人民主权发展成为人民革命、改变或废除暴政、成立新政府的权力。这两种学说在资产阶级革命中,具有很大的号召力;在资产阶级取得统治权后,对无产阶级具有很大

① 〔日〕室井力主编:《现代日本行政法》,吴微译,中国政法大学出版社1995年版,第4页。

的迷惑性。资本主义从自由发展进入垄断统治后,它们的迷惑性逐渐消失。于是,以狄骥为代表的资产阶级思想家公开抛弃了“天赋人权”和人民主权理论,提出了社会连带关系理论。“个人权利本位”说,就源于这两种学说。然而,“天赋人权”的“人”和人民主权的“人民”,都是作为一个整体的人和人民,而不是作为个体的人或人民。“个人权利本位”的“个人”,也是作为整体的个人,而不是作为个体的社会成员。“人”、“人民”或“个人”作为一个整体,其共同利益在国家社会里,是能够制约其他共同利益的,并能逐渐上升为利益矛盾中的主要方面。因此,整体意义上的人民或个人,在与作为其抽象人格代表的国家之间的关系,是一种国家的一切权力来源于人民,人民控制或监督国家权力的行使的关系。也正是在上述意义上,“个人权利本位”才具有合理性。第二,分权制衡学说。英国资产阶级的“人权”和“主权”是通过“分权”得以实现的。洛克和孟德斯鸠等人对这一社会历史现象进行了总结,提出了分权制衡学说,以保障资产阶级已取得的自由和权利。洛克认为,为了政府的目的和公共利益,国家的权力必须分为立法权和执行权。但是,立法权和执行权并不是平等的权力。“在一切场合,只要政府存在,立法权是最高的权力,……社会的任何成员或社会的任何部分所有的其他一切权力,都是从它获得和隶属于它的。”“其余一切权力都是而且必须处于从属地位”①。孟德斯鸠认为,“一切有权力的人都容易滥用权力,这是万古不易的一条经验”②。为了防止权力滥用、保障自由,就必须实现立法、行政和司法三权的分立。这三权是彼此平等的,任何一权都不能超过其他两权。为了防止三权中的一权的扩大和专横,就必须以权力制约权力。因此,“从事物的性质来说,要防止滥用权力,就必须以权力约束权力”③。这一分权制衡学说就成了资产阶级的国家学说。上述人民主权学说和分权学说,实际上也是以整体利益与整体利益关系为基础的宪法学说,而不是行政法学说。

综上所述,“把英法两国的宪法作一比较,应该说只是名称相同而内容各异。法国的行政法和英国的行政法几乎也可以这样说。”④

(三) 控权论在我国

控权论作为一种价值观念,在我国也有一定的影响。张树义认为,行政

① 〔英〕洛克:《政府论》(下篇),叶启芳等译,商务印书馆 1983 年版,第 92、91 页。
② 〔法〕孟德斯鸠:《论法的精神》(上册),张雁深译,商务印书馆 1982 年版,第 154 页。
③ 同上。
④ 〔法〕勒内·达维:《英国法与法国法》,舒扬等译,西南政法学院法制史教研室 1984 年版,第 92 页。

法的调整对象是行政关系,“行政关系本质上是行政权力运用所形成的关系”。因此,行政法的调整对象和核心,实质上就是行政权。“行政法以行政权为核心意味着,它始终或主要焦点是以行政权为调整对象,而不是以公民、法人的权利义务为其调整对象的”。他认为,行政权是一种不同于政权、权力和权利的行政职权,“是全部行政法理论的基点和中心范畴”。他认为,法律所注意的,不是行政权力这一事实,而是享有权力的后果。因此,行政法的理论基础不是“公共权力论”或者“服务论”,而应当是“控权论”。他指出:“行政权力的行使不应当是随心所欲的、漫无限制的,而应当有一定的法律限界,超出这种界限就要承担相应的法律后果。正因为行政关系的权力性质,使行政活动与行政法联系起来。”“从本质上讲,行政法主要是对行政权力加以规范,对行政活动进行监督、约束的法律。”“对行政法来说,核心不在于对行政权的保障,而在于行政权依照法律规范的要求去行使,监督控制行政权是否依法行使是行政法的主要功能。”[①] 程干远则明确指出,市场经济在我国的推行,要求控权论成为我国行政法的理论基础。[②] 我们认为,我国的法律接近于大陆法系法律而与英、美法系法律迥异,我国行政法是不能以控权论为理论基础的;作为一种价值观念或人文精神,控权论已经不适应20世纪的现实,因而也不能用来指导我国的行政法和行政法学。

三、管理论

该论认为,行政法的调整对象即基础是行政关系,行政关系是一种管理关系。前苏联、东欧学者和我国大陆早期的行政法学者多持该论。前苏联学者彼·斯·罗马什金等认为,作为行政法的基础的社会关系是由于管理机关的管理活动即行政活动而产生的关系。[③] 瓦西林科夫和马诺辛等苏联学者也认为,行政法的调整对象是国家管理关系[④];保加利亚学者斯泰诺夫和安格洛夫认为,“行政法调整的是发生在执行指挥活动范围内的社会关

---

① 张树义等主编:《中国行政法学》,中国政法大学出版社1989年版,第5—9页;张树义主编:《行政法学新论》,时事出版社1991年版,第8—10页;王连昌主编:《行政法学》,中国政法大学出版社1994年版,第10—14页。

② 程干远:《再论市场经济与行政控权理论》,载《行政法学研究》1997年第1期。

③ 〔苏〕彼·斯·罗马什金:《国家和法的理论》,中文版,法律出版社1963年版,第516页。

④ 〔苏〕瓦西林科夫主编:《苏维埃行政法总论》,姜明安等译,北京大学出版社1985年版,第1页;〔苏〕马诺辛主编:《苏维埃行政法》,黄道秀译,群众出版社1983年版,第29页。

系。”[1] 原民主德国学者认为，“行政法是统一的社会主义法的一个部门，它的规范调整在国家机关对社会发展进行经常有效的管理的执行指挥活动过程中形成的社会关系。”[2] 我国学者张尚鷟认为，行政法的调整对象是在国家行政管理过程中所发生的社会关系；“行政法，是现代国家据以实施各个方面国家行政管理工作的全部行政法规范的总称，是各国法律体系中一个重要的法律部门。”[3]

该论认为，这种管理关系是以国家管理机关为一方主体的社会关系。国家管理机关，包括国家行政机关和法律授权的组织（如前苏联的同志审判会和我国的注册会计师协会）。与国家管理机关相对应的另一方主体，可以是其他国家管理机关或其他国家机关，也可以是公民、法人或其他社会组织。也就是说，这种管理关系可以是国家管理机关相互之间的关系（内部管理关系），也可以是国家管理机关与公民、法人、其他社会组织之间的关系（外部管理关系），还可以是国家管理机关与其他国家机关之间、公民等与行政法制监督机关之间的关系（主要表现为国家管理的法制监督关系）。

该论认为，这种管理关系是在国家管理或行政管理活动中所发生的社会关系。该论根据马克思的行政即管理的观点，认为行政管理活动就是指国家管理机关执行、指挥、组织、协调、监督等活动。这种管理关系是国家行政机关运用行政权进行管理而形成的关系；国家行政机关非行使行政权而与公民、法人之间所形成的关系不是管理关系。因此，判断一个社会关系是不是行政关系或管理关系的标准，不仅是在该关系的主体中是否有行政机关，更重要的是是否有行政权的作用。

该论以这种管理关系为逻辑起点，阐述了行政法的外延即调整范围。第一，从行政法的渊源上说，行政法不仅包括法律、法规和规章，而且还包括其他国家行政机关制定、发布的决议、决定、命令、指示等规范性文件。第二，从行政领域上说，行政法包括人事、外事、军事、民族事务、民政、公安、司法、科学、教育、文化、卫生、体育等各方面的行政管理法规。第三，从行政法的内容上说，行政法包括规定各级各类国家行政机关的设置、职责范围、活动原则，各种行政管理制度、管理方法，国家行政工作人员、社会团体、企业

---

① 〔保〕斯泰诺夫、安格洛夫：《社会主义行政法的特征、渊源和范围》，姜明安译，载《国外法学》1982 年第 5 期。

② 寅生译：《德意志民主共和国的社会职能和对象》，载中国政法大学编：《行政法研究资料》（下册），中国政法大学 1985 印，第 621 页。

③ 张尚鷟：《行政法教程》，中央广播电视大学出版社 1988 年版，第 1、3 页。

事业单位和广大公民在行政法上的地位、权利和义务，违反有关规定时的行政制裁，解决和处理各种行政纠纷的程序和方法等的法律规范。①

该论以这种管理关系为逻辑起点，说明了行政法的产生。该论认为，行政法不是产生于近代，而是随着国家的产生而产生的。"随着国家的出现，一开始就有许多国家行政事务要有一定的国家机关和一定的国家工作人员来管理。……有国家，就必然有各个方面的国家行政管理活动。……有各个方面的国家行政管理活动，就必然逐渐形成一定的管理制度，统治阶级也必然采用法律手段来加强各个方面的国家行政管理活动，从而也就必然会制定颁布一些与此相适应的法律。因此，就这个意义来说，这类法律当时虽然不叫行政法，但实际上也就是现代意义的行政法。""这就是说，在封建时代，甚至在奴隶制国家中，都是有行政法的，只不过当时是以诸法一体的形式出现，民、刑、行政不分，行政法还没有形成为一个独立的法律部门，名义上也不叫行政法罢了。"②

该论不提依法行政等行政法的基本原则，而强调国家管理或国家行政管理的"指导思想和基本原则"。前苏联学者马诺辛等认为，"苏维埃国家管理的基本原则"有："苏维埃国家管理的人民性"、"民主集中制"、"民族平等"、"社会主义法制"及其他管理原则。③ 瓦西林科夫等则认为，"苏维埃国家管理的基本原则"有两类：第一，"苏维埃国家管理的社会和政治原则"，包括"共产党的领导"、"民主集中制"、"社会主义联邦制"、"社会主义计划性"、"吸收群众参加管理"和"社会主义法制"原则。第二，"苏维埃国家管理的组织原则"，包括"划分和确定管理职能与权限的原则"、"机关和工作人员的责任制原则"、"管理的部门制和区域制相结合的原则"、"以直线制为主导的直线制和职能制相结合的原则"和"以合议制为主导的合议制和一长制相结合的原则"。④ 我国学者王珉灿教授等认为，"我国国家行政管理的指导思想和基本原则"有："在党的统一领导下实行党政分工和党企分工"、"广泛吸收人民群众参加国家行政管理"、"贯彻民主集中制"、"实行精简"、"坚持各民族一律平等"、"按照客观规律办事，实行有效的行政管理"和"维护社会主义法

---

① 参见张尚鷟：《行政法基本知识讲话》，群众出版社 1986 年版，第 1—4 页。

② 张尚鷟：《行政法基本知识讲话》，群众出版社 1986 年版，第 121—122 页。

③ 参见〔苏〕马诺辛主编：《苏维埃行政法》，黄道秀译，群众出版社 1983 年版，第 18 页以下。

④ 〔苏〕瓦西林科夫主编：《苏维埃行政法总论》，姜明安等译，北京大学出版社 1985 年版，第 45—49 页。

制的统一和尊严，坚持依法办事”七个原则。[①] 张尚鷟认为，“我国国家行政管理的指导思想和基本原则”有：“在党的统一领导下，实行党政分工，实行政企职责分开”、“按照客观规律办事，实施有效的行政管理”、“简政、便民”和“依法办事”四个原则。[②]

该论在学科体系上强调总论和分论的安排。总论的体系往往以管理者、管理活动以及对管理者和管理活动的监督为线索，将行政法分为行政组织法（包括行政机关、行政工作人员以及编制法）、行政活动法和行政监督法三大部分。该论强调“国家管理”或“行政管理”的各种各样的法制监督，而不论特定的监督形式是否具有法律效力；把行政复议和行政诉讼仅仅作为行政法制监督的一种特殊形式。分论则往往按照军事、民政和文化等各行政管理部门来叙述。

我们认为，管理论实质上不过是一种公共权力论。

综上所述，公共权力论主要是大陆法系的一种行政法理论，既是行政法的理论基础，又是统治与对抗、命令与服从理念的体现。控权论主要是英美法系的“行政法”理论，是一种权力与控制的价值观念，也是宪政观念的一部分。如果按照我们前面所说的，西方国家的行政法和行政法学定型于 19 世纪 80 年代的话，典型意义的、作为主流学说的公共权力论和控权论则基本上流行于西方行政法和行政法学的产生和定型阶段。管理论则是社会主义行政法和行政法学产生和定型阶段的一种理论，既是行政法的一种理论基础又是一种价值观念。但作为一种行政法的价值观念，除了政治意义以外，不过是公共权力论的翻版，不仅没有使行政法成为行政权行使的根据反而使行政法成了实现行政权的一种手段。正因为如此，管理论作为一种行政法的理论基础就不具有科学性，使行政法成了几乎可以随意张贴的标签。

第二节　服　务　论

一、公务论

（一）公务论的基本观点

十九世纪末二十世纪初，资本主义已从自由发展阶段进入垄断发展阶

---

① 王珉灿主编：《行政法概要》，法律出版社 1983 年版，第 43 页以下。

② 张尚鷟：《行政法基本知识讲话》，群众出版社 1986 年版，第 31—46 页。

段,社会的政治、经济和文化都发生了重大变化。原先,政府只负责公民的安全和社会秩序,其他问题是公民个人的事。但现在,政府不仅应负责公民的安全和社会秩序,而且还应保障公民最低标准的生活,以及提供教育、卫生、交通和公用事业等各种服务。这样,国家行政愈益广泛地干预经济和社会生活。公共权力论已不能适应社会的发展需要,已无法界定行政法的范围。于是,公务论也就应运而生了。

1873年2月8日,法国权限争议法庭在布朗戈(Blanco)案件的判决中,提出了公务的概念,并以此作为对行政机关适用行政法的标准。十九世纪末二十世纪初,法国行政法院不断地实践和发展了这一概念。然而,对公务概念的理论论证,却是由以法国波尔多大学教授狄骥为代表的"波尔多学派"完成的。该论的其他代表人物还有法国学者杰泽(Gaston Jèze)、博纳德(Roger Bonnard)和罗兰(Louis Rolland)。迄今为止,公务论虽然受到许多非难,但仍是法国继公共权力论以来的行政法学主流学说,仍是法国行政法院管辖权的根据。并且,该论还影响到大陆法系的其他国家和地区,也影响到后来的福利论。

该论的基本观点为:国家与公民个人处在一种社会连带关系中。国家是一个组织公务的团体,国家的作用在于组织公务或提供公共服务,因而国家与公民之间的社会连带关系也就是公务与合作、服务与配合的义务关系,而不是一种权力关系或权利义务关系。这种公务关系是行政法的基础,行政机关的公务行为受行政法的约束,引起的纠纷由行政法院管辖;行政机关的非公务行为受民法的约束,引起的纠纷由普通法院管辖。

(二) 社会连带关系

狄骥的理论是以社会连带关系为基础的。我们要了解他的公务论,就必须首先了解他的社会连带关系理论。

狄骥认为,人与人之间是一种社会连带关系。他一再强调,任何科学的理论或正确的观念都"必须以社会本身为基础"。[①] 那么,社会本身又是怎样的呢?他认为,社会的基本问题是人的问题。"人是一种不能孤独生活并且必须和同类始终一起在社会中生活的实体"。[②] 社会中的人们之间形成了必然的社会联系即社会连带关系。社会连带关系可以分为两种,即同求的社会连带关系和分工的社会连带关系。他指出:"人们有共同的需要,这种需

① 〔法〕狄骥:《宪法论》,钱克新译,商务印书馆1962年版,"第二版序言"第8页。
② 同上书,第49页。

要只能通过共同的生活来获得满足。人们为实现他们的共同需要而作出了一种相互的援助,而这种共同需要的实现是通过其共同事业而贡献自己同样的能力来完成的。这就构成社会生活的第一种要素,形成杜尔克姆所称的同求的连带关系或机械的连带关系。""在另一方面,人们有不同的能力和不同的需要。他们通过一种交换的服务来保证这些需要的满足,每个人贡献出自己固有的能力来满足他人的需要,并由此从他人手中带来一种服务的报酬。这样便在人类社会中产生一种广泛的分工,这种分工主要是构成社会的团结。按照杜尔克姆的术语来说,这就是经常分工的连带关系或有机的连带关系。""无论如何,连带关系是一种永恒不变的事实,……并且是一切社会集团不可排斥的组成要素"[①],是通过观察得来的并且任何人只要去观察都能了解到的无需证明的事实。

狄骥认为,社会连带关系是一种协作关系。他认为,人不能也无法摆脱这种社会连带关系。"人是生活在社会之中,并且只可能生活在社会之中。组成社会的个人只有适合社会存在的规律,才能使社会存在下去。"[②] 因此,人们必须共同服务以实现共同的需要、谋取共同的利益,必须相互服务以实现各自的需要、取得各自的利益。

狄骥认为,社会连带关系是一种义务关系。人在社会或社会连带关系中只负有共同服务和相互服务的义务,而没有任何权力或权利可言,法所规定的只能是个人的义务。他认为,一个社会中的"人们势必要服从某种行为规则……这些规则的总体形成客观法……客观法的基础是社会的连带关系。"[③] "因此,实在的法律只能被了解为表示法律规则的一种方式。立法者并不创造法律,只是确认法律。"[④] 受基础的决定,法律不可能是关于权力或权利义务的法律,而只能是关于义务的法律。他说:"不论我们用什么作法律的基础,法律是由一种法律规范即一种命令和禁止所规定出来的。没有也不可能有授予什么的法律。而只有也只能有命令什么或禁止什么的法律。在这里无论法律用什么条文,不过是禁止任何人妨碍他人作出上述的一种行为罢了。这是一种禁止,而不是授予什么东西,我们也看不出对某些人所作的禁止怎么就会构成对他人授予一种权利。"他认为,不仅这种禁止

① 〔法〕狄骥:《宪法论》,钱克新译,商务印书馆1962年版,"第二版序言"第63—64页。
② 同上书,第52页。
③ 同上书,第381页。
④ 同上书,第126页。

或命令是一种义务，而且一个人作出合法或不违法行为只是没有违反义务而已，而并不是在行使一种权利。“如果一个人作出一种实质的行为，而这种行为从其对象和目的来说是符合客观法律的话，那么他即使对他人造成一种损失，也是不违法的。但这却不是他行使一种权利的结果，这乃是他不违反法律的一种结果。行使权利的人不侵害他人，这个古训是错误的。”① 命令或禁止对笔者来说是一种义务，但对他人来说并不等于就是一种权利，而只是在依法为他人提供服务。他说，“法律规则是适用于个人的相互关系的，并且在个人和其他个人的关系中规定出个人作为或不作为的义务。比如说，法律规则禁止杀人，禁止损害他人；就是命令帮助他人。法律规则规定出一种作为或不作为的命令当然那就是关于对其他个人的一种作为或不作为，因为客观的法律不外就是规定个人的相互关系。”② 总之，法律对任何人来说都只规定义务而没有权利。他认为社会连带关系之所以是一种义务关系的原因有两个：第一，任何个人的意志都不能高于他人的意志，都不具有高于他人意志的效力。他说：“谁也没有对他人发号施令的权利：无论是皇帝、国王、国会，或是人民中的多数，都不能把他们自己的意志强加于人”。③ 第二，任何个人都是不需要权力或权利的。他说，“人是一种对自己的行为具有自觉的实体。”④ 他认为，每个人都意识到自己必须自觉的去服从社会连带关系这一客观规律，否则会受到它的制裁。

综上所述，狄骥所说的社会连带关系，是一种人与人之间的协作义务关系。

(三) 公务关系

狄骥认为，国家与公民之间是一种公务关系。这是他直接根据社会连带关系理论得出的一个结论。

狄骥认为，国家是统治者和被统治者的组合体。“国家只不过是同一个社会集团的人们中间的一种自然分化的产物”⑤，“国家一词是专用以指明政治分化达到某种发展和复杂程度的社会”⑥，即通过社会连带关系组织起来的强者和弱者。他在这里所说的强者，是指在不同时代或地区在宗教上、经

① 〔法〕狄骥：《宪法论》，钱克新译，商务印书馆 1962 年版，“第二版序言”第 191 页。
② 〔法〕狄骥：《宪法论》，钱克新译，商务印书馆 1962 年版，第 156 页。
③ 同上书，第 482 页。
④ 同上书，第 49 页。
⑤ 同上书，“第二版序言”第 8 页。
⑥ 同上书，第 382 页。

济上、道德上、智力上或数量上最强的人。[①] 强者也就是统治者。“比他人强大的个人企图并且能够把自己的意志强加于他人……强者把自己的意志强加于他人。”[②] 弱者,则是指在上述各方面都较弱的人,即被统治者。狄骥认为,国家既不是社会连带关系的主体也不是法律主体,法律主体只能是作为个人的统治者和被统治者。他认为,人的社会联系基本上是一种法律联系。这种法律关系的主体只能是单个的人。他说:“个别的、精神健康而自知其行为的人是法律的主体,是惟一的法律主体,也永远是法律的主体。”“从现在起,我可以肯定说,只有精神健康的个人才能是法律命令实施的对象,同时也只有人才是客观的法律主体,因而一切精神健康的人都是客观的法律主体。……其所以只有其自知行为的个人才是客观的法律主体,是因为我们只能对这种个人肯定他具有理智的意志。对个人以外的其他实体赋予一种理智和意志,这只能是花言巧语和博取欢心的比喻,而丝毫没有其他意义。”[③]

狄骥认为,统治者的权力在社会连带关系中只是一种与被统治者合作的义务,在法律关系中是一种为被统治者服务的义务。统治者虽然具有强力即权力,但“统治者和其他人一样,都是个人,同时也是和所有的个人一样服从以社会连带关系和社会际连带关系为基础的法律规则;这些法律规则对个人规定义务,而其行为之所以合法并将强迫他人服从,不是因为这些行为出自一个所谓主权的人格,而是并且只有当这些行为符合于这些必须强迫行为人遵守的法律规则的时候才如此。”[④] 所以,统治者并没有权力,而只有义务。他认为,强者或者统治者的所具有的强力是指物质上、精神上、宗教上和数量上的强力。正因为如此,“才产生出人们所称的公共权力”。[⑤] 然而,法律并没有赋予法律主体以权利而只规定了它的义务。在法律上,强者的强力并不是权力或者权利,而只是运用强力为弱者提供更多服务的义务,“政治权力倒是为法服务的一种强力”。[⑥] 并且,它也只能用来为他人服务。人们所称的“这种公共权力绝不能因它的起源而被认为合法,而只能因它依

---

① 参见〔英〕萨柏恩等:“英译者序”,载〔荷〕克拉勃:《近代国家观念》,王检译,商务印书馆 1957 年版,第 41 页。

② 〔法〕狄骥:《宪法论》,钱克新译,商务印书馆 1962 年版,第 467 页。

③ 同上书,第 328、329 页。

④ 同上书,第 518 页。

⑤ 同上书,“第二版序言”第 8 页。

⑥ 同上书,第 482 页。

照法律规则所作的服务而被认为合法”。总之,“我认为国家这种公共权力之所以绝对能把它的意志强加于人,是因为这种意志具有高于人民的性质的这种概念是想像的,丝毫没有根据的,而且这种所谓国家主权既不能以神权来说明,也不能用人民的意志来解释,因为前者是一种超自然的信仰,后者则是毫无根据、未经证明、也不可能的假设。”[①]

狄骥认为,被统治者在社会连带关系中具有合作义务,在法律关系中则具有配合服务的义务。统治者的强力虽然是一种服务,但被统治者并不能任意拒绝服务,而应当、并且也能够配合或协助统治者的服务。因为,凡属于人都“没有毫无动作而懒惰的权利,统治者可以干涉而使他工作,并且可以规定他工作。因为统治者就是在迫使他完成他的社会职务的义务。”[②]“事实上这种最大的强力往往是,而且多半是被迫服从的较弱的人们甘愿接受的;这些较弱的人们往往认为他们自动地、恭顺地服从强者的命令是会有种种好处的。”[③] 配合或协助服务,就是被统治者基于社会连带关系的义务。

综上所述,狄骥根据社会连带关系理论,认为统治者与被统治者之间的关系是一种服务与合作关系。

(四) 公务范围和原理

狄骥认为,统治者的服务,是一种公共服务即公务。国家基于社会连带关系所作的服务,是一种法律服务或执行法律的服务。他说,依通说,“国家所追求的目的有下列三项:(1) 维持本身的存在;(2) 执行法律;(3) 促进文化,即发展公共福利、精神与道德的文明。”“我们如果深入事物的性质,则国家指定的这三个目的可以归结为实现法的惟一目的。……的确,当人们谈到保全国家的时候,当然也就考虑到保持各该政治权力所存在的社会并使社会整体化。可是我们肯定,一切社会的活力就是连带关系。我们说国家必须确保它本身的存在,并且说国家必须致力于社会连带关系而合作,因此也是为促使产生这种连带关系的法而努力。”[④] 因此,国家的义务即“服务”和“合作”,也就是统治者履行社会公共职务的活动。“完成职务,是统治阶

---

① 〔法〕狄骥:《宪法论》,钱克新译,商务印书馆 1962 年版,“第二版序言”第 8 页。

② 〔法〕狄骥:《拿破仑法典以来私法的变迁》,转引自王绎亭等:《狄骥的社会连带主义反动国家观》,载《政法研究》1965 年第 4 期。

③ 〔法〕狄骥:《宪法论》,钱克新译,商务印书馆 1962 年版,第 469 页。

④ 同上书,第 483 页。

级的义务，也是公务的目的”；统治者及其代表就是“公众事务的管理员”。[①]“从而近代国家就逐渐成为在统治者领导和监督下共同工作的一种个人团体，来实现各成员的物质和精神的需要；所以公务概念就代替了公共权力的概念；国家变成一个劳动集团，不复是一种发号施令的权力，而握有公共权力的人们只有为了确保共同的合作才能使这种权力合法的动作起来。”[②]

狄骥认为，公务构成了行政法的基础，并决定着行政法的发展变化。[③]但是，狄骥只论证了公务的内涵，而公务的外延却仍有待论证和确定，并且因社会的发展而不断引起争论。这是因为，从公务领域来说，有行政公务、工商业公务和社会公务；从公务概念来说，有形式意义上的公务和实质意义上的公务。“确认形式意义的公务并不难，然而确认实质意义的公务殊非易事。公务的基本特征 —— 公益目的太模糊、太不确定了，因为归根结底，几乎一切人类活动都以这种或那种名义增进公共利益。”[④] 例如，法国学者里弗罗(J. Rivero)主张采用下列各项指标来确认公务：第一，有关行政上的法律行为事件，包括：实施公务的目的，即可以行使单方决定特权的属行政决定，得请求越权诉讼；凡具有“反普通法条项”等的单方面解除权的公务履行契约，属于行政契约。第二，有关行政上的事实行为事件，即行政性公务原则上系行政法关系，工商业公务和社会公务原则上系私法关系，但仍可适用与公务有关的一般公法原理。第三，有关行政上物的事件，即供公务的用物为公物，其管理为行政法关系，有关公的会计适用公法原则；私物管理则为私法关系。第四，法定行政法概念的解释标准：视为承揽契约或无过失损害赔偿的法定行政事件，如公土木工程，属于具有公法人公务性的不动产工程。[⑤] 然而，其他学者却有各种不同的看法。[⑥] 尽管在理论上对公务范围的界定未能予以统一，但法国行政法院的实践却不能因此而中止。法国行政法院基于实用的目的，根据有关理论，在判例中对公务的确认采用了以下两

---

① 〔法〕狄骥：《公法的变迁》，转引自王绎亭等：《狄骥的社会连带主义反动国家观》，载《政法研究》1965 年第 4 期。

② 〔法〕狄骥：《宪法论》，钱克新译，商务印书馆 1962 年版，“第二版序言”第 8 页。

③ 参见〔法〕韦尔：《法国行政法》，徐鹤林编译，载中国政法大学编：《行政法研究资料》（下册），中国政法大学出版社 1985 年版，第 272 页。

④ 〔法〕韦尔：《法国行政法》，徐鹤林编译，载中国政法大学编：《行政法研究资料》（下册），中国政法大学出版社 1985 年版，第 288 页。

⑤ 城仲模：《行政法之基础理论》，台湾省三民书局 1988 年版，第 32 页。

⑥ 〔法〕皮埃尔·法纳西：《法国行政法院的管辖权》，徐鹤林编译，载中国政法大学编：《行政法研究资料》（下册），中国政法大学出版社 1985 年版，第 314 页以下。

项标准:第一,在多数情况下,可“根据公益活动所追求的目的的重要性来确定它是否是公务,因而认为相当崇高的公益活动才是公务”,但“这是一种主观评价方式,随时代和风尚而变化”。第二,“一种活动由公法人承担可推定为公务,反之亦然。”“可见,形式要件是确定公务的决定性因素。”①

法国行政法学中的公务原理,是公务论的重要内容。王名扬教授认为,法国的公务原则“并不要求适用哪种固定的法律,但可以作为不适用私人间一般法律的原因,即可以引起行政法作为特殊法的原因。这种特殊法可能和私法非常接近,可能相隔很远,可能按公务的具体内容,和一般的法律以不同的程度结合,同时适用。”它们是指导法国立法和解释法律的原则和理论基础。② 第一,公务连续原则。公务是为个人提供服务的一种国家作用,因此公务的实施不能中断。例如,根据该原则,公产在公用期间不能出卖。公务员负有确保国家生活延续的义务。如果公务员任意罢工,则视为国家与公务员间的关系已被破坏,国家无需寻求任何法律根据就可予以解任。第二,公务适应原则。这是指公务的实施必须适应可能改变的情况,因而行政行为不具备实质上的绝对确定力,以及政府可以单方面改变行政契约等。该原则是从公务连续原则发展而来的,是对公务连续原则的一种保障。第三,公务平等原则。该原则包括以下两个方面:一是公共负担平等原则,即税收征收及特别征用等,对任何个人都应该是平等的;如有违反,个人可提起撤销和赔偿(补偿)诉讼。二是公务实施平等原则,即公务的实施不能因为个人的信仰、宗教等的不同而区别对待。例如,个人有权平等地担任公职,平等地利用水电、邮政等公用设施,平等地利用经济资源等等。第四,公务优先原则。这是指在公务实施中,当公共利益与个人利益相冲突时,优先照顾公共利益。第五,公务先决原则。公务学说“产生了国家的特权或普通法以外的手段的概念。根据私法,权利和义务只能通过契约而产生,而行政机关根据公务却可以单方面强制个人承担义务而不必通过法院;行政机关的决定只要相对人没有使法院宣布撤销就具有法律效力。公民只能事后对行政机关的行为提出异议:这就是效力先决原则,它构成了‘有执行力的决

---

① 〔法〕韦尔:《法国行政法》,徐鹤林编译,载中国政法大学编:《行政法研究资料》(下册),中国政法大学出版社 1985 年版,第 288—289 页。

② 王名扬:《比较行政法的几个问题(提纲)》,载《行政法研究资料》(下册),中国政法大学出版社 1985 年版,第 263 页。

定'理论的核心。"[①]

（五）简单评价

从政治层面上说，狄骥的社会连带主义法学是为适应资本主义垄断统治的需要而提出的一种法学理论。这种理论宣扬阶级合作，攻击马克思主义的阶级斗争学说；否认人的权利，攻击资产阶级启蒙思想家提出的"天赋人权"和"人民主权"理论。因此，这是一种反动的、甚至倒退了的理论。然而，这种理论却有利于资产阶级的内部团结与合作，对广大人民也具有极大的欺骗性，因而深得资产阶级的青睐，在西方法学界流传甚广。可以说，源于西欧的利益法学和美国的社会法学都吸取了这一理论。狄骥比同时代资产阶级法学家的高明之处，就在于他敏锐地发现了社会的发展变化以及由此引起的法律和法学理论的变革，并为资产阶级的法律变革提供了新的理论支持。同样，作为行政法学理论的公务论，是以社会连带主义法学为理论基础的，因而同样具有反动性和欺骗性。不过，公务论为资本主义国家行政权的扩大提供了论证。"如果说，担心政府违反法律和侵害个人自由导致行政法去限制和监督政府，那么相反，公务学说促使政府权力的扩大：为了满足公务需要，行政机关必须拥有必要的活动手段。"[②] 这样，公务论也就为行政法适用范围和行政法院管辖范围的扩大提供了理论证明。同时，公务论还为垄断时代资本主义政府的"行政权——公民权"之间的关系，提供了"服务——合作"关系的新解释。这一解释比公共权力论解释的"命令——服从"关系，更有利于处理资本主义政府与资产阶级成员之间的关系，对广大人民更具欺骗性，因而更符合资产阶级的统治需要。但是，从科学层面上说，狄骥揭示了社会和平发展的规律。对此，我们在前文已作借鉴和吸收。

二、福利论

（一）福利论的社会背景和基本观点

随着第二次世界大战的爆发和战后对战争创伤的整治，以及战后资本主义经济的高速发展和繁荣，国家行政职能的日益扩大，在西方国家出现了"福利论"。福利论源于第一次世界大战后，流行于第二次世界大战后的西方各国及我国的台湾省。例如，美国的马克思·勒纳（Max Lerner）于 1965

---

① 〔法〕韦尔：《法国行政法》，徐鹤林编译，载《行政法研究资料》（下册），中国政法大学出版社1985年版，第272页。

② 同上。

年出版了《福利国家论》一书；英国的马利克·布鲁克(Maurice Bruce)于1961年出版了《福利国家的到来》一书；日本的觉道丰治于1966年发表了《现代福利国家的概念》；我国台湾省的学者林纪东于1968年发表过《福利国家与基本人权》、邹文海于同年发表过《福利思想、福利政策与宪政原则》的论文。该论也渗透到了行政法学领域，认为现代国家是"福利国家"，"行政作为国家政治的一个组成部分，也尽量使其民主基础得以充实，最终在观念上，只有实现对国民的'福利'、国民的权益及人权的保障才能承认它的存在。"[①] "今天的公民往往希望把行政法的干预扩大到经济生活的各个方面，从而使公民从中获得好处。"[②] 根据该论，在行政机关与公民的关系中，行政机关的权力就是不断为公民谋取"福利"的义务，而公民具有充分享受"福利"的权利和分担社会责任的义务。行政机关代表国家向公民提供"福利"，不再是"恩惠"，而是一种义不容辞的责任；行政机关的权力已不再是近代意义上的权力，而是不具有强制性的服务。行政机关与公民之间的关系，是一种行政机关提供福利、公民享受福利并给予配合的关系。这一关系决定着行政法的发展和性质，也决定着行政职能不断扩大的必然性和必要性。

(二) 福利论的理论基础

福利论的逻辑起点或理论基础就是所谓的"社会团体主义思想"。这种思想，实际上就是社会连带关系理论。我国台湾省学者林纪东就认为，近代的"社会契约说，可谓为认识个人存在，强调个人存在之个人的自觉观念，故有个人主义思想之产生。迨后社会关系密切，在个人之外，发现社会；在小我之外，发现大我，乃有团体主义思想之崛起。此种思想，易词言之，亦即认为社会所有构成分子，均有分工合作，痛痒相关关系之社会连带思想。盖现代人与人之间，既有密切不可分离之关系，自需人人有不忍人之心，有与他人共遂其生之愿，休戚与共，痛痒相关，而后始能共同生存，且进而谋社会之发展也。""如由另一角度观察，则团体主义思想，实建立于下列三个基础之上：(1) 人为社会之动物不能离开他人而独存。(2) 人与人之间，具有密切之连带关系，故(3) 公共福利至为重要。"[③] 从另一位台湾省学者张金鉴的

---

① 〔日〕室井力主编：《日本现代行政法》，吴微译，中国政法大学出版社1995年版，第8页。

② 〔法〕勒内·达维：《英国法与法国法》，舒扬等译，西南政法学院法制史教研室1984年版，第109页。

③ 林纪东：《比较宪法》，台湾省五南图书出版公司1980年版，第36—37页；林纪东：《行政法》，台湾省三民书局1988年版，第44—45页。

著作中,也可以看出上述思想。[1] 美国社会法学派的代表人物荷姆斯(Oliver Wendell Holmes)认为,法是为社会即全体社会成员而不是统治者提供"方便"的东西。他说:"警察权力遍及于一切重大的公共需要。它可以用来帮助着为习俗所认可,或被流行的道德或强大的、占优势的意见所认为对公共福利大大地、直接地必要的东西";为了能提供"方便",法院可以不根据法律和先例作出判决。[2] 庞德则认为,人与人之间是一种互相合作关系,法的功能在于调整利益冲突"以便使各种利益中大部分或我们文化中最重要的利益得到满足,而使其他的利益最少牺牲";评价法的标准,不是法的本质,而是法的效果即是否能"满足人类最大需要"或提供更多福利;国家是建立"社会福利"的工具,法院应根据实际的利益需求而不应根据法律和先例来判决。[3] 欧洲利益法学的奠基人奥地利学者艾尔力许(Eugen Ehrlich)的观点则更为极端。他认为,人们间具有利益连带关系,政府和法院都应根据这种连带关系来处理事务和作出判决,而不必顾及法律如何规定。[4] 法国学者勒内·达维认为,现代行政法已被注入新的精神,已经是一种福利行政法。但这种行政法要求"公民们自身必须抛弃那种认为行政事务是公共官员权力范围内的事,认为行政官员注定就是来为他们提供服务的,因而公民可以对行政事务不闻不问的陈旧观念。现代社会交给行政机关的工作是如此繁重,如果没有一个在相当大的程度上的整体联合与协调的话,行政机关简直无力完成它所担负的任务。"[5] 英国改良主义者拉斯基也依据狄骥的观点,把现代资产阶级国家描绘成"公务团体",是"为其成员谋福利的工具"。

(三) 福利论的目的

我们认为,福利论的目的主要有三个。

福利论论证了行政权——公民权关系的性质。首先,福利论与公务论一样论证了资本主义政府对"人民"的服务职责或者义务。日本行政法学界的福利说就认为,近代国家的责任只是维持社会治安,"生存是个人的责任。现在,关怀照顾个人的生存,可以说已成为国家的职责。"[6] 台湾省学者张金

---

① 参见张金鉴:《行政学典范》,台湾省"中国行政学会"1979 年版,第 96 页;张金鉴:《行政学新论》,台湾省三民书局 1984 年版,第 27 页以下。

② 转引自〔美〕威尔斯:《荷姆斯——实用主义法学的代言人》,载《政法研究》1955 年第 1 期。

③ 参见顾维熊:《反动的庞德实用主义法学思想》,载《政法研究》1963 年第 3 期。

④ 参见张宏生等:《艾尔力许的社会学法学、自由法学的实质》,载《政法研究》1963 年第 4 期。

⑤ 〔法〕勒内·达维:《英国法与法国法》,舒扬等译,西南政法学院法制史教研室 1984 年版,第 110 页。

⑥ 贾前编译:《现代行政与法》,载《国外法学》1985 年第 4 期。

鉴也指出:求生存是人生进化的原动力,因而现代"国家的目的,政府的功能,都在于使公务人员负责尽职,以积极的努力,有效的方法,为社会作最佳的服务,以增进人民的最大福利,解决食、衣、住、行、育、乐的六大民生问题。"① 他们认为,政府的行政职能不是一种权力,而是一种服务或职责,行政行为的单方面性应逐渐弱化,行政指导和行政合同应不断增多;积极行政将日益代替消极行政,授益行政将日益超过负担行政,行政手段日益多样化或非权力化,行政裁量与计划行政纷纷出现。② 其次,福利论论证了公民享受服务或福利的权利。福利论认为,政府的服务及服务结果福利,在现代以前并不是人民当然的权利,而只是政府基于统治权的一种恩赐;在现代则是人民的当然权利。日本学者指出:"过去,行政职能的范围,并不只是限于征收捐税、警察治安、公用事业等行政职权,而是也涉及到管理道路、河川等公务,以及维修和管理学校、医院等建筑物以及为了保护、发展产业而拨付补助资金等所谓的保育行政。但是所有这些,归根到底,不外乎都是作为国家的恩赐来提供的,而不是人民可以作为自己的权利,要求国家来提供的。""与此相反,现代国家是把制定旨在促使人民可以作为自己的权利来要求这种供给的方针政策,自觉地当作国家的使命。现代行政就是根据这种国家观念来关心生存的一种行政,而这正是其最大的特征。"③ 我国台湾省学者张剑寒认为,福利国家"不仅保障传统的自由权与平等权而且保障新兴的工作权与生存权。这些权利的保障皆以'个人尊严之维持'与'人格的自由发展'等观念为出发点。因之,福利国家保障之自由权伴随着义务,平等权着重实质的比例均等,工作权之保障,侧重职业安全。保障此权,约有三途,一为就业辅导,二为充分就业,三为失业保险。至于生存权之保障是使人民有免于饥饿之自由及有追求幸福之权利。也就是赋予国家创设适于'个人尊严之维持'与'人格的自由发展'之环境、设备、及制度等的义务。"④ 再次,福利论论证了公民的义务或社会责任。他们认为,"要求国家负担生活保障的义务,并不等于将个人自己维持生活的责任转嫁于国家。因为国家只不过

---

① 张金鉴:《行政学新论》,台湾省三民书局 1984 年版,第 37 页。

② 〔日〕室井力主编:《日本现代行政法》,吴微译,中国政法大学出版社 1995 年版,第 11—13、4—5 页。

③ 贾前编译:《现代行政与法》,载《国外法学》1985 年第 4 期。

④ 《云五社会科学大辞典·政治学》,台湾省商务印书馆股份有限公司 1973 年版,"福利国家"条。

是应帮助各个人,恢复其能担当自行生活责任的本来状态而已。”① 每个公民不应当加重社会的负担,相反都应当为社会作更多的贡献,积极配合服务。通过上述论证,福利论认为政府与公民间的关系,是一种服务与享受、配合的权利义务关系。从上述意义上说,福利论修正了社会连带主义法学否认主体权利的观点,重视人权,并更多地强调了公民对服务结果即福利的享受。

福利论论证了行政权扩大的合理性。福利论认为,由于行政权并不是人权的对立物,而是为公民谋取福利的一种手段,因而委任立法的增多、行政自由裁量权的扩大、行政司法的产生,即行政职能的扩大不仅是合理的,而且是必要的。判断行政职能是否合理的标准,只能是它是否能提供最优、最多的服务或福利。法对行政的作用,不再是束缚其手脚,而是按照服务或福利的要求为其提供所需要的手段。日本学者雄川一郎就说:在福利国家里,“法作为某一国家政策的具体表现,与其说它的职能是抑制行政,莫如说是授权行政,与其说它是在限制现有行政的活动范围,莫如说它是在促使行政在发挥它应有的作用,并具有相应促进的职能。”② 法国学者勒内·达维也说:“今天的法国公民能容忍行政部门滥用职权或者实行苛政,但不能听任官僚主义泛滥成灾或行政机关懒散无力而怠于政事。因为果真这样,公民可能丧失更多的利益。……法律可以为行政机关确定一些目标,但在选择达到这些目标的恰当的方法和手段上,法律又不能不给行政机关以相当广泛的权力。人们期待着行政机构、法人团体管理好工业,给企业贷款,对贫民区提供援助,并资助科学考察与研究工作。”③ 即使是非权力手段,公共服务也常常是以实现行政目的的公权力为背景的。④ 我国台湾省学者林纪东也持上述观点。⑤ 从上述意义上说,福利论与公务论具有共同性。它们都是为了论证行政权的作用范围和行政法的适用范围,从而进一步界定行政法院的管辖范围(当然,英美法系的福利论不具有这一目的)。

福利论论证了行政法变革及其理论更新的必要性。福利论认为,随着

---

① 《云五社会科学大辞典·政治学》,台湾省商务印书馆股份有限公司1973年版,“福利国家”条。

② 〔日〕雄川一郎:《现代行政与法》,转引自贾前编译:《现代行政与法》,载《国外法学》1985年第5期。

③ 〔法〕勒内·达维:《英国法与法国法》,舒扬等译,西南政法学院法制史教研室1984年版,第109页。

④ 〔日〕室井力主编:《日本现代行政法》,吴微译,中国政法大学出版社1995年版,第4—5页。

⑤ 林纪东:《行政法》,台湾省三民书局1988年版,第50、54—60页。

社会的发展和行政权的扩大,对行政法应进行相应的变革,对行政法理论应予以更新。田中二郎认为,随着福利国家行政职能的扩大,“依法行政一词,仅有消极之界限,即指在不违反法律范围内,允许行政机关自由决定而言,非谓行政机关一举一动,均须有法律根据之意。”[①] 英国学者福尔克斯认为,现代国家的职能已日益扩大,“这主要体现在委任立法和提供服务两方面”。“重要的行政法原理,很少不是从行政管理的具体活动中产生并运用于实际中的,……假如大家认为公共权力对达到某种目标是必不可少的,那么就必须给予相应的公共当局所需要的权力。”[②]美国学者施瓦茨也说,美国国会的授权已采用“公共利益”这一空泛的标准。“‘公共利益’一词包含了服务周到、经济效益、充分利用运输设备等方面的要求”。[③] 这样,英美法系的控权论又有了新的解释。室井力说,行政法是对行政权加以限制的法,“这里所说的加以限制,意味着对行政权加以拘束,但也意味着它不仅把行政看作是必要的手段限制其活动,而且根据需要,也推动向积极的行政活动方向上的拘束。”[④]

（四）简单评价

福利论在西方国家具有广泛的影响。它的形成和发展,使两大法系的行政法学在一定程度上趋于一致,即强调阶级合作,论证行政职能扩大的合理性和必要性。这样,当代大陆法系的行政法学就成了以公务论为基础、以福利论为补充的行政法学;英美法系的行政法学就成了以控权论为基础、以福利论为补充的行政法学。同时,福利论是以社会连带主义法学为理论基础的,与公务论大同小异,都属于服务论。但福利论承认主体的权利,尊重人权,强调服务效果。在这一点上,福利论比狄骥的否认权利的公务论科学。作为一种行政法的基本观念,福利论受到了资产阶级的普遍欢迎。

三、我国的服务论

（一）社会服务论

1995年,陈泉生发表了《论现代行政法学的理论基础》一文。该文认为,现代行政法的主要内容是服务与授益,强调行政的积极性,加重行政的

① 林纪东:《行政法》,台湾省三民书局1988年版,第49页。
② 〔英〕福尔克斯:《行政法》,英文第5版,第1页。
③ 〔美〕伯纳德·施瓦茨:《行政法》,徐炳译,群众出版社1986年版,第40页。
④ 〔日〕室井力主编:《日本现代行政法》,吴微译,中国政法大学出版社1995年版,第4页。

民主色彩，广泛采用非权力方法。现代行政法学的重心是服务行政，偏重于行政救济，注重行政法实在性的探索。现代行政法的理论基础是"服务论"，即"现代行政法实质上是服务行政法，它的价值取向在于维护社会正义，增进社会福利，实现法治社会。""服务论"的"基本含义是：为了使政府能够更有效地为全体人民和整个社会提供最好的服务和最大的福利，法律授予其各种必要的职权使其能够凭借该职权积极处理行政事务；但是行政职权的行使不得超越法律授权的范围，更不得对人民的自由和权利造成侵害。也就是说，'服务论'以法律授予政府行政职权为条件，要求政府扮演'服务者'的角色，积极创新，服务于民，造福于社会。它将人民的利益和社会的福利作为行政活动的出发点和归宿点，强调政府职权的惟一功能在于：保障人民的自由和权利，永无止境地提高人民精神、文化和物质生活；主张行政的目的不在于统治与管理，而在于服务与授益，最好的政府应为最大的政府，政府不应以管理者的身份自居，而应以服务者的身份去为作为主人的人民提供各种服务，从而与现代福利发展的趋势相符合。"该文认为，"服务论"顺应了现代"团体主义"的法律思潮，符合现代社会本位的法律观，适应现代行政法民主化的趋势，也符合我国市场经济发展的需要。[①] 我们将这种"团体主义思想"或"社会连带主义"为逻辑起点的"服务论"暂称为社会服务论。

（二）为人民服务论

该论认为，行政法是有关国家行政管理的法或国家行政管理的法制化，即有关国家行政组织及其行为，以及对行政组织及其行为进行监督的法律规范的总称。[②] 但这种管理本质上是一种服务。这是因为，我国是社会主义国家，国家的一切权力源于人民、属于人民，人民行使权力的机关是各级国家权力机关。国家行政机关由国家权力机关产生，执行国家权力机关的法律和决议，对国家权力机关负责，受国家权力机关监督。这实际上就是一切权力属于人民，服从和执行人民意志的体现。同时，我国国家行政机关中的一切工作人员，无论职位高低、责任大小，都是人民的公仆。因此，我国国家行政机关正像共产党人除了解放全人类外没有任何私利一样，除了职责和责任即"为人民服务"外没有任何权力；如果说有权力或管理权的话，那也只能是为人民服务的权力。这样，我国国家行政机关与人民之间的关系，是一

① 陈泉生：《论现代行政法学的理论基础》，载《法制与社会发展》1995年第5期。

② 应松年等：《行政法学总论》，工人出版社1985年版，第18—19页；杨海坤：《中国行政法基本理论》，南京大学出版社1992年版，第47页。

种提供服务和接受服务的关系。这一关系是我国行政法制建设的客观基础。“为人民服务应该是制定和执行行政管理法规的出发点和落脚点。任何行政管理法规都不应该违背人民的利益；某一种行政管理法规执行的如何，归根到底，要看为人民服务的实际效果。”应松年教授和杨海坤教授等持该论。[①] 该论是从我国政府的性质即人民政府和为人民服务为逻辑起点展开论证的，因此我们把它称为“人民服务论”，以区别于其他服务论。

（三）福利论

福利国家论也影响到了我国大陆法学界。1994 年，郭润生等发表了《论给付行政法》一文，指出：“‘给付行政’又称‘服务行政’或‘福利行政’。它是指国家作为给付主体，通过提供资金、物资及劳务上的救济与服务，保障公民基本的生存、生活权利，或帮助促进公民获取经济利益，并且以维持增进社会的公共福利为直接目的的公共行政。它的内容包括：社会保险、救济、社会福利等社会保障行政以及建设、管理公共设施和与公民生活紧密相关的公共企事业供给行政、提供拨款、无息借贷、补款的扶助、扶持行政等”。“所谓的给付行政就是以维持增加社会的公共福益为直接目的，通过一定的供给性活动，以促进公民追求经济利益，帮助公民改进生存状况为内容的国家行政。与给付行政相对应的‘统治行政’的意思是指，为了广泛地实现维持增进公共福益这一积极目的，国家应用权力直接或间接地对人民的权利加以约束，限制人民的活动，给人民课加与此相对应的公共义务。”“给付行政属于非权力行政，它的法律关系的特殊性质决定了它的行为形式不是强权性行政活动而是以公法上的契约为典型。”[②]

关于福利论和社会服务论的两篇论文的基本思想都渊源于我国台湾省学者林纪东的著作。我们认为，提倡福利论和社会服务论本身并没有什么不妥。但应当指出的是，提倡者在借鉴台湾省学者及国外学者的福利服务论时，作为一种行政法观念并没有找到根植于我国的理论基础，作为一种行政法的理论基础并不能说明行政法的适用范围。我们认为，为人民服务论将服务作为我国行政法的价值观念是科学的，但将服务作为我国行政法的理论基础也是难以界定行政法的适用范围等问题的。同时，上述服务论的共同不足是，在强调行政机关的服务时并没有强调相对人的合作，并没有真

---

① 应松年等：《行政法学理论基础问题初探》，载《中国政法大学学报》1983 年第 2 期；杨海坤：《中国行政法基本理论》，南京大学出版社 1992 年版，第 33—47 页。

② 郭润生等：《论给付行政法》，载《行政法学研究》，1994 年第 3 期。

正理顺行政权与公民权间的关系。

第三节 平衡论

一、平衡哲学

哲学上著名的平衡论，是由被列宁称为“党的最可贵和最大的理论家”布哈林提出的。在这里，我们将这一理论作一简单地介绍。

（一）社会与自然界之间的平衡

布哈林认为，“作为社会的环境的自然界”是具有某种平衡状态的，即具有生态平衡。社会与自然界之间，也存在着平衡状态，即“外在的平衡”：“人类社会只要存在，就需要从外部自然界汲取物质能量。没有这种汲取能量的过程，人类社会也就无法存在。人类社会从自然界汲取（并吸收）的能量愈多，就愈能适应自然界；只有在这方面数量有所增长，我们才能看到社会的发展。”①

他认为，社会与自然界之间的平衡是通过两者间的“物质变换”即生产劳动来实现的。“社会与自然界之间的‘物质变换’，我们是当作一个物质的过程来看待的。它之所以是物质过程，因为它涉及到的是物质的东西（劳动对象、劳动资料以及作为成果出现的产品，——这一切全是物质的东西）；另一方面，劳动过程本身就是生理能量（神经、肌肉等）的耗费，这种耗费在物质上表现为劳动者机体的运动。”②

他认为，社会与自然界之间的平衡是一种“动”的平衡。他说：“人与自然界之间的‘物质变换’，就是物质能量从外部自然界输送入社会；人的能量的耗费（生产），是从自然界汲取能量，而这一能量应当给予社会（社会成员之间分配产品），并由社会吸收（消费）；这一吸收则又是进一步耗费的基础，如此循环往复，再生产的轮子就是这样旋转不已。”③ “再生产过程是一个社会与自然界之间的平衡不断破坏和恢复的过程。”④

（二）社会内部的平衡

布哈林认为，“社会现象的相互联系、相互‘适应’是毫无疑义的，换言

① 〔苏〕尼·布哈林：《历史唯物主义理论》，李光谟等译，人民出版社1983年版，第119页。
② 同上书，第119—120页。
③ 同上书，第121页。
④ 同上书，第131页。

之，社会内部在它的各种要素之间、各个组成部分之间、不同种类的社会现象之间存在某种平衡，是毫无疑义的。”[①] 他把这种社会内部的平衡，称为“内在的平衡”。

他认为，社会的基本要素或结构有三种，即物、人和观念，它们分别存在于社会的经济结构、上层建筑和意识形态中。经济结构中的物主要是“技术装备”，人就是劳动者，观念就是劳动者的知识。上层建筑中的物是指武器、军需品等“技术装备”，人就是官吏和军警人员，观念则是指法律、命令等各种规范。意识形态中的物是指包括科学仪器在内的“技术装备”，人是指科学研究和精神建设人员，观念则是指各种系统化了的理论和思想。

他认为，社会内部的平衡，最基本的就是物、人和观念三个要素或结构之间的平衡。他说，“假如物的结构、人的结构和观念的结构不是互相适应的话，社会就无法存在。”[②] 这三者之间的平衡，归根结底是由属于生产力范畴的物决定的，进而分别决定了经济结构、上层建筑和意识形态的各自平衡。

他认为，经济结构的平衡决定着上层建筑和意识形态的平衡。他说，“既然存在着具有一定经济结构的社会，那么它的国家组织也就应该适合于它的经济组织；换句话说，社会的经济结构也就决定着它的国家政治结构。”否则，就意味着统治阶级从自己的手中丢掉了国家政权，整个社会就失去了平衡，革命到来了。“但是，除非在生产中也发生相应的变化，否则革命仍旧是不可能的。”[③] 总之，“社会政治上层建筑是由互相联系的各种要素组成的复合物。总的说来，它是由社会的阶级构造决定的，——而社会的阶级构造又以生产力即社会的技术装备为转移。它的一些要素直接以技术装备为转移（“军事技术装备”），而另一些要素则既以社会的阶级性质（它的经济）又以上层建筑本身的“技术装备”为转移（“军队的编制”）。由此可见，它的一切都直接或间接以社会生产力的发展为转移。”[④] 同样，意识形态也应与经济结构相适应，受经济结构的决定。

他认为，社会的平衡因生产力的发展变化而被不断的破坏和恢复。他指出：“社会变化的过程是与生产力状况的变化相联系的。这种生产力的运

---

① 〔苏〕尼·布哈林：《历史唯物主义理论》，李光谟等译，人民出版社 1983 年版，第 148 页。
② 同上书，第 150 页。
③ 同上书，第 171—172 页。
④ 同上书，第 176 页。

动以及与之相联系的各种社会要素的运动和重新组合，不外就是社会平衡的不断破坏及其恢复的过程。"[1] 生产力的发展，使社会失去了原有的平衡或者说破坏了原有的社会平衡，从而使人们不得不进行新的组合，达到新的社会平衡即恢复社会的平衡，以此循环往复。因此，社会发展史无非就是一种社会平衡的不断破坏和恢复的过程。

他认为，"社会平衡可以通过两种形式恢复：一种是通过社会整体的各种要素缓慢地(以进化方式)相互适应的形式；另一种是急剧变革的形式"即革命形式。这都是历史事实[2]。

他认为，实现社会平衡的主要条件是国家、法律、宗教和道德。他说，阶级社会的平衡"一定具有额外的平衡条件。一定具有某种能起维系各个阶级、不让社会分裂崩溃以致彻底瓦解的箍子作用的东西。国家便是这种箍子。这是用千丝万缕把整个社会缠绕起来并把他保持在自己的触须网里的一种组织。"[3] 一个社会的主要矛盾是阶级矛盾，"这就'要求'有强有力的调节者不时地抑制这种矛盾；我们知道，国家政权及其命令即所谓法的规范就是这样的调节者。"但是，仅仅靠国家和法的调节是不够的，还需要宗教、道德和习惯等。"这些规范就是制约人的体系的内在矛盾的平衡条件。"[4]

(三) 简评

我们认为，布哈林的"平衡论"是具有一定科学意义的。

"平衡"是指适应、稳定和秩序。"外在的平衡"，实际上就是人或社会对自然的适应；"内在的平衡"则是经济结构、上层建筑和意识形态间的相互适应。由于这种适应性的存在，人与自然、人与人之间就形成了一种稳定的联系和有序的状态。这实际上就是辩证法中的相对于运动而言的静止。因此，"平衡"作为一种状态，是指通过互相适应而形成的、稳定的秩序，而不是指各种力量的均衡和平等。力量的均衡和平等固然可以形成平衡状态，但非均衡和不平等同样可以形成稳定的秩序即平衡状态。统治和被统治的存在，就是力量不均衡、不平等的结果，但却有相应的秩序和平衡。并且，这种秩序和平衡的存在，在特定的生产力发展阶段都是合理的。

"平衡"本身就包含着矛盾。这就是人与自然、人与人之间适应与不适

---

① 〔苏〕尼·布哈林：《历史唯物主义理论》，李光谟等译，人民出版社 1983 年版，第 287 页。
② 同上。
③ 同上书，第 171 页。
④ 同上书，第 177—179 页。

应、稳定与不稳定、有序与无序之间的矛盾。导致和克服这一矛盾的力量都是生产力。这实际上就是辩证法中的对立统一规律。任何阶级在要求取得统治权时，总是主张和提倡对现有秩序的破坏或矛盾的斗争性，以实现符合自己需要的平衡；但在取得统治权后，则总是主张和提倡对现有秩序的维护或矛盾的同一性，以确保已经建立的平衡。在资产阶级革命时期启蒙思想家提倡“人权”和“自由”，而从资本主义进入垄断阶段以来资产阶级学者提倡“服务”与“合作”，就是明显的例证。事实上，尼·布哈林是在俄国无产阶级夺取国家政权的时候提出平衡论的。因为，秩序和平衡对人类社会是具有重要意义的。人是需要在这种有秩序和平衡的状态里生活的，社会也是需要在这种状态里发展的。

“平衡”是一种“动”的平衡，其形式是平衡——破坏——恢复，使平衡从低级发展到高级。这实际上就是辩证法中的质量互变规律和否定之否定规律。静止是相对的，只是运动的特殊形式。平衡和秩序，也是相对的，仅仅意味着社会的有序化发展。

总之，尼·布哈林的平衡论，虽过于机械，也被有的学者批评为“试图代替辩证法”的一种理论，但基本上是符合历史唯物主义和辩证法的，是历史唯物主义和辩证法的具体运用。

二、行政法上的平衡论

平衡论作为行政法的理论基础，是由我国以罗豪才教授为代表的部分行政法学者提出的，在我国已有与管理说相抗衡之势。平衡论的主要论点如下：

（一）平衡论的宗旨和任务

平衡论者认为，作为“行政法理论基础”的平衡论不同于“行政法的基本观念”，不是为了解决行政法与其他部门法之间、行政案件与其他案件之间的区别，不是为了解决行政法的适用范围问题；而只是试图“揭示和解决行政法本身具有的内在矛盾，并以此为基础建构行政法理论，进而指导行政法制实践”①，“旨在解析行政机关与相对一方的现实矛盾关系及其在法律上表现的权利义务关系”。② 具体地说，平衡论是为了准确把握立法、执法、司法三个法制环节各自的重心和平衡及各法制环节之间的制约和平衡，建立适

① 王锡锌等：《行政法理论基础再探讨》，载《中国法学》1996年第4期。
② 罗豪才等：《平衡论：对现代行政法的一种本质思考》，载《中外法学》1996年第4期。

应社会主义市场经济体制要求的新型“政府——企业”互动模式，真正实现民主价值和效率价值有机统一的政治制度和行政体制，即为我国的行政法制建设提供一种指导思想。同时，平衡论也是为了“全面、准确的认识现代行政法的本质和作用，从而可重构既符合世界行政法发展方向又具有民族特色的较成熟完善的行政法学体系”，既不能只注重行政组织法、行政作用法的研究，也不能认为行政法就是司法审查法[①]，即为我国的行政法学提供一个逻辑起点，行政法学体系应按这一理论基础重构，行政法范畴应按这一理论基础重新界定，行政法现象应按这一理论基础重新解释。

(二) 平衡是一个理论范畴

平衡论者认为，“平衡”是一个行政法学范畴，既指一种状态又指一种方法。

平衡论者认为，“作为状态的‘平衡’范畴的基本涵义是：行政机关和相对方以各自拥有的权利与对方相抗衡的状态。”[②]“平衡是对行政法关系主体的权利义务状态的一种概括。运作良好的法律状态(法律关系主体的权利义务状态)对于一个谋求公正、和谐的社会来说，是非常重要的。正如亚里士多德所说的，法应是使事物合乎正义的一个中道的权衡，维持事物的平衡是法律的本质所在。平衡应是法律的最优化状态，也应是行政法的最优化状态。”[③] 平衡状态的直接表现就是行政法内容即权利义务的平衡。“它既表现为行政机关与相对一方权利的平衡，也表现为行政机关与相对一方义务的平衡；既表现为行政机关自身权利义务的平衡，也表现为相对一方自身权利义务的平衡。平衡论也可称之为‘兼顾论’，即兼顾国家利益、公共利益与个人利益的一致。不论哪一方侵犯了另一方的合法权益，都应予以纠正。”[④] 平衡论者承认，行政主体和相对人在特定阶段的行政法关系中，权利义务是不平衡的。“这种非平衡性不仅表现为实体法上行政主体与相对一方不平衡，还表现为程序上二者不平衡以及司法审查关系中原被告权利义务不平衡三种主要态势”。[⑤] 其中，“在行政实体法关系中，法律承认行政权

---

① 罗豪才等：《平衡论：对现代行政法的一种本质思考》，载《中外法学》1996 年第 4 期；《行政法的“平衡”及“平衡论”范畴》，载《中国法学》1996 年第 4 期。

② 罗豪才等：《行政法的“平衡”及“平衡论”范畴》，载《中国法学》1996 年第 4 期。

③ 同上。

④ 罗豪才等：《现代行政法的理论基础》，载《中国法学》1993 年第 1 期。

⑤ 王锡锌等：《行政法性质的反思与概念的重构——访中国法学会行政法研究会总干事、北京大学副校长罗豪才教授》，载《中外法学》1995 年第 3 期。

具有公定力，由行政机关优先实现一部分权利以保证行政管理的效率，形成不对等的法律关系”。“行政程序法律关系是一种相对方的一部分权利优先实现，而行政机关的一部分权利同时受到一定限制的关系”，因为“行政程序是制约行政实体权力的重要机制”。“在监督行政法律关系中，监督主体和被监督主体（主要是行政机关）之间的权利义务也是不对等的”，在举证责任和起诉权等方面是以相对方为主导地位的。① 但是，行政主体和相对人的“权利义务在总体上应当是平衡的”，这种平衡是通过“倒置的不平衡”来实现的。② 也就是说，从行政的全过程上看，行政程序法律关系和监督行政法律关系的不平衡，是行政实体法律关系的不平衡的倒置。“通过这种倒置，行政主体与相对一方关系在全过程上趋于平衡。”③ 事实上，也正是因为存在着不平衡，才需要实现平衡。如果没有阶段性的不平衡，就不需要去平衡。

平衡论者认为，平衡范畴不仅是指一种状态，而且同时又是“实现行政法最优化状态的一种方法。由于行政法的最优化状态不可能自然生成，这就需要人们能动地采用一定的方法去实现这种状态。平衡，包括利益平衡等便是实用而有益的行政法方法。”④ “‘平衡’范畴除了用以表示行政法的状态外，同时也被用来建立一种新的行政法方法论，即以平衡的方法处理行政机关和相对方之间权利义务关系的理论。平衡理论可以用于行政的立法、解释及适用的领域。”⑤ 也就是说，有关国家机关在制定行政法规范的时候，就应考虑公共利益与个人利益之间的平衡，以便使行政法规范体现这种平衡精神；在适用行政法规范时，还应考虑公共利益与个人利益之间的平衡，以便在个案中真正保持平衡。在对行政法现象进行解释时，也应考虑公共利益与个人利益之间的平衡，以便真正把握行政法的平衡精神。

（三）平衡状态的实现

平衡方法到底是怎样实现平衡状态的呢？权利与权力的相抗衡，即行政主体与相对人以各自拥有的权利与对方相抗衡。平衡论者认为，这种互相抗衡，在行政程序法律关系中是通过不断扩大相对人的参与权来实现的，

---

① 罗豪才等：《行政法的“平衡”及“平衡论”范畴》，载《中国法学》1996年第4期。

② 罗豪才等：《现代行政法的理论基础》，载《中国法学》1993年第1期。

③ 王锡锌等：《行政法性质的反思与概念的重构——访中国法学会行政法研究会总干事、北京大学副校长罗豪才教授》，载《中外法学》1995年第3期。

④ 罗豪才等：《行政法的“平衡”及“平衡论”范畴》，载《中国法学》1996年第4期。

⑤ 同上。

对行政实体法律关系是通过监督行政法律关系来实现的。然而，相对人对行政的监督行为并不具有否定行政行为的法律效力。于是，平衡论者又不得不借助于立法权和司法权来论证监督行政法律关系。平衡论者指出："分析行政法的调整对象，我们可以看到三大社会关系：行政机关和相对人；行政机关和立法机关；行政机关和司法机关。可是如果我们细加考察，三大社会关系都可以归结为行政机关和相对人的关系。"[①] 因为，处于对行政机关进行事前立法约束和事后监督关系中的立法机关，是由相对人选举并向相对人负责的，是相对人与行政机关关系的中间环节；处于对行政机关进行司法审查关系中的司法机关，是由相对人的代表机关即立法机关组织起来并向立法机关负责的，是应相对人的起诉而进行司法审查的，也是相对人与行政机关关系的中间环节。也就是说，在行政实体和程序关系中，行政机关与相对人之间的关系是一种直接的关系；在监督行政关系中，行政机关与相对人之间的关系是一种间接关系。对行政实体法关系中行政主体违法或不当的意思表示，相对人就是在监督行政法关系中，通过立法机关和司法机关这两个中间环节来否定或排除的，通过立法权和司法权与行政权的抗衡来实现平衡的。

（四）平衡论作为理论基础

平衡论者认为，平衡论既是行政法的理论基础，又是行政法学的理论基础。

作为行政法的理论基础，平衡论是革新传统行政法观念，指导行政法实践的理论武器。[②] 它是指导行政法制建设沿着正确轨道发展的基本理论，可以正确地处理好立法、执法和诉讼三大环节中行政主体与相对人之间的权利义务关系和民主与效率关系。它是推动社会主义市场经济体制建立的正确理论，可以革除计划经济体制下按"管理论"建立的陈旧法制，建立适应社会发展的新行政法制。[③] 也就是说，行政法体系的安排，行政法内容的规定，行政法机制的设计，都应当在平衡论这一理论基础的指导下进行。

作为行政法学的理论基础，平衡论是指导行政法研究和教学工作的基本理论。也就是说，行政法学的体系应当按照平衡论关于"行政法律关系

---

① 沈岿：《试析现代行政法的精义——平衡》，载《行政法学研究》1994 年第 2 期。

② 参见陶鹏：《简析现代行政法的理论基础》，载罗豪才主编：《现代行政法的平衡理论》，北京大学出版社 1997 年版，第 153 页以下。

③ 罗豪才等：《现代行政法的理论基础》，载《中国法学》1993 年第 1 期。

——监督行政法律关系”来安排，行政法学范畴应当按照权利义务平衡观念加以重新概括，行政法现象应当按照平衡论来说明，公共权力论、控权论和管理论等陈旧的行政法观念也需要由平衡论来革新。行政法史就是一部平衡史。古代行政法本质上是“管理法”，置行政机关于相对人之上，行专制而无民主，强调行政权而漠视相对人的权利。近代行政法不论是否贴有控权的标签，从总体上说都是“控权法”，以保护公民权利为重心，以防止行政专横为目的，以牺牲效率为代价换取了民主。现代行政法则是平衡法，既应维护行政权威和效率，又应保障公正和民主。因此，“行政法的发展过程就是行政机关与相对一方的权利义务从不平衡到平衡的过程”[①]。

（五）平衡论自身的理论基础

平衡论的事实基础是公共利益与个人利益的对立统一关系。平衡论者认为，公共利益与个人利益应当协调一致。“邓小平同志曾指出：‘违反集体利益而追求个人利益，违反整体利益而追求局部利益，违反长远利益而追求暂时利益，那么，结果势必两头都受损失。民主和集中、权利和义务的关系，归根结底，就是以上所说的各种利益的相互关系在政治上和法律上的表现。’邓小平同志关于权利义务关系是各种利益的相互关系在法律上的表现的论断，以及对各种利益的相互关系，必须坚持统筹兼顾的论断，对我们理解行政法的性质，具有指导意义。从上述意义上看，现代行政法实质上应是平衡法，平衡是现代行政法的基本精神。”[②] “公共利益和个人利益之间关系的内核是：平衡”，顾此失彼都是危险的[③]。公共利益与个人利益关系在行政管理中，也就是“行政关系和对行政的监督关系”。这一关系的核心是“行政权——相对人权利关系”[④]，也是一种对立统一关系。这就是，行政权对公共利益的维护也是对个人权利的尊重，但行政权的滥用却是对个人合法权利的侵犯；相对人既有尊重行政权的可能，也有破坏行政权威的可能。

利益必须得到协调，否则社会就不可能发展和进步。根据法应与经济基础相适应的哲学原理，平衡论认为，法作为利益协调的调控手段必须体现

① 前引罗豪才等文；罗豪才等：《行政法的“平衡”及“平衡论”范畴》，载《中国法学》1996 年第 4 期。

② 王锡锌等：《行政法性质的反思与概念的重构——访中国法学会行政法研究会总干事、北京大学副校长罗豪才教授》，载《中外法学》1995 年第 3 期。

③ 沈岿：《试析现代行政法的精义——平衡》，载《行政法学研究》1994 年第 3 期。

④ 王锡锌等：《行政法性质的反思与概念的重构——访中国法学会行政法研究会总干事、北京大学副校长罗豪才教授》，载《中外法学》1995 年第 3 期；罗豪才《行政法之语义与意义分析》，载《法制与社会发展》1995 年第 4 期。

平衡并去实现平衡。[①] 平衡论者认为，现代社会是法治社会。行政主体与相对人之间的对立统一关系也必须用法律即行政法来调整。并且“任何国家机关、组织和个人在法律面前一律平等，无论哪一方的行为都应受到法律制约，法治原则对行政机关和相对一方均适用。”[②] 这就要求或决定行政法既应防止行政权侵犯相对人的合法权益，又应防止相对人破坏行政权威；既应将行政权限制在一定范围内，又应保护该范围内行政权的行使。“正是基于上述认识，我们提出：现代行政法既不是管理法，也不是控权法，而是保证行政权与公民权处于平衡状态的平衡法。”“讲平衡，正是由于存在不平衡；存在不平衡，便要实现平衡。”[③] 行政法实质上就是“调整行政关系及基于此而产生的监督关系的原则和法律规则的体系”的平衡法。[④]

三、基本评价

我们认为，以罗豪才教授为代表的行政法学者所提出的“平衡论”，是对我国行政法基本理论的一种有益探索。无论这种思考的结果本身如何，都反映了我国行政法学已从规范分析进入理性思考的阶段，对我国行政法学研究的深化和人文精神的弘扬，都是具有重要意义的。从这一意义上说，“平衡论”的意义已经超出了“平衡论”本身，“平衡论”的目的和作用已经达到。同时，我们也认为，平衡论本身存在着重大的理论缺陷，是不能作为我国行政法的理论基础的。[⑤]

（一）平等与一致

“平衡”是一个具有模糊性的概念。从布哈林的平衡论上看，“平衡”则是指协调、有序的秩序，与“一致”同义。平衡论中的“平衡”，显然不是指协调一致的秩序。因为，如果是指一致，公共权力论、管理论和控权论等也是能达到的，即命令与服从、权力与控制关系也是一致关系，那么就不需要平衡论了。根据《现代汉语词典》的解释，“平衡”是指“对立的各方面在数量或

---

① 参见陶鹏：《简析现代行政法的理论基础》，载罗豪才主编：《现代行政法的平衡理论》，北京大学出版社1997年版，第149页。

② 罗豪才等：《现代行政法的理论基础》，载《中国法学》1993年第1期。

③ 同上。

④ 王锡锌等：《行政法性质的反思与概念的重构——访中国法学会行政法研究会总干事、北京大学副校长罗豪才教授》，载《中外法学》1995年第3期。

⑤ 对此，笔者曾发表过《行政法的理论基础问题研究》一文（载《法学评论》1997年第5期），对平衡论作过批评。现在看来，某些批评意见，如“平衡论没有从行政法所赖以存在的客观基础来解释行政法现象”等，是不正确的。笔者对此应作自我批评，并向平衡论者深表歉意！

质量上相等或相抵”，或者“两个或两个以上的力作用于一个物体上，各个力互相抵消，使物体成相对静止状态”。从这一意义上说，“平衡”是指相等或相当，也就是亚里士多德所说的“平等”。从平衡论对“平衡”范畴的解释来看，基本上就是指平等。然而，正像本书所已经指出的那样，要在公共利益与个人利益之间、行政主体与相对人之间实现这种平等，是不可能的。行政主体的意思表示具有肯定或否定相对人意思表示的效力，但相对人并不具有肯定或否定行政主体意思表示的效力。

（二）平衡与控权

行政主体与相对人之间在地位、权利和意思表示的效力上，都是不平等或不对等的。要在他们之间实现平等，只能通过相互抗衡来实现，尤其是通过不断控制行政权、扩张个人权来实现。这样，平衡论就没有跳出公共权力论、管理论和控权论的圈子，最多是对它们的一种折衷。并且，这种折衷的“二元论”或“兼顾论”，最终仍滑向了控权论。控权论者之所以讲控权，也就是因为看到了行政权对公民个人权利的巨大控制作用。控权论者讲控权，也并不是要把行政权控制到不能履行行政职能的程度，而是要把行政权控制在法定范围之内。平衡论者针对不平等讲平等，实质上讲的就是控权论。如果我们按平衡论来“重构既符合世界行政法发展方向又具有民族特色的较成熟的行政法学体系”① 和行政法体系，则实质上只能是一种控权法学体系和控权法体系。

（三）宪法与行政法

平衡论者认识到，在行政法本身的逻辑体系内，行政主体与相对人之间的平等是无法实现的，因而只能借助于立法权和司法权。然而，正像本书所已经指出的那样，立法机关和司法机关与行政机关之间的关系，是一种整体利益与整体利益之间的关系，公共利益代表者相互间的关系，以及公共利益的代表者与享有者集体间的关系，是一种宪政关系。在与立法机关的关系中，“公民”是一个集合概念，而不是作为个体的相对人。作为一个集体的“公民”即公民群体与立法机关的关系，也是一种宪政关系。因此，平衡论对行政法上的不平等（行政主体优于相对人）实际上是用宪法上的不平等（人民主权）来平衡或实现的。但是，这在理论上是不正确的，没有注意宪法与行政法的应有界限，混淆了两种不同性质的法律规范。

---

① 罗豪才等：《平衡论：对现代行政法的一种本质思考》，载《中外法学》1996年第4期。

（四）平衡和调整

我们认为，平衡论所说的平衡方法，其实就是利益平衡、权衡、协调或估价，就是法学上所说的对利益关系或社会关系的调整功能。这是任何部门法都具有的一种功能，任何部门法都是社会的调整器或平衡器，而并不是行政法所特有的功能。更何况平衡不仅是法的特有功能，而且也是宗教、道德和习惯等一般社会规范的功能。它们和法一样，都具有平衡社会关系或恢复社会平衡的作用。[①] 并且，平衡论者也并没有具体说明行政法的平衡功能与其他部门法以及其他社会规范的平衡功能有什么本质的区别。其实，行政法的功能在本质上是以"效率优先、兼顾公正"为原则，而宪法、民法的功能在本质上却是以"公正优先、兼顾效率"为原则的。

（五）理论基础与基本观念

我们在绪论里已经讨论过行政法的理论基础与基本观念的关系。如果这种讨论能够成立的话，那么平衡论最多也只能是一种行政法基本观念或人文精神方面的理论，而不是行政法的理论基础。因为它没有、根据平衡论的宗旨它也不愿意解决行政法的适用范围，即公法和私法、行政法与宪法之间的界限问题，以及案件的性质和不同性质案件的司法管辖问题。然而，平衡论能否作为行政法的一种科学的基本理念，也是值得讨论的。这是因为，一方面，它并不是以全部的行政法现象为素材提炼出来的理念。而是以行政法和宪法现象为素材提炼出来的观念。另一方面，当代社会的主流并不是冲突、斗争和抗衡，利益一致、相互合作、信任与沟通才是当代社会的人文精神。平衡论把人性恶和权力滥用视为必然，并以此为出发点来提倡行政主体与相对人之间的相互抗衡。这样的行政法治观念，不过是一种落伍的19世纪行政法治观念，是不值得我们提倡的。

---

① 参见〔苏〕尼·布哈林：《历史唯物主义理论》，李光谟等译，人民出版社1983年版，第177页以下。

第八章　行政法的精神与实践

——行政法的新阐释

第一节　行政处罚听证的原则①

一、行政处罚观念的转变

行政处罚与行政法具有同样悠久的历史,也是众多行政行为模式中的一种典型模式。现在人们所熟悉的行政行为范畴,就是根据行政处罚等而锤炼出来的概念性工具。然而,不同时代的人们对行政处罚有着不同的认识和价值判断。

在传统行政法上,作为行政权组成部分的行政处罚权与立法权和司法权一样,来源于被拟制为抽象人格主体的、类似于君主的国家或"人民"。也就是说,行政处罚权并不完全来源于运用立法权所制定的法律,因而行政处罚权的运用也不能完全受法律的约束,甚至可以用侵害公民自由的方法来维持社会秩序。尽管传统行政法也讲"法治",但当权力与法律相冲突时,法律并不是绝对或最终权威。这种观念在我国根深蒂固,并曾经非常普遍。但在现代行政法上,行政处罚权只能来源于法律,并且行政处罚权的行使必须符合法律。我国《行政处罚法》明文规定了行政处罚的种类及其设定,行政处罚的主体及其资格,行政处罚的适用及其程序,严格禁止法外处罚,充分体现了现代行政法的精神。

在传统行政法上,政府与公众的关系是一种命令与服从关系,行政处罚被当做一种主权者的命令,被处罚人最多只能获得这个命令的一个最后通知。在我国,管理与被管理的观念就是上述观念的翻版。但在现代行政法上,政府与公众间的关系却是一种服务与合作关系,行政处罚是政府在公众的参与下所作的为社会提供安定秩序的服务行为。也就是说,行政执法主体已经不能再像以前那样,要求被处罚人来接受已作的处罚决定,而应当在

---

① 本节的第一部分内容,曾以《为了法律价值的实现》为题发表于 1998 年 3 月 18 日的《长江日报》上,其他部分的内容则曾以《行政处罚听证的原则》为题在 1997 年 9 月上海的行政处罚听证研讨会上宣读,并发表于《河北法学》1998 年第 6 期。

作出处罚决定以前给予被处罚人参与处罚的机会。这种参与表现为:行政执法主体应向被处罚人证明所拟处罚决定的合法性;被处罚人有权对证明予以反驳,并提出修正意见,要求行政执法主体采纳。这样,最终的处罚决定已经不仅仅是行政执法主体单方面的意志或"命令"了。我国《行政处罚法》第32条、第42条所规定的当事人的陈述权、申辩权和听证权,就体现了现代行政法的这种精神。

在传统行政法上,政府与公众之间是一种对抗关系,因而行政处罚往往是在保密状态下非程序化的突然袭击。但在现代行政法上,政府与公众之间却是一种相互信任与沟通的关系,政府是一个开放的非武断的政治体系。因此,公开化已经成为行政处罚的一个重要原则,透明度也是衡量行政民主的重要标志。被处罚人完全有权直接或委托律师与行政执法主体平等地讨论本案的事实认定和法律适用,完全可以通过法定处罚程序预测到行政执法主体可能作出的行政处罚,对违法或不当的行政处罚也有得到补救或消除的、可供选用的法律机制。我国《行政处罚法》正是这种精神的体现。

诸如此类的新观念和新精神已体现在《行政处罚法》中,当前的任务就是将其付诸实践和行动。我们的行政执法实践也必须把握这样的新精神,从而充分实现法律的价值。

二、职能的内部分离原则

随着行政民主化的进程,借鉴司法程序从而使"裁决中立"化或使调查、听证和裁决职能得以分离已成了一种趋势。[①] 从理论上说,职能的分离有内部分离和外部分离两种。职能的内部分离,是指调查、听证和裁决由行政主体内部的不同机构或人员来实施,又可称为职能的相对分离。职能的外部分离,则是指调查、听证和裁决分别由多个独立的行政主体或组织来实施,也称为职能的完全分离。虽然在国外行政法学上早就提出了职能完全分离的主张,但这种分离的实例至今仍属例外,实践中所普遍采用的仍只是职能的内部分离。[②] 我国《行政处罚法》第42条规定,"听证由行政机关指定的非本案调查人员主持";第43、38条规定,行政处罚决定由行政机关首长作出。这些规定,充分体现了听证与其他职能的内部分离原则。

---

① 参见罗传贤:《行政程序法基础理论》,台湾省五南图书出版公司1993年版,第230页。

② 王名扬:《美国行政法》(上),中国法制出版社1995年版,第437—444页;〔日〕南博方:《日本行政法》,杨建顺等译,中国人民大学出版社1988年版,第80、84页;《日本行政程序法》第19条。

介于职能的内部分离和外部分离之间，还有一种形式就是委托听证。委托听证，就是行政机关委托有关社会组织或专家对特定问题举行并主持听证，然后向委托机关提出听证报告的听证制度。[①] 从《行政处罚法》第42条第4项的规定上看，除了本案的调查人员外，任何人员经行政机关指定，都可以成为听证的主持人。也就是说，我国在立法上并没有排除委托听证。这样，尽管听证程序的法律主体仍然是委托机关，听证的法律效果仍然由委托机关承受，但组织、指挥听证活动和判断证据中所体现的意志，毕竟不是委托机关本身的意志；行政机关作为听证程序中的一方当事人，与相对人一样都应服从听证主持人的组织和指挥；双方当事人所举证据的真实性和所述事实的客观性，都应当由听证主持人来判断。但是，委托听证与职能的外部分离一样，在实践中并不是行政处罚听证的主要形式。

职能的内部分离原则渊源于自然正义规则和分权学说。自然正义规则要求：任何人都不能成为自己案件的法官，任何人的辩解都必须被公正地听取。分权学说也要求，权力的分别行使和相互制约，以保障民主和自由。但是，传统的自然正义规则和分权学说，到了20世纪已被赋予了新的含义。那就是：公正不能妨碍效率，或者说行政公正应当以社会公正为前提。分权学说的重点已不是相互防范和制约，而是相互信任和合作。[②] 在行政领域，效率尤为重要，并且效率意味着公共利益。职能的完全分离，就不利于合作，就会影响效率。因此，行政处罚的调查、听证和裁决职能就必须以职能的内部分离为原则，以职能的外部分离和委托听证为例外。并且，职能的外部分离也应当以信任和合作为保障，不至于发生摩擦为前提[③]；委托听证的产生也是因为它并不影响效率。

职能分离原则不仅仅是听证的组织原则，而且是一个指导听证实施的原则。我们在行政处罚的听证中，就应把握这个原则的精神即分工与合作。分工，要求在调查、听证和裁决三种职能分别由不同人员实施的同时，还应保持听证主持人员的相对独立地位。这既要求有相应的法律规范和制度加以保障，也要求听证主持人在听证中努力坚持，如在听证前不单独与调查和裁决人员接触等。合作，要求各职能的实施人员排除非正常因素，避免相互摩擦，更不能相互拆台或设置障碍，要为共同的目的即事实清楚和适用法律

---

① 参见叶必丰：《行政程序中的听证制度》，载《法学研究》1989年第2期。
② 参见林纪东：《行政法》，台湾省三民书局1988年版，第50页。
③ 王名扬：《美国行政法》（上），中国法制出版社1995年版，第441页。

准确而努力。

三、意思先定原则

在大陆法系法学上,作为法律行为的行政行为是一种行政主体旨在与相对人形成权利义务关系的意思表示。这种意思表示具有先定力,即行政主体不需要像民事主体那样与相对方当事人协商一致来设定权利义务,无需相对人同意、接受等意思表示就可以以自己单方面的意思表示直接来设定权利义务,相对人的意志却不能否定、漠视或拒绝行政主体的意志。行政主体的意思先定,在我国行政法学上也称为行政行为、行政法律关系的单方面性或行政行为的先定力。它是一种对相对人而言的效力,是行政主体对相对人的一种意志支配力,并且是行政法规范赋予的行政行为形成过程中所具有的一种法律效力。

本来,行政处罚行为是意思先定的典型。但是,随着新行政法精神的导入和行政程序的法制化,特别是作为行政程序法和自然正义核心的行政听证程序[①] 的建立,使得相对人有机会参与作行政处罚的意思表示,可以与行政主体的调查人员平等地讨论证据的真实性、事实的客观性和适用法律的准确性,因而行政处罚行为已不仅仅是行政主体的意志。不过,听证程序的建立和实施,并没有改变行政处罚的先定力。这是因为,不论职能如何分离和相对人的意志怎样,主持听证的法律主体仍然是行政主体,证据是否真实、事实是否客观的最终认定权以及在此基础上的法律最终适用权仍然属于行政主体。除了职能完全分离的情形外,这个行政主体就是听证程序中的一方当事人,或即将与相对人形成权利义务关系的一方当事人。这种最终认定权和适用权不会属于相对人,也不会属于双方当事人以外的作为第三方的司法机关。因此,相对人的参与并不能阻碍行政意志的形成、否定或拒绝行政主体的意志,并没有改变行政处罚行为作为单方行为的性质,并没有使行政处罚行为成为一种双方行为。

从行政处罚的先定力和听证的关系上说,我们在行政处罚的听证中必须避免两种误解。一种观点认为,听证等行政程序制度可以使公民"抗衡行政机关的执法权力,调和其与行政机关法律地位不对等造成的巨大反差"[②]。

---

① 参见罗传贤:《行政程序法基础理论》,台湾省五南图书出版公司 1993 年版,第 17、47 页。

② 罗豪才等:《现代行政法的理论基础》,载《中国法学》1993 年第 3 期;参见王锡锌:《行政程序立法思路探析》,载《行政法学研究》1995 年第 2 期。

我们认为,行政行为的先定力与行政主体的优位是一个问题的两个方面。后者是前者的前提,前者是后者的体现。如果没有行政主体的优位,也就没有行政行为的先定力。我们尽管不能武断地认为上述观点是一种否定行政行为先定力的观点,但却可以说是对听证等程序的一种误解。我们认为,相对人在程序上的参与,确实能影响行政主体的意思表示,但却是有限的。在听证中,行政主体与相对人的地位并没有实质性改变,相对人的意志只有在为行政主体所接受、采纳时,才能体现在行政行为中。这种接受和采纳并不是相对人强制的结果,而是出于行政主体的自愿,并且为行政主体的意志所吸收后就成了行政主体本身的意志。我们同时认为,听证的设立和实施,也能使行政主体的意志影响相对人的意志,即能够用与公众讨论的方法来说服或指导相对人自觉接受行政意志,弱化容易导致对立的强制。① 双方意志的相互影响,是以行政意志影响相对人意志为主要方面的。通过这种相互影响,使最终形成的行政行为具有公正性、准确性、可接受性和效率性。② 还应当指出的是,我们在讨论这种相互影响时,不能运用 19 世纪的以对立和制约为核心的法治理论,而应当运用 20 世纪以来的以信任和合作为核心的法治理论。行政处罚中的听证,其实就是相对人对行政主体全面查清事实、准确适用法律的一种合作,也是行政主体对相对人的一种尊重,旨在建立双方之间的信任关系。③ 因此,使相对人与行政主体的意志相抗衡,并不是设置听证等程序制度的目的。另有一种观点,就是把行政行为的先定力误解为行政主体可以专横和武断。如果这种偏见得以存在和流行,那么行政处罚中的听证制度将流于形式,行政法治的成本将得不到回报。其实,听证等程序制度作为"一个非武断的政治体系"④,是对 19 世纪只注重结果即行政行为的形式法治的重大变革和发展,是 20 世纪最重要的行政法治成果之一。它的主要功能之一,就是在意思先定的前提下,充分尊重相对人的意志,更为全面、客观和合理地作成行政行为。因此,我们强调意思先定,并不意味着行政主体可以专横和武断。

---

① 〔日〕南博方等:《日本行政诉讼法》,蒋永春等译,西南政法学院司法行政教研室 1987 年版,第 12 页;罗传贤:《行政程序法基础理论》,台湾省五南图书出版公司 1993 年版,第 20 页;杨惠基:《试论听证程序》,1997 年海峡两岸行政程序法学术研讨会论文。

② 参见叶必丰:《行政法学》,武汉大学出版社 1996 年版,第 125—127 页。

③ 参见洪家殷:《行政程序之基本制度——以行政处分为中心》,1997 年海峡两岸行政程序法学术研讨会论文。

④ 罗传贤:《行政程序法基础理论》,台湾省五南图书出版公司 1993 年版,第 20 页。

总之,我们应当将听证程序置于行政处罚的总框架内来加以认识。

四、司法规则准用原则

听证程序是借鉴司法程序建立起来的,行政处罚的听证程序与一般的听证程序相比又更接近于司法程序,因而许多司法规则在听证中也是可以适用的。

某些司法规则已经为《行政处罚法》所采用,成了法定的听证规则,如公开规则、回避规则、代理规则、控诉和辩护规则、举证和质证规则、笔录规则等,在听证中应予适用。某些司法规则在《行政处罚法》中未予规定,但在听证中也是可以适用的,如参加人规则、妨碍听证的强制措施规则、证据规则等。但是,已经规定采用的司法规则在规定上毕竟比较简单,在听证中如何运用就需要相应的原则;没有规定采用的司法规则到底如何适用,更需要相应的原则。这个原则,我们可以称为司法规则准用原则。“准用”,意味着对司法规则可以适用,但不能完全套用。这是因为,行政程序有自己的特点和效率上的要求,听证规则应当更具灵活性。这也是听证实施较早的美国的一条经验。[①]

行政处罚的听证,类似于刑事司法但又不同于刑事司法,因而就不能单纯采用刑事司法规则。同时,听证所要解决的是个人利益与公共利益之间的纠纷或冲突,不同于民事司法所要解决的个人利益与个人利益之间的纠纷或冲突。因此,在听证中就要根据需要,灵活地采用刑事司法和民事司法规则。例如,听证当事人在听证中尽管处于类似于刑事司法中犯罪嫌疑人或被告人的被控地位[②],但却不能完全按犯罪嫌疑人或被告人的地位认定,而应给予其某种民事司法当事人的地位。代理人的代理权限,也宜适用民事代理人的代理权限规则。对受违法行为侵害的人,尽管所作陈述可以作为证据,也不宜适用刑事司法规则而认定为听证中的证人,应适用民事司法规则将其认定为第三人,以便与作出行政处罚行为后其所具有的法律地位相一致。

行政处罚的听证,应根据行政特点来决定司法规则的采用及其运用,而

---

① 参见王名扬:《美国行政法》(上),中国法制出版社 1995 年版,第 468—470 页;张剑寒:《行政程序法中听证制度之研究》,载吴经熊等:《中国法学论著选集》,台湾省翰林出版社 1976 年版,第 209—210 页。

② 参见《奥国行政处罚法》,第 32 条第 1 项。

不能完全或全部套用司法规则。例如,听证程序的当事人经合法通知而不到场的情形,在刑事司法中是不存在的;在民事司法中,对被告是按缺席审判处理的,对原告是按撤诉处理的。在行政处罚的听证中,类似于原告的控诉人是行政主体(具体实施者是调查人员),在不到场时就不能按撤销控诉处理,而宜按缺席听证处理,否则就不利于公共利益的维护。同时,类似于被告的相对人,在不到场时就不能按缺席听证处理,而应当认定为"未提出听证要求"即放弃听证权,取消听证[①],因为要求听证是相对人的一项可抛弃的权利,听证的举行应基于相对人的请求。但是,当事人或参加人仍有权根据《行政处罚法》第 32 条的规定向行政主体提供书面意见。又如,行政主体对在执行公务中所知悉的事实,根据各国的经验,无需证据证明;在一定条件下,对事实可适用推定。[②] 根据意思先定原则,事实的认定权属于行政主体;行政主体对事实的认定不受当事人所提供证据的约束。[③]

我们强调这一原则的目的,是为了在法律对行政处罚听证程序的规定还不够详细和具体的情况下,有足够可供操作的规则,又不受这些司法规则的严格约束。

五、技术性审查原则

听证是一种审查活动。听证主持人在当事人的参与下,通过当事人对调查人员所提供证据的质辩,也通过调查人员对当事人所提供证据的质辩,来审查证据的真实性和事实的客观性;通过调查人员和当事人对适用法律的质辩,来审查适用法律的准确性。这种审查,实质上是审查当事人是否违反了法律、侵犯了公共利益,是否应当受到相应的制裁。因此,听证区别于调查和裁决。听证主持人在听证中,只能审查调查人员或当事人的证据是否真实、主张能否成立,而不能在调查人员或当事人所提供证据不真实、主张不能成立时直接代为取证;只能对本案的事实认定和法律适用提出建议或意见,而不能直接作出裁决。

听证审查又是一种技术性审查。行政主体要形成一项有效的意思表示,行政处罚的作出,随着社会的日益复杂,已日益成为一种技术性活动。

---

① 参见《日本行政程序法》第 23 条第 1 项;台湾省《行政程序法草案》第 73 条第 7 项。

② 参见王名扬:《美国行政法》(上),中国法制出版社 1995 年版,第 472—473 页;《奥国行政手续法》第 45 条第 1 项;澳门《行政程序法典》第 83 条第 2 项。

③ 参见《联邦德国行政程序法》第 24 条第 1 项;台湾省《行政程序法草案》第 55 条。

听证就是对所提供证据进行去粗取精、去伪存真的加工活动,是对作为事实活动的调查工作的技术把关,从而为作为法律活动的裁决提供科学依据,并使裁决建立在科学的基础之上。因此,作为技术性审查的听证,并不能代替行政首长的法律审查。我国《行政处罚法》第43条和第38条明文规定,听证结束后,行政首长应对调查结果和听证结果进行审查,然后作出处罚决定。也就是说,行政首长应审查听证结果是否真正客观真实、科学准确;如果行政首长认为该听证结果并不客观真实、科学准确,就可以根据自己的审查结论作出裁决或要求重新进行调查和听证。听证结果对行政首长并没有拘束力[①],对当事人也没有拘束力。

从听证是一种技术性审查这一意义上说,有一种观点是值得商榷的。该观点认为,行政处罚的听证是对公共利益与个人利益的衡量。[②] 行政处罚中听证制度的建立,确实体现了公共利益与个人利益的一致性原则。但这是听证的上位属原则,即听证是按照公共利益与个人利益的一致性原则来建立的。听证本身却只是对当事人是否违法追求个人利益即侵犯公共利益的一种审查,不存在对个人利益与公共利益的衡量或取舍;作为一种技术审,也不能进行这种衡量或取舍,只有行政首长的法律审和裁决才能作这种衡量或取舍。当然,在非行政处罚的听证程序中,如在行政许可的比较听证中,也许会有这种利益衡量。

第二节　增进服务与合作　加强行政执法[③]

一、正确的法律观念

(一)行政机关与相对人关系的性质

从世界范围看,行政法治从萌芽到现在不过两个世纪的时间。19世纪的哲学与18世纪一样,强调社会矛盾的斗争性,认为行政机关与相对人之间的关系是一种命令与服从的对抗关系。然而,20世纪的哲学却有不同的

① 参见张剑寒:《行政程序法中听证制度之研究》,载吴经熊等:《中国法学论著选集》,台湾省翰林出版社1976年版,第213—215页。

② 王周户等:《行政听证制度的法律价值分析》,载《法商研究》1997年第2期;罗传贤:《行政程序法基础理论》,台湾省五南图书出版公司1993年版,第67页。

③ 本节系1997年11月在南京召开的"全国副省级城市第十一次法学理论研讨会"交流论文,并被本次会议评为"优秀论文";后经修改发表于《武汉法学》1998年第2期,并获武汉市社联优秀社会科学成果二等奖。

价值取向，强调了社会矛盾的统一性，从而行政法治观念也发生了根本性变革，认为行政机关与相对人之间的关系是一种服务与合作的信任关系。法国法学家狄骥的社会连带主义法学，奥地利和德国学者的利益法学，德国当代学者的团体主义思想，美国法学家庞德为代表的社会实证主义法学，都论证了这种服务与合作的信任关系。①

然而，在20世纪即将过去的我国，却仍然固守着19世纪的行政法治观念，把行政机关看成是行政管理机关或"天生"的不讲法、不守法和专横、武断的代表，从而形成了行政法学上所谓的"管理论"或"控权论"等。我们认为，尽管西方学者强调的服务与合作关系，在本质上是一种鼓吹"阶级合作"、稳定社会关系，为垄断资本主义服务的理论，但却揭示了这样一个真理：一个阶级在已经取得政权后，不应再强调人们之间的对立而应强调信任与合作。只有这样，政权才能巩固，社会才能稳定。西方学者摸索了一个世纪才认识到这点。我们已经经过了半个世纪，不应再去花更长的时间认识这一真理。我们必须尽快确立这种正确的行政法治观念，即行政机关的职责是为相对人提供服务，而相对人对这种服务应给予配合和合作；行政机关应信任相对人的配合和合作，相对人应信任行政机关的服务。为此，双方应通过行政程序增进沟通，扩大相对人的行政参与。

（二）行政机关的性质

很久以来，人们习惯地把行政机关不正确地称为国家行政管理机关。如果不是从与国家权力机关和国家检察、审判机关相比较的角度，即不是把国家权力机关称为立法机关、把国家检察机关和国家审判机关称为司法机关的话，把国家行政机关说成是从事国家行政管理的国家机关，则似乎是无可非议的。但如果从与国家权力机关、国家检察机关和国家审判机关相比较的角度来看，把国家行政机关说成是进行国家行政管理的机关则是不正确的。这种不正确的说法，也是导致"管理论"或"控权论"等陈旧或不正确观念的因素。其实，国家行政机关是执法机关。我国《宪法》第85、105条明文规定，我国的最高行政机关即国务院是最高国家权力机关的"执行机关"；

① 参见〔法〕狄骥：《宪法论》，钱克新译，商务印书馆1962年版，第469、637—638页；张宏生等：《艾尔力许的社会学法学、自由法学的反动实质》，载《政法研究》1963年第4期；张文显：《二十世纪西方法哲学思潮研究》，法律出版社1996年版，第128—134页；〔德〕福斯多夫：《当服务主体的行政》，陈新民译，载陈新民：《公法学札记》，台湾省三民书局1993年版，第55页以下；〔德〕彼德·巴杜拉：《在自由法治国与社会法治国中的行政法》，陈新民译，载前引陈新民书，第112页以下；〔美〕庞德：《通过法律的社会控制·法律的任务》，沈宗灵等译，商务印书馆1984年版，第67—70页。

地方国家行政机关是地方国家权力机关的"执行机关"。执行机关,就是执行国家权力机关的法律、法规和决议的国家机关,也就是执法机关。行政机关的任务,就是主动、持续地去执行法律规范,调整各种利益关系,实现立法的意图或法律规范的目的。这不同于司法。司法的任务在于适用法律,即运用法律处理各种利益纠纷,具有被动性,以"不告不理"为原则(如果没有纠纷或没有告发,就不能去"挖掘"纠纷或动员告发,因此目前所谓的"司法提前介入"是不正确的)。行政机关作为一种执法机关,只能以"效率优先,兼顾公正"为原则;而国家权力机关作为一种立法机关或表达意志的机关、法院作为一种司法机关,则只能以"公正优先,兼顾效率"为原则。行政机关作为执法机关,职责仍在于为相对人提供服务。因此,行政机关在本质上是一种通过行政执法为公众提供服务的国家机关。

(三)行政手段的性质

法的实施需要相应的手段。人们习惯地把法的实施手段分为行政手段、经济手段和法律手段,并习惯地将行政机关所采用的强制性手段称为行政手段。我们认为,这也是一种不正确的法律观念,容易导致三种手段之间的互相对立,经济手段的变质和异化,也容易导致人们把行政手段想像成专断的手段,还造成了行政机关缩手缩脚、不敢放手执法、片面依赖于司法机关的"法律手段"的被动局面,是不利于行政权威的维护和运用的。其实,这种分类从逻辑上看并没有科学、统一的分类标准,是违反分类规则的。从法学上看,凡是依法实施的手段都是法律手段,依法实施的"经济手段"和"行政手段"也是法律手段。"行政手段"具体表现为审批和许可、稽查和征收、奖励和处罚及各种强制措施等。这些手段是法律赋予行政机关实施的一种法律手段,而不是行政机关自行设定和实施的人治手段。这种"行政手段"的强制性,是在相对人不愿对行政机关的服务自觉提供合作时强制取得合作的需要和保障。毛泽东同志指出:"人民为了有效地进行生产、进行学习和有秩序地过生活,要求自己的政府、生产的领导者、文化教育机关的领导者发布各种适当的行政命令。没有这种行政命令,社会秩序就无法维持,这是人们的常识所了解的。"[①] 这种强制性归根结底是由行政法的基础即一定层次的公共利益与个人利益关系决定的。公共利益与个人利益关系是一种对立统一的矛盾关系。在这个矛盾中,公共利益是第一位的,是矛盾的主要方面,支配着个人利益。这种以公共利益为本位的利益关系,决定着作为公

---

① 《毛泽东著作选读》(下册),人民出版社 1986 年版,第 762 页。

共利益代表者即行政机关的地位高于相对人，行政机关可以强制要求相对人提供配合与合作。

二、依法运用法律手段

（一）地方行政机关的主要任务是依法运用法律手段

各大中城市的行政机关都是地方行政机关，主要任务在于充分运用法律、法规和规章所提供的各种法律手段，加强行政执法的力度，并总结经验教训，为上级国家机关创设法律手段提供事实基础。相反，地方行政机关(尤其是市政府的职能部门和区级行政机关)的主要任务不在于创设各种法律手段，即使创设了也不一定合法。这是因为，根据《行政诉讼法》、《行政复议条例》和《行政处罚法》等的规定，行政行为的作出应以法律、法规和规章为依据或参照。因此，只有法律、法规和规章所创设的法律手段，才有可能是合法的法律手段。地方行政机关应从"文山会海"中解放出来，把精力集中到如何加强执法的力度上来。那种一谈到加强执法，就召开会议、发几个文件的做法是不可取的，试图以此创造出某些执法手段来的努力也是徒劳无益的。

（二）依法运用法律手段的基本要求

行政机关运用法律手段应符合法律的要求，即应依法运用法律手段，这是依法治国的具体要求。

"依法"的"法"，是指法律、法规和规章。行政机关对公民、法人或其他组织采用法律手段只能以法律、法规和规章为依据。根据下级服从上级的原则，对上级机关的决议、决定、指示、命令和通知等也应执行，也是行政执法的依据。但这些决议、命令等本身必须合法，否则是无效的，就不应执行，因为该"上级"的级别不可能超过制定法律和行政法规的最高国家权力机关和最高国家行政机关。并且，只有当这些决议、命令等已向社会公布，有关的法律规范是一种准用性法律规范时，这些决议、命令等才能作为依据。对那些以地方保护和部门垄断为目的的命令和指示等，更应予抵制。只有这样，才能维护法制的尊严和统一。

依法运用法律手段，不仅要求法律手段的运用应符合法律规范的字面含义，而且还应符合立法的本意或法律的目的。我们不能有意或无意地利用法律规范的字面含义来违背立法的目的。否则，就是滥用职权或规避法律了。

依法运用法律手段，还意味着行政机关运用法律手段的权限和内容、程序和形式都应合法。权限合法,是指行政机关在运用法律手段时不得超越职权和滥用职权。内容合法,是指在行政执法中,行政机关所认定的主要事实要清楚,所确定的权利义务要真正符合公共利益。程序和形式合法,是指行政机关所运用的法律手段应符合法定的程序和形式。我们可把权限和内容合法统称为实质上的合法;把程序和形式上的合法统称为形式上的合法。以往,我们的经验是很重视实质上的合法,对此仍应予保持。但从现在起,我认为我们对形式上的合法也应予以充分的重视。这是因为,形式上的合法是最基本的要求之一,是比较容易做到的;形式上的合法能促进和保障实质上合法的实现;合法的实质就要求具有合法的形式,否则,实质上的合法性就会受到怀疑和攻击。

(三)依法运用法律手段的例外

欧洲的利益法学和美国的社会实证主义法学,都曾主张行政机关按"活"的法律即利益关系或法律的社会效果来实施行政行为,将实定法规范仅仅作为行政行为的一种"文饰"。[①] 这是一种破坏行政法治的理论。但我们也应当看到,法律规范的制定毕竟是以例常情况为基础的,因而就不适用于特殊的例外情况。当例外情况出现时,仍教条或机械地按法律规范执法,并不符合立法的目的,反而违反了立法的目的、损害了公共利益,因此并不能认为是依法办事。这时,就应根据公共利益、整体利益和长远利益的要求来变通法律规范的执行。但这种变通应得到事先的批准;在紧急情况下,事先来不及办理批准手续的,在事后应得到追认或确认。否则,任意的变通,会造成行政专横。

(四)从形式法治走向实质法治

20世纪的西方行政法治,已经抛弃了行政机关的一举一动都要有法律依据的形式法治理论,奉行了实质法治理论。实质法治理论认为,只要行政机关实质上为相对人提供了服务,服务形式或程序上的不足可以忽略不计。也就是说,只要行政行为具备实质要件,即使具有形式或程序上的某些违法情形或瑕疵,也不必予以撤销,而可予以补正或转换,以避免因同一反复而

---

① 参见顾维雄:《反动的庞德实用主义法学思想》,载《政法研究》1963年第3期;张宏生等:《艾尔力许的社会学法学、自由法学的反动实质》,载《政法研究》1963年第4期;张文显:《二十世纪西方法哲学思潮研究》,法律出版社1996年版,第128—134页。

形成的不合理和效率低下①。我们认为，在我们这个法治程度、法治素质还不够高的大国里，要求行政机关有较高的服务效率，就更应坚持实质行政法治，相对人对此应该予以合作。但现在，我们的立法和理论并没有走出形式法治的误区。

三、非法律手段的运用

行政法律手段是行政机关依法为公众服务所不可缺少的手段，但毕竟是一种不以公民、法人或其他组织的同意或接受为条件的强制性手段。从单个的行政执法来说，这种手段是必要的，这种手段的运用也是无可非议的。然而，从总体上说，政府的存在及运行有赖于公众的信任、理解与合作。行政法律手段的普遍运用，日积月累，就会使公众产生抵触和不满情绪，从而降低政府在公众中的威信，损害政府的形象。同时，既然行政机关与相对人之间的关系是一种服务与合作的信任关系，在相对人能够自愿合作的情况下，行政机关不采用强制手段同样能顺利地实现服务目的。为此，从本世纪、特别是本世纪中叶以来，各国的行政执法除充分运用法律手段外，还广泛采用了非法律手段。这些非法律手段主要是行政合同、行政指导和谈判。它们与一般的行政法律手段相比，有两个重要特点：一是强制性较弱，主要是设法取得公民、法人或其他组织的自觉合作；二是并不具有法律效力，当事人在事后仍可予以推翻。从法学上说，行政指导等手段即使不是法律手段，由于并没有强制规定公民等的权利义务，是允许由行政机关实施的，基于相对人的自愿并不构成违法。在西方国家，之所以广泛采用这类手段，是为了骗取公众对政府的信任与合作，树立自己良好的“服务”形象，巩固其统治。这些手段在我国也是可以采用的，以便政府与人民间建立起真正的信任与合作关系，增进相互之间的沟通。毛泽东同志早就指出，对人民内部矛盾的解决，应多采用说服教育的方法，“为着维持社会秩序的目的而发布的行政命令，也要伴之以说服教育，单靠行政命令，在许多情况下就行不通。”②

---

① 参见《联邦德国行政程序法》第42、45、46、47条；《西班牙行政程序法》第53条，《意大利行政程序法草案》第51、52条；澳门地区《行政程序法典》第118条。参见〔印〕赛夫：《德国行政法》，周伟译，台湾省五南图书出版有限公司，1991年版，第107—110页；〔日〕南博方：《日本行政法》，杨建顺等译，中国人民大学出版社1988年版，第46页；〔日〕室井力主编：《日本现代行政法》，吴微译，中国政法大学出版社1995年版，第109—110页；林纪东：《行政法》，台湾省三民书局1988年版，第49、51、331页；〔英〕丹宁：《法律的训诫》，杨百揆等译，群众出版社1985年版，第9页以下；〔德〕格奥尔格·诺尔特：《德国和欧洲行政法的一般原则》，于安译，载《行政法学研究》1994年第4期。

② 《毛泽东著作选读》（下册），人民出版社1986年版，第762—763页。

行政合同是指行政机关为了实现行政职责而与公民、法人或其他组织订立的合同。它的订立与民事合同的订立一样,是以自愿、诚实信用和意思表示一致为原则的。因此,这种方式有利于公众的接受、信任与合作,从而有利于行政职责的圆满实现,增强行政效益。但它的订立又与民事合同的订立不同,并不都是以等价、有偿为原则的;它的履行也与民事合同的履行不同,行政机关作为公共利益的代表者有权单方面解除或变更该合同(当然,这种变更和解除权也是有条件的,并应承担损失补偿责任)。但是,以行政合同履行行政职责并不是行政执法的一般方式,而是例外方式。并且,行政机关只有在认为以行政合同方式履行职责更有利于公共利益时才能以行政合同代替行政法律手段。因此,以行政合同实现行政职责并不影响行政权威和公共利益。目前,我国在行政执法实践中运用行政合同的情况并不少见,只是还没有按行政合同来规范和认定而已。例如,我国计划生育、环境卫生和社会秩序等领域的各种各样的责任制,就属于行政合同的范畴,即行政担保合同或行政保证合同,只是目前还不规范,还没有提高到行政合同法制的高度。又如,国有土地有偿出让合同、全民所有制工业企业承包租赁合同、粮食定购合同和公共工程合同等,都是行政合同,只是没有被认定为行政合同而被认定为经济合同罢了。其实,把行政合同认定为经济合同并按经济合同来处理在法律上是错误的,使行政机关被降格为与公民、法人或其他组织相等的地位,使公共利益被置于与个人利益同等的地位,对法律的实施和公共利益的维护是非常不利的。

行政指导是行政机关以号召、倡导、鼓励、引导、劝导、告诫、建议、说服教育等形式来实施法律的一种手段。它不具有强制性,不能直接产生法律效果,但对沟通政府与公众之间的关系,取得公众对实现行政职责的配合与信任,具有重要的价值。并且,这种手段符合我党全心全意为人民服务的宗旨和密切联系群众、走群众路线的工作方法。同时,这种手段也为我国《宪法》所确认。《宪法》第8、11条分别规定:"国家保护城乡集体经济组织的合法的权利和利益,鼓励、指导和帮助集体经济的发展";"国家对个体经济、私营经济实行引导、监督和管理"。在单行法律、法规中,有关行政指导的规定更多。因此,行政指导的广泛运用是合法和可行的。

但应当注意的是,非法律手段的实施取决于相对人的自觉接受和合作,因而相对人也有权不接受。相对人不接受,并不构成违法。行政机关不能把非法律手段变相成为强制性手段,不能对不接受的相对人给予行政处罚等制裁。对是否予以制裁,仍应按有关法律、法规或规章的规定进行认定。

同时,行政机关也不能一味地强调说服教育等非强制手段。对通过非强制手段难以实现而依法又必须实现的执法服务,应依法运用法律手段予以及时实现。否则,行政权威和公共利益是难以维护和保障的。最后,非法律手段不等于说不需要法律的规范,而只是不具有行政行为所具有的拘束力及其相应的法律效果。事实上,西方国家的行政合同和行政指导等都具有较完备的法律规范。

第三节　公共利益本位论与行政担保[①]

一、行政担保的理论依据

市场经济是一种法制经济,行政管理也是一种法制化的管理。但在不同的历史时期,行政法制有不同的特点,并有相应的行政法制度。在资产阶级启蒙时期,理论上强调的是"斗争哲学"。资本主义制度确立后,就以这一思想为指导,建立了权力分立和制衡的政治体制和法律制度;在行政法上既强调命令与服从的统治关系和行政行为的权力、强制、单方面意思表示等法律属性,又强调"无法律即无行政"以防止行政走向君主专制。但在19世纪末以来,资产阶级统治得到了巩固,资本主义进入了垄断统治阶段,在理论上强调的是"合作哲学",即变性恶为性善,变对立为合作,变消极为积极,变机械为机动。在法制上,变分权制衡为分工合作,变重法治的形式为重法治的目的;在行政法上,也就强调服务与合作关系和行政行为所要达到的目的。他们认为,行政行为不再是一种消极防范行为,而是政府对公众的一种积极服务,但公众对这种服务也必须予以积极地配合与合作。于是,资本主义国家借鉴民法上的契约原理,建立起行政合同制度;要求只要能实现行政目的,都应当以行政合同来代替单方面的、强制性的行政行为。这样,本属民法领域中用以促使债务人履行债务,保障债权人债权得以实现的担保制度,也被运用于行政管理,以保证相对人履行其行政法上的义务,从而成为一种重要的行政合同制度。

我们认为,行政是对公共利益的维护和分配。行政法是以一定层次的公共利益和个人利益关系为基础和调整对象的法。公共利益和个人利益是

---

① 本节除第一部分外,系作者与周佑勇同志合作撰写的论文,原载于《中央政法管理干部学院学报》1997年第5期。

一种对立统一的关系。个人利益与公共利益发生冲突时,应服从公共利益,即以公共利益为本位。因此,行政行为具有意思先定力、公定力、确定力、拘束力和执行力,行政主体完全可以强制要求相对人履行行政法上的义务。但是,个人利益与公共利益又具有一致性,公共利益最终都要分配给相对人享受。在公有制社会里,它们之间的一致性更加明显和突出。这就要求国家充分尊重公众的个人利益,增强分配的公正性和行政的民主性,从而提高公众对行政的信任度和满意度。从行政法学上看,尽管行政主体可以通过行政强制措施迫使相对人履行义务或直接实现与相对人履行义务相同的状态,但在维护行政法制严肃性的同时,应尽可能不损害相对人的合法权益,并增强行政行为的可接受性。因此,行政法治和行政民主要求我们必须建立既能优先保护公共利益又能充分尊重个人利益,既能维护行政法制严肃性又能增强行政行为可接受性的行政法制度。我们认为,行政担保就是其中之一。

行政担保突出体现了行政法的精神,既能维护行政法制的尊严,又能充分尊重相对人的合法权益。行政担保是相对人对公共利益表示尊重,履行行政法上义务的一种承诺。代表公共利益的行政主体之所以信任并接受相对人的这种承诺,并非完全基于本身的主观判断和幻想,而是具有客观基础的。这个客观基础就是相对人所提供的保证人、保证金和抵押物等。相对人违背自己的承诺将会带来更为不利的法律后果。由于行政担保的存在,相对人一般不致违背自己的承诺,即使违背自己的承诺也不致损害公共利益。同时,行政担保也是行政主体对个人利益的尊重,是行政行为具有可接受性的具体体现。它既能满足相对人的合理要求,避免对相对人个人利益的不必要损害,又能使相对人主动履行其行政法上的义务和积极配合行政主体维护公共利益,实现行政目的。

总之,行政担保是一种具有广泛和重要应用价值的行政法制度,但它的建立和完善应体现以公共利益为本位的精神。

二、行政担保的性质

行政担保的性质,是指行政担保本身所具有的法律属性。我们认为,行政担保实质上是行政主体为了实现行政目的而依法允许相对人以一定方式保证其履行义务的一种行政合同。与一般的民事担保和行政行为相比,行政担保具有以下法律特征:

（一）行政担保具有行政性

行政担保是行政主体的意思表示。尽管并不纯粹是行政主体单方面的意思表示，但体现了行政主体的意志。并且，相对人所作的意思表示是否有效，最终将取决于行政主体的意志。也就是说，对相对人履行义务的承诺，是否值得信任，是否足以维护公共利益，取决于行政主体的判断。行政主体作这种意思表示时的身份，并不是法人而是行政权主体，即公共利益的代表者；作这种意思表示的目的，并非为了谋求个人利益而是为了实现公共利益。这种意思表示一旦作出，就能产生行政法上的法律效果。并且，行政主体可根据客观情况的发展变化，单方面变更或解除行政担保关系。

（二）行政担保具有合意性

行政担保不仅体现了行政主体的意志，同时也体现了义务人的意志。行政担保的有效成立，是行政主体与义务人双方意思表示一致的结果。没有义务人的有效承诺，行政担保无法成立。通过保证方式而成立的行政担保，还体现了保证人的意志，是行政主体、义务人和保证人三方主体意思表示一致的结果。因而，行政担保是一种双方或多方主体基于合意而成立的行政合同。作为一种行政合同，它的变更和消灭仍应以行政主体与相对人的意思表示一致为原则。但这一原则并不能绝对地约束行政主体。行政主体基于公共利益的需要，仍有权以单方面的意思表示变更或消灭已有效成立的行政担保行为。这是因为，之所以能以行政担保这种双方或多方行为来代替行政强制措施等单方行政行为，是因为个人利益符合或不致损害公共利益；在行政担保中，利益关系中居于矛盾主要方面的公共利益，并未让位于个人利益，也并未降至与个人利益相等的地位。因此，行政行为的可接受性也并不能超过行政法制的权威性和严肃性。

（三）行政担保具有从属性

行政担保是权利主体即行政主体和义务主体即相对人就义务的履行而达成的合意即一致的意思表示。因此，行政担保行为是以行政主体已经作出的设定相对人义务的，从而使行政主体成为权利主体、使相对人成为义务主体的具体行政行为的先行存在为前提的，是以保障已设权利的实现和义务的履行为目的的。如果没有先行设定相对人义务的行政行为的存在，也就不需要行政担保行为。并且，行政担保行为也将随着设定相对人义务的先行行政行为的消灭而消灭。因此，行政担保行为并不是一种独立存在的行为，而只是一种从属性行为。

三、行政担保的适用

(一) 行政担保的适用范围

行政担保可适用于人身义务的履行保证。例如,治安管理中被裁决拘留的人在提供一定方式的担保后,接受拘留的义务可暂缓履行。行政担保也可适用于财产义务的履行保证。例如,《海关法行政处罚实施细则》第21条规定,“对于无法或者不便扣留的货物、物品或者运输工具,海关可以向当事人或者运输工具负责人收取等值保证金或者抵押物。”行政担保可适用于作为义务即行政法规范要求相对人以积极的方式作一定行为的义务的履行保证。例如,对海关监管中应交验有关单证的义务,进出境当事人由于法定原因不能及时履行的,可向海关申请担保放行。行政担保也可适用于不作为义务即行政法规范要求相对人不作一定行为的义务的履行保证。例如,为了保证纳税人对不得转移、隐匿应纳税财产或应纳税收入义务的履行,税务机关有权要求其提供纳税担保。行政担保除了能适用于外部相对人义务的履行保证外,还能适用于内部相对人义务的履行保证。例如,在行政监察中,为了防止监察对象串供和毁灭证据,监察机关可责令其提供担保。

行政担保不同于民事担保。行政担保作为一种行政合同,只是行政主体借以实现行政目的的一种手段。它是在不损害公共利益的前提下,充分尊重个人利益的一种制度。因此,尽管可适用担保的义务几乎是不受限制的,但行政担保的适用却又不能不有例外。我们认为,在下列两种情况下,不适用担保:(1) 保证履行的义务是应即时履行的义务。行政担保的实行,使得相对人可以暂缓履行其负有的行政法义务,从而避免或减少利益上的损失。因此,适用担保的义务必须是能暂缓履行的义务,即暂缓履行不致损害公共利益的义务。凡是应即时履行的义务,即只有立即履行才能维护公共利益的义务,如对即时处罚、即时强制措施等行为中所设定的义务和食品、药品控制等行为中控制危害发生、扩大的义务,都不能适用行政担保。(2) 担保所维护的利益是违法的个人利益。适用行政担保的目的之一,是为了尊重相对人合法的个人利益。相对人非法的个人利益,不但不应得到尊重,相反应受剥夺。因此,在有可能使相对人牟取非法利益时,不能适用担保。对此,有关立法已予肯定。例如,《中华人民共和国海关关于进出口货物申请担保的管理办法》中明确规定,下列情况海关不接受担保:第一,进出口国家限制进出口的货物,未领到进出口货物许可证件的;第二,进出口金银、濒危动植物、文物、中西药品、食品、体育狩猎用枪支弹药和民用爆破器材、无线电器、保密机等受国家有关规定管理的进出口货物，不能向海关交验有关主管部门批准文件和证明的。

（二）行政担保的适用条件

行政担保尽管是一种意思表示一致而成立的行为，但双方主体所要达到的目的却是相反的。行政主体通过行政担保，增强行政行为的可接受性是为了更好地维护公共利益。相对人通过行政担保，承诺履行义务，是为了保护自己的个人利益。这就决定了责令担保和申请担保在适用条件上的区别。

一般说来，有下列情况之一的，行政法规范应规定由行政主体责令相对人提供担保：(1) 没有相应行政强制措施能足以维护公共利益的。行政强制措施的实施是为了维护公共利益，但不仅应基于需要，而且应具有法律依据和现实可能。如果行政主体无权或难以实施行政强制措施时，则只能通过行政担保来维护公共利益。例如，行政主体在查处内部行政违法失职行为时通常不能对公务员的人身和财产采取强制措施。但是为了防止有违法失职行为的公务员串供或毁灭证据和逃避、阻碍查处行为的发生，可以责令该公务员提供行政担保。再如，在计划生育管理领域，通常也是难以对不履行计划生育义务的相对人采取人身和财物的强制措施的，但却可以采取行政担保，以切实保证相对人履行计划生育义务。(2) 行政强制措施的标的物难以保管的。在行政强制措施的标的物作为证据保全作用已经完成，但是否应予没收、销毁、退还等有待查证、处理，行政主体保管该标的物需花费一定的人力、物力、财力并有可能灭失、损坏时，也可责令相对人领回并责令其提供等值的担保。相对人不愿担保的，行政主体有权变卖该标的物，留置抵押。

一般说来，有下列情形之一的，行政法规范应规定允许相对人申请担保：(1) 设定义务的行政行为被申请复议或提起诉讼的。行政行为是行政主体维护和分配公共利益的一种意思表示，具有意思先定力、公定力、确定力、拘束力和执行力。行政行为的这种法律效力不受相对人意志的否定。因此，相对人不服设定自己义务的行政行为而申请复议或提起诉讼，并不能中止行政行为的法律效力。这是由以公共利益为本位的利益关系决定的。但是，由于各种各样的原因，行政主体的意思表示并不一定都是公共利益的真实体现，对公共利益的分配并不一定合理、公正。当行政行为被申请复议或提起诉讼时，它体现公共利益的真实性和对公共利益分配的公正性已受到极大怀疑，从而有待审查，并有可能被撤销或变更。因此，为了防止并非体现公共利益从而损害个人利益的行政行为，为了对正确的行政行为增强可接受性，有必要暂缓履行义务。但暂缓履行义务不能损害公共利益，因而应予担保。《行政复议条例》第 39 条和《行政诉讼法》第 44 条的规定就是上述理论的例证。(2) 行政强制措施限制人身自由的。人身自由，是相对人之所以成为人的一种重要利益，在被损害时具有不可恢复性。行政主体采取这种行政强制措施并不是目的而是手段，是为了保障行政执法活动的顺利进行或实现已生效具体行政行为的内容。在相对人提供可靠的担保时，不实行这种行政强制措施也能达到目的。因此，对这种义务的履行，应允许相对人申请担保。例如，根据我国《海关法》的授权，海关对走私违法行为人可以实施 24 小时或 48 小时的行政扣留这种强制措施，但如果有具备一定社会影响、资信实力良好的第三人向海关出具保函，保证该当事人随传随到，积极、如实协助海关调查，并愿意承担由此引起的法律责任，海关可在案件主要事实基本查清，不影响办案的前提下，允许当事人保释。(3) 行政强制措施的标的物为相对人生产和生活所必需的。为了保障行政执法活动的顺利进行和已生效具体行政行为内容的实现，行政主体可对相对人的物品采取查封、扣押、冻结等行政强制措施。但在该物品为相对人生产和生活必需品时，这种行政强制措施的实行将会使相对人难以从事正常的生产和生活，导致一系列的利益危机，而这并不是行政的目的。对此，行政法规范应提供相应的防范机制和减少损失的机会，即应允许相对人申请担保。

以上讨论的是行政担保的基本理论问题，至于行政担保的具体操作问题，如担保的方式等，可适用《担保法》的有关规定。

第四节　公共利益本位论与行政程序[①]

行政程序的内涵、性质和价值，是行政程序理论中的基本问题。对这些问题，国内外法学界存在着不同的看法，应如何解决直接关系到我国的行政程序立法和行政执法工作，因而有必要运用科学的理论进行认真、深入地研究。

① 本节原载《政治与法律》1997 年第 4 期。在本书中，对原文作了技术处理，并对第二部分作了重要修正。

一、行政程序的界定

(一) 行政程序是行政行为的程序

在法学上,法律行为是法律主体旨在发生某种法律效果的意思表示,是沟通客观法和主观权利间的桥梁。行政法上的法律行为有两种,即行政行为和相对人行为。然而,行政法是一定层次的公共利益与个人利益关系为基础和调整对象的法。公共利益和个人利益关系在本质上是一种以公共利益为本位的利益关系,行政法在本质上也是以公共利益为本位的法。这就决定了相对人在行政法上的意思表示,只有在符合公共利益即行政法规范时才能发生预期的法律效果。相对人的意思表示是否符合公共利益即行政法规范,不能由相对人本身来判断,而应由作为公共利益代表者的行政主体来判断。这种判断,就是行政主体的意思表示,即行政行为。由此可见,相对人的意思表示并不具有独立的行政法意义,只有在与行政主体的意思表示结合起来时才具有行政法意义。也就是说,相对人的意思表示只是行政主体意思表示的一个环节,行政行为不仅是沟通行政法规范与行政权、实现公共利益的桥梁,而且也是沟通行政法规范与相对人权利、实现个人利益的桥梁。因此,行政行为是行政法的核心。任何行为都有相应的程序,相对人的行为也有一定的程序。但正如该行为本身的地位一样,相对人的行为程序只是行政行为程序的一个环节或阶段即组成部分,并不具有独立、完整的行政法意义。综上所述,行政程序是行政行为的程序,而不是相对人的行为程序,也不是行政诉讼程序。

(二) 行政程序是一种过程

行政主体要作成、变更或消灭有效行政行为或意思表示,必然会经历一定的时间并占有一定的空间。行政主体的意志在特定时间和空间中的运动,构成了行政过程。在特定时间,行政主体的意志总处于特定空间,这就构成了行政过程的具体环节和阶段。时间是持续和有序的,行政过程必然是一个持续和有序的过程,因而构成行政过程的具体环节或阶段也是互相衔接并有先后次序的。这是一条客观规律。行政程序就是行政主体作出、变更或消灭有效行政行为所必然经历的,由互相衔接的先后阶段所构成的行政过程。

行政程序作为一种行政过程,不同于行政行为的内容和形式。行政行为的内容,就是行政主体维护和分配公共利益,即设定、变更或消灭相对人权利义务的意思表示。行政主体的权限,是有效行政行为的实质要件;行政主体意思表示的先定力、公定力、确定力、拘束力和执行力,构成行政行为内容上的法律效力。它们都是行政行为内容的构成要素。行政行为的形式,就是行政主体所作意思表示的存在或表现形式,是行政行为内容的物质载体,如书面或非书面形式等,构成了有效行政行为的形式要件。行政行为的这些内容要素和行政行为的形式,不但规定在单行的实体法规范中,而且往往成为行政程序法典的重要内容。但是,它们并不是行政程序,因而行政行为违反法定程序,与违反同样规定在行政程序法典中的行政行为的实质要件和形式要件的法律后果和补救方式,也是应加以区别的。

(三)行政程序是一种法律程序

物质运动虽有其规律,但会因外界因素的干扰而偏离轨道。行政主体作成、变更或消灭行政行为属于精神或意识运动,更易受外界因素的干扰而偏离客观规律。也就是说,任何行政行为都必将有相应的行政过程,但该行政过程不一定都与客观规律相一致。然而不按客观规律作成、变更或消灭的行政行为,必将影响其效率性、公正性、准确性和可接受性,既难以实现行政公正,也难以实现社会公正。因此,行政主体按互相衔接的先后阶段作成、变更或消灭有效行政行为,不仅有其必然性,而且有其必要性。于是,国家将客观规律的行政程序予以法律化,成为法律程序,强制行政主体遵守。所以,行政程序是一种法律程序,而不是一种事实上的行政过程。

根据以上分析,我们就可以将行政程序界定为:行政程序是行政主体作成、变更或消灭有效行政行为所必须遵守的,由互相衔接的先后阶段所组成的法律程序。

二、行政程序的性质

(一)行政程序是以服务为本位的程序机制

行政程序是行政主体意思表示的一种程序规则。该程序规则的基本精神,是要求行政主体按公共利益作意思表示。这是由以公共利益为本位的利益关系决定的。当公共利益与个人利益一致时,行政主体的意思表示只要能真正基于公共利益,也就必然能满足相对人的个人利益;如果没有真正基于公共利益,则必将损害公共利益和个人利益。行政程序的目的,就在于保证行政主体所作的意思表示完整、真实地体现公共利益,从而保护相对人的个人利益;禁止行政主体以牺牲公共利益为代价去保护个人利益,也禁止行政主体以牺牲个人利益为代价来维护公共利益。当个人利益与公共利益相冲突时,个人利益应服从公共利益。这就要求行政主体在利益冲突关系中,只能按公共利益,而不能按个人利益,也不能同时平等地按公共利益和个人利益作意思表示。行政程序的目的,就在于保证行政主体在作意思表示时将公共利益置于优先地位。因此,行政程序在本质上是以公共利益为本位的一种程序规则。行政程序的这一基本精神或性质,应体现在具体的行政程序制度和环节中,并要求以"效率优先、兼顾公正"的原则协调效率性、公正性、准确性和可接受性四大价值相互间的冲突。

根据当代社会的价值取向,公共利益与个人利益关系在行为上的表现就是行政主体的服务与相对人的合作关系。因此,行政程序既是一种服务机制,也是一种合作机制。但是,相对人的合作是以行政主体的服务为前提的;当行政主体对特定相对人的服务与对不特定多数人的服务相冲突时,是以对不特定多数人的服务为优先的。因此,行政程序本质上又是一种以服务为本位的程序机制。

(二)行政程序不是控权或平衡机制

控权论者认为,行政法是控制行政权的法,行政程序法是行政法的主要内容,行政程序是控制行政权的法律机制[①]。法确实具有控制功能,但控制的对象不仅是某一方主体而应当是各方主体。我们承认,个人利益作为公共利益的对立面,时刻制约着公共利益,建立在利益关系基础上的行政程序具有控制行政权的功能。但同时,公共利益也制约着个人利益,并且这种制约作用更大,是一种支配性的制约。因此,行政程序更具有控制相对人或社会的功能,该功能在行政程序中主要通过效率规则等得以体现。我们还认为,法不仅有控制功能,而且还有保障功能;人们之间不仅有利益冲突关系,而且还具有利益一致关系。建立在利益一致关系上的行政程序,必然具有同时保障行政权和相对人权利的功能,即维护公共利益与保护个人利益的功能。因此,行政程序对行政权的控制功能,只是行政程序的一小部分功能;把行政程序界定为控制行政权的法律机制,犯了以偏概全的错误。当然,控权论的非科学之处不止于此。

最近几年,我国行政法学界提出了平衡论,认为行政法实质上是一种平衡法。相应地,平衡论者认为行政程序是平衡行政权和相对人合法权益的法律机制。但平衡论者在具体论证中,对行政程序的性质又有两种不同的观点。第一种观点认为,行政程序本身只是控制行政权的法律机制,从而使

---

① 参见〔美〕伯纳德·施瓦茨:《行政法》,徐炳译,群众出版社1986年版,第3页;〔日〕南博方:《日本行政法》,杨建顺等译,中国人民大学出版社1988年版,第77页。

相对人能得以抗衡行政主体的执法权力,实现行政主体和相对人权利在总体上的平衡①。第二种观点认为,行政程序本身就是平衡行政权与相对人权利、效率与公正的法律机制②。我们认为,平衡论的客观基础是利益一致关系。对利益一致关系是不需要平衡的,所需要的是保障,即保障这种利益一致关系不受破坏。对公共利益与个人利益间的冲突关系,是无法实现平衡的,个人利益必须服从公共利益,公共利益必然居于支配地位。我们认为,公共利益与个人利益在总体上是不平等的,是以公共利益为本位的,在程序等具体环节中也是如此,否则就不足以维护公共利益的支配地位。因此,将行政程序界定为一种平衡机制,在理论上是不科学的,在现实中是不切合实际的。

三、行政程序的价值

美国学者盖尔洪(Ernest Gellhorn)等认为,行政程序在总体上具有效率性、公正性、准确性和可接受性四大基本价值。③ 英国《不列颠百科全书》也指出:“行政程序在任何依法建立的行政制度中都占有重要地位。经过深思熟虑而制定的程序使行政过程的每一个阶段都有负责的官员或机构承担责任。它可以保护公民的权利,也可以保障行政主体不致受到行动专横的指责。它还可以保证有条不紊、前后一致地处理一些个别案件。不过,行政程序的作用主要还是有赖于它的必要条件的性质和目的”。我们同意上述观点。④

(一)效率性

行政主体维护和分配公共利益,不能不讲求效率,否则就会损害公共利益和个人利益。行政程序作为行政主体维护和分配公共利益的一种意思表示规则,也就不能不以效率性为其基本价值。一般说来,行政程序作为行政过程客观规律的法律化,也能保障行政效率,节省行政主体和相对人的时间、金钱、人力和物力。这是因为,它已经减少了行政过程中可能出现的重

---

① 参见罗豪才等:《现代行政法的理论基础》,载《中国法学》1993年第1期;王锡锌等:《行政法性质的反思与概念的重构——访中国法学会行政法学研究会总干事罗豪才教授》,载《中外法学》1995年第3期。

② 参见王锡锌:《行政程序法价值的定位》,载《政法论坛》1995年第3期。

③ 参见〔美〕盖尔洪等:《行政法和行政程序》,1990年英文版,第5页。

④ 《不列颠百科全书》,英文第15版第1卷“行政法”条,载上海社科院法学所编译:《宪法》,知识出版社1982年版,第363页。

复或多余的环节,把环节简化到了最低限度;它是按行政行为的共性和个性设计的,能适应各类行政行为的一般需要和特殊需要;它是按先后次序排列各环节的,是由互相衔接的各环节组成的,可以保证行政主体有条不紊地实施行政行为;它对每个环节规定了明确的时限,从而能防止行政主体或相对人不适当地拖延。效率性在各国的行政程序法典中,往往作为一项立法宗旨或基本原则加以明确规定,并贯穿或体现在整个法典中,指导各项程序制度的设计。①

(二) 公正性

行政的目的是为了实现社会公正,即通过个人利益的分离、独立出公共利益,并对公共利益进行再分配,从而实现社会成员公平地占有利益。但行政本身也应具有公正性,即公平地从个人利益中分离、独立出公共利益,并对公共利益进行公平地再分配,这就是行政公正。社会公正是一种内容上的公正,行政公正是一种程序上或形式上的公正。英国人注重追求形式公正,认为内容上的公正不仅应当真正存在,而且应当在形式或外观上让人相信是存在的;不论内容上的公正是否存在,首先都应实现形式上的公正;只有具备形式上的公正才能进一步保证内容上也达到公正。② 这种形式上的公正在行政程序中的体现,在英国法上就是自然公正原则及按该原则所确立的一系列判例;在美国法上就是正当法律程序原则及按该原则制度的行政程序法典和所确立的有关判例;在大陆法系国家就是"公正"的立法宗旨和公开、听证、回避、告知等各项程序制度。然而,形式公正规则的目的,还是为了内容公正的实现和存在,因为它能够"防止行政的专横行为,可以维持公民对行政机关的信任和良好关系,减少行政机关之间的摩擦,最大限度地提高行政效率。"③ 同时,行政程序还通过对形式公正规则的排除适用和效率规则,保证内容公正的实现,从而使内容公正优先于形式公正。总之,公正性是行政程序的基本价值之一。

(三) 准确性

行政主体作意思表示应力求准确无误,否则既不利于对个人利益的尊重,也不利于对公共利益的维护。然而,要界定"准确"的内涵和程度,本身却是个真正的难题。"许多行政行为的目的是复杂或不易陈述的,并且行政

① 参见叶必丰:《行政程序立法与行政效率的关系》,载《政府法制》1990年第2期。
② 参见王名扬:《英国行政法》,中国政法大学出版社1987年版,第154页。
③ 同上书,第152页。

主体所作决定的结果可能也难以鉴定，因而对一个特定的决定是否准确或明智以及该行为将会怎样影响结果往往会有不同的观点。”① 不过，行政程序作为一种科学而严格的意思表示规则，至少能使行政主体作错误意思表示的危险减少到最小限度，为行政主体作准确的意思表示提供一种最大的可能性。例如，行政听证制度，有利于行政主体全面了解、分析各种情况，正确适用法律；回避制度，有利于减少外界因素对行政主体作意思表示的干扰等等。因此，准确性也是行政程序的基本价值之一和行政程序法典的立法宗旨之一。

（四）可接受性

不论相对人的意愿如何，行政主体的意思表示都具有先定力、公定力、确定力、拘束力和执行力。也就是说，行政行为的作出和实现，并不以相对人的接受或同意为要件。这是公共利益得以存在和发展的内在要求。然而，公共利益与个人利益在总体上是一致的，行政行为在总体上“最终还有赖于公众的满意程度，所以有必要考虑公众对行政行为的态度。”② 否则，强制现象持续不断的出现，就会降低公众对政府的信任，并使公众对政府产生抵触情绪。这就要求行政主体增强行政行为的可接受性。这一目标的实现，除了行政行为在内容上应真正体现公共利益外，还需要在行政过程中增强透明度，让相对人了解行政主体真正按公共利益作意思表示的过程；通过听证给予相对人参与机会，让相对人理解行政主体所作的意思表示真正体现了公共利益，等等。“也就是说，不仅要从行政行为产生的实际效果来评价行政行为，而且还应从利益受影响的公众对行政行为的理解角度来评价行政行为”。③ 因此，保障行政行为的可接受性，同样是行政程序的基本价值之一。

第五节　公共利益本位论与行政诉讼④

公共利益本位论的基本观点是，法决定于利益关系，权利来源于法，是实现利益的手段；公共利益和个人利益是一组对立统一的矛盾，而公共利益

---

① 〔美〕盖尔洪等：《行政法和行政程序》，1990 年英文版，第 5 页。
② 同上书，第 6 页。
③ 〔美〕盖尔洪等：《行政法和行政程序》，1990 年英文版，第 6 页。
④ 本节原载《中央政法管理干部学院学报》1995 年第 6 期。在本书中，除了对原文作了技术处理外，补充了在发表时被删除的有关内容和注释，还对第二部分作了重要修正。

是该矛盾体的主要方面，决定着该矛盾的性质、内容和发展方向；行政法所体现和调整的正是以公共利益为本位的利益关系。笔者认为，公共利益本位论是行政法的理论基础，公共权力论、控权论和平衡论等都不能成为行政法的理论基础。

一、行政诉讼的性质

行政诉讼不是控制行政权或平衡公共利益和个人利益的法律机制，而是审查行政行为是否真正体现公共利益的法律机制。行政诉讼法也不是控权法或平衡法，而是审查行政行为是否真正体现公共利益的法。

（一）行政诉讼的前提

我们认为，以公共利益为本位的利益关系，是行政诉讼产生和存在的前提。公共利益与个人利益是一对不断斗争着的矛盾。行政行为是在法律上代表公共利益的主体为谋求公共利益而作的行为。在现代法治国家，要求行政所谋求的必须是真正的公共利益而不能是虚假的公共利益，不得损害或消灭个人利益。然而，公共利益在该利益关系中的支配地位，使行政行为具有公定力、确定力、拘束力和执行力。行政行为的这一特性，使得对该行为是否真正体现了公共利益不能取决于追求个人利益的相对人的判断；在现代法治社会，也不能由该行为的主体自身来判断，而只能由国家司法机关即法院来判断。于是，司法审查或行政诉讼也就应运而生了。并且，只要以公共利益为本位的利益关系继续存在，行政诉讼这种法律机制也将随之存在。国家和阶级的消亡，以公共利益为本位的利益关系并不会随之消灭，而只能使该利益关系失去其阶级性。到时，行政诉讼也就不再是法律机制，而是一种社会机制了。

（二）行政诉讼的任务

我们认为，以公共利益为本位的利益关系，决定着行政诉讼的任务，即对行政行为进行合法性审查。以公共利益为本位的利益关系，使相对人居于受行政主体支配的法律地位，使相对人谋取个人利益的行为始终受到行政行为的制约，甚至可以说个人利益往往直接来源于行政行为的分配。因此，行政诉讼的审查对象，并不是相对人的行为，而是制约相对人行为或分配个人利益的行政主体的行为。

公共利益与个人利益是一种统一的、一致的辩证关系。个人利益的多样性、复杂性和公共利益与个人利益的同一性，使得行政诉讼中判断某个行政行为能否有效成立时，不必去审查该行为是否真正侵犯相对人的个人利益,而是审查该行为是否真正体现了公共利益。如果该行政行为真正体现了公共利益,则也符合相对人的个人利益,即使两者间仍有冲突,个人利益仍应服从公共利益,该行政行为仍能有效成立。如果该行政行为没有真正体现公共利益,则意味着它侵犯了个人利益,它就不能有效成立。在此,行政行为不能有效成立而予以撤销的立足点,是它没有真正体现公共利益,而不是因为它侵犯了个人利益。

在国家社会里,判断一个行政行为是否符合公共利益的标准只能是法律。因此,行政诉讼对行政行为是否符合公共利益的审查,也就成了对行政行为的合法性审查。

二、行政诉讼的受案范围

目前,我国行政诉讼的受案范围仅限于外部、单方、具体行政行为。这在行政诉讼刚刚起步时,作为一种尝试,是可以的。但是,作为理论研究,却不能停留于此。从以公共利益为本位的利益关系出发,内部行政行为和行政合同等,也应纳入行政诉讼的受案范围。

(一) 关于内部行政行为问题

以公共利益为本位的利益关系,不仅表现在国家与公民之间,还表现在国家与国家公职人员(包括公务员、法官检察官、立法机关工作人员等)之间。后一种关系也是一种公共利益与个人利益间的对立统一关系,这在我国尚未得到普遍承认和广泛关注。产生这种情况的原因,是国家公职人员不同于普通公民的特殊身份。笔者认为,国家公职人员在作为所在国家机关的代表而履行职责时,没有自身独立的利益,即没有与公共利益相反或相对的个人利益,因而与国家间并不存在利益关系,而只存在国家与公民间的利益关系。但是,国家公职人员并不天生就是国家机关履行职责的代表或机器,而与普通公民一样是具有灵与肉的人,同样需要独立的物质生活和精神生活,因而就具有取得和保持公职,并在提供劳动后有获得报酬等个人利益。这种利益是一种与公共利益相反或相对的个人利益,与公共利益间的关系也是一种以公共利益为本位的利益关系。国家立法机关、行政机关和司法机关对所属国家公职人员所作的行为也是具有公定力、确定力、拘束力和执行力的行政行为。这种行政行为是否真正体现了公共利益,同样需要法律审查。目前,有关国家公职人员法已作了这方面的规定,但却未纳入统一的行政诉讼的范围。笔者认为,这种行政行为与外部行政行为相比并没有什么本质的区别,因而没有必要建立一种与行政诉讼相并列的特殊的救济制度，而完全可以与行政诉讼并轨。

（二）关于行政合同问题

行政合同即行政契约仍是以公共利益为本位的利益关系的体现。首先，法律允许以行政契约来实现行政目的，是以它能更好地实现公共利益为前提的，《联邦德国行政程序法》等对此作了明文规定。其次，在公共利益与个人利益关系上的行政契约，都是不对等行政契约，作为契约一方主体的行政主体对该契约具有单方面的撤销、解除权，而相对人却不具有相应的权利。因此当相对人要求解除行政契约或对行政主体单方面撤销、解除行政契约不服时，只能借助于诉讼机制。这种诉讼仍为行政诉讼，仍为审查行政主体的意思表示是否真正体现公共利益的问题。

（三）关于"抽象行政行为"问题

在原文中，笔者主张将"抽象行政行为"纳入行政诉讼的受案范围。但是，现在笔者却有不同的看法。笔者认为，"抽象行政行为"即行政立法行为等，是国家行政机关基于整体利益与整体利益关系而实施的行为，是一种宪政行为，而不属于行政行为。对"抽象行政行为"的诉讼，应当作为宪政诉讼，而不应纳入行政诉讼的范围。

对宪政行为的诉讼需要解决一个技术性问题即原告资格问题。笔者认为，有权对宪政行为提起诉讼的原告可以分为两类。一是职责受到侵犯的国家机关，二是整体利益受侵害的公众（群体）。公众作为宪政诉讼的原告又可以分为两种情况，一是受该行为拘束的任何个体（公民或法人），二是受该行为拘束的由公众所组成的同业公会或行业协会。由于"抽象行政行为"等宪政行为所涉及的个体很多，由同业公会或行业协会作为原告，可以大大减少多个个体同时或先后对同一宪政行为提起重复诉讼的可能性。但是，同业公会或行业协会不一定都愿意充当原告、提起诉讼，受该行为拘束的个体也不一定都是它的成员，因此仍然必须确认受该行为拘束的个体的起诉权。同时，受该行为拘束的公众有可能组成多个同业公会或行业协会，因而仍会有多个原告同时或先后对同一宪政行为提起重复诉讼的可能性。为了避免这种重复诉讼，就需要解决诉讼管辖问题，即因宪政行为而引起的诉讼案件，应由与被告同级的人民法院作为一审管辖法院。当然，如果将来建立了专门的宪政诉讼机关，这一问题也就更容易解决了。应当指出的是，公众作为宪政诉讼的原告，所提出的诉讼请求并不是维护原告的个人利益，而是维护包括原告在内的、与原告同样受该行为拘束的所有公众的整体利益。

总之，一切行政行为都应纳入行政诉讼的范围，但非行政行为却不能纳入行政诉讼的范围。

三、行政诉讼的诉权

一切行政行为是否符合公共利益都应受行政诉讼的检验，还需要解决相应的诉权问题。传统意义上的诉权，是一种起诉权和司法保护请求权。这种诉权是以当事人具有实体法上的独立权利为前提的，是以保护当事人的个人权利为目标的，是“个人利益中心论”的体现。这种诉权理论，在行政诉讼或司法审查领域已受到严峻挑战。

在英国的司法审查中，以丹宁勋爵为代表的法官们自20世纪50年代起，即对传统的诉权制度进行了一系列改革。这种改革的第一步是，丹宁认为诉权不必基于相对人在实体法上合法权益的存在，而应基于相对人对行政行为所具有的利害关系；不要求相对人必须是“受害人”，只要求相对人是“利害关系人”。他在“王国政府诉泰晤士地方法院法官案”中认定，卖报人尽管对摆摊地(公共场所)没有合法权益，但对地方法官将该地判给卖鳗鱼冻人摆摊的行为却具有诉权。他在“王国政府诉帕丁顿地区估价官案”中肯定了这种做法，并指出：“我们不应该以他未受到任何伤害为借口，而拒绝受理他的起诉。……当然，法院不应该受理一个纯粹是干预与己无关的事情的好事者的起诉，但法院应该接待那些与已经发生的事情有利害关系的人”[①]。但是，这项改革仅仅是为了解决诉权问题，法院受理当事人的起诉，即使经审查判令该行政行为无效，却并不意味着会认定原告具有相应的实体法上的权利，只是审查行政行为是否合法即是否合乎公共利益而已。丹宁改革诉权制度的第二步是，认为诉权不必基于当事人实体法上独立的合法权益，而应基于对行政行为所享有的“充分利益”。在此以前的英国，“如果某位普通公民想要维护某种公共权利，即某种使全体公众都受益的职责，大法官法院认为，他惟一的法律救济就是向检察总长提出申请，要求检察总长允许他进行‘告发人’起诉。如果检察总长同意，诉讼则作为检察总长自己提出的起诉来进行，与那人无关；但是如果检察总长不同意，那这个人就什么也不能做”。[②] 但是，丹宁通过对布莱克本和麦克沃特提诉的一系列案件的判决，改变了这种情况，确认诉权既应以保护公民独立的合法权益为目标，也应以维护公共利益或公共权利为目标；只要公民对行政行为享有“充

① 〔英〕丹宁：《法律的训诫》，杨百揆等译，群众出版社1995年版，第97—98页。
② 同上书，第103—104页。

分利益”即享受着该公共利益，对该行政行为的救济手段已经穷尽，就具有诉权；不仅具有程序意义上的诉权而且具有实体意义上的诉权。丹宁的上述两项改革，在英国取得了成功。从此，在英国，“任何有责任感的公民，在他认为法律没有得到应有的执行时，都有充分的利益要求法院审理他提诉的案件。”①

通过丹宁的改革，公民对行政不作为和未损害个人利益而损害公共利益的行政行为，都具有了诉权。丹宁在英国司法审查中所确立的新诉权制度，只是以公共利益为本位的利益关系或以社会为本位的价值观的体现，是以詹宁斯为代表的“集体主义”法理念对以戴西为代表的“个人主义”法理念的胜利，也是“公共利益本位论”对“个人利益中心论”的胜利；说明行政诉讼的目标是审查行政行为是否真正符合公共利益，经审查不论行政行为是否侵犯了相对人独立的个人利益，只要不符合公共利益，就应使它无效或予以纠正。

我国在制定《行政诉讼法》时所采用的仍然是传统意义上的诉权理论。这就使得未侵犯相对人合法权益或相对人不具有独立合法权益但却不符合公共利益的行政行为，完全依赖于行政系统的内部监督、权力机关的监督和行政主体的自觉性来纠正。尽管这种监督的有效性在理论上已被承认，但在实践中却受到极大地怀疑。尽管检察机关可以对损害公共利益的行政行为进行司法审查监督，但这仅仅限于已被提起诉讼的场合，并缺乏相应的操作规则。因此，我们有必要改革现行的诉权制度，使一切行政行为都受到行政诉讼的最终检验，而有关监督制度只能作为行政诉讼的补充机制。

---

① 〔英〕丹宁：《法律的训诫》，杨百揆等译，群众出版社 1995 年版，第 108 页。

再版附记

本书第一版由湖北人民出版社于 1999 年出版。为了让读者了解本书的写作经过,现将第一版后记中的两段话摘录如下:

“作者对行政法理学的注意,源于罗豪才先生的鼓励。在 1994 年底的行政法年会(广州)期间,罗先生鼓励我对平衡论谈点看法。然而,作者此前所作的研究都是规范分析或制度研究,实在难以评论。自此以后,作者却走上了探索行政法理学的路。先是学习,接着开始撰写论文,从而发现这一领域的广大和深奥,决心作一较系统的研究。”

“作者对本书的写作和修改,前后约有四年,大大小小不下十稿,较大的就有三稿。一稿的内容主要是本书现在所能看到的第二、三、四、七章,在逻辑上基本上是按公共利益与个人利益关系的矛盾运动,及公共利益与个人利益关系作为基础与行政法作为上层建筑间的矛盾运动即作用与反作用来展开的。二稿是一稿基础上的修正稿,删去了一稿的许多内容,并增加了第五、六章的内容。从一稿到二稿的变化比较大。一稿基本上是一种静态分析,二稿则进一步分析了形成这种状态的行为模式和观念模式;一稿基本上局限于对客观规律的揭示,二稿则进一步提出了价值选择和价值判断。三稿对二稿的写作风格,从书名、标题到本文,都作了一些调整,以期在具有学术性的同时具有相应的通俗性和可读性。例如,仅就本书的书名,作者曾先后用过‘行政法的理论基础研究’、‘公共利益本位论研究’和‘行政法理学’等,最后才定为‘行政法的人文精神’。三稿还增加了第一、八章及第三章第三节。”

第一次出版后,本书获得了一定的荣誉,即武汉大学人文社科一等奖、武汉大学优秀研究生教材奖、武汉市人文社科成果二等奖和司法部优秀法学教材与法制建设三等奖。现在,作者仍无意于改变本书的基本内容,并且当时的许多内容也具有一定预见性,如政权从正当性到合法性的转变,为全体公众而不是为某部分公众服务的观点,对诚实信任的提倡等。同时,本书也获得了读者的青睐,许多读者因在书店里无法买到本书而纷纷向作者索书。为此,本书就有了再版。本版未对内容进行修改,只作技术处理。

在再版之际,作者也想就读者的疑问、误解和批评作一简单说明和回应。第一,本书所提倡的公共利益本位论,只不过是行政法制度设计上的一种思路。例如,行政行为的先定力和公定力等制度,体现了公共利益本位的思想和精神。它不是一项执法原则,在执法过程中并不能在立法上已经体现了这一精神的前提下再作一次公共利益本位的判断。第二,尽管本书对公共利益作了许多界定,但在制度设计中的公共利益归根结底需要一种法律机制(立法或司法)加以确定,而不是由某个人来决定或判断。第三,"公共利益本位论",只不过是对本书所提倡理论的一种高度概括,是一个名字或符号,而并非本书所提倡理论的全部内容或主要观念。事实上,作者在价值论中始终在提倡利益关系的一致,行为关系上的服务与合作,观念关系上的诚实信任。作者反对对抗和斗争,只不过在利益关系确实存在冲突时就应当以公共利益为矛盾的主要方面即个人利益服从公共利益来设计制度。也就是说,作者所提倡的是一种"和谐社会"即政府与公众之间的和谐与合作,只是在不可避免的冲突关系中、在立法或制度设计上主张公共利益本位。

最后,感谢第一版出版者湖北人民出版社及编辑史先稳出版本书,感谢湖北人民出版社赠送版权出版第二版,感谢北京大学出版社贺维彤先生和责任编辑为出版本书所作的辛勤劳动,感谢第一、二版中提供帮助的窦梅、刘道筠、何渊和李煜兴等同学。

叶必丰

于上海古美意心居

2004 年 11 月

宪政论丛已出书目

- 行政执法研究　　姜明安　主编
- 我国村民自治研究　　王　禹
- 行政法的均衡之约　　宋功德
- WTO 规则国内实施的行政法问题　　刘文静
- 中国行政法基本理论研究　　杨海坤　章志远
- 行政补偿制度研究　　王太高
- 论平等权的宪法保护　　朱应平
- 行政法制的基本类型　　江必新
- 行政法的人文精神　　叶必丰
- 功能视角中的行政法　　朱　芒
- 宪法基本权利新论　　杨海坤　主编
- 行政复议司法化:理论、实践与改革　　周汉华
- 国家赔偿法律问题研究　　杨小君
- 现代行政过程论　　湛中乐
- 论公共行政与行政法学范式转换　　石佑启
- 大国地方——中国中央与地方关系宪政研究　　熊文钊
- WTO 与行政法　　袁曙宏　宋功德
- 中国宪法司法化:案例评析　　王　禹
- 选举权的法律保障　　焦洪昌
- 行政程序研究　　姜明安　主编
- 制度突破与文化变迁　　魏晓阳
- 大学自治、自律与他律　　湛中乐　主编